JN299194

これからのマーケティングがわかる

マーケティング・イノベーション

Marketing Innovation

内山 力
TSUTOMU UCHIYAMA
著

プロローグ

コトラーとポーターのアメリカンマーケティング

　マーケティングはアメリカで生まれたユニークな考え方であり、日本語に該当する用語はない。

　当初、マーケティングは自社商品を売るためのテクニックであった。アメリカは国家というよりも、世界中からニュービジネス（＝新商品を売る）を考えた人が集まるマーケットであり、そこでさまざまな「売るテクニック」が生まれた。

　これらのテクニックを体系化したのがコトラーという学者であり、彼の著書『マーケティング原理』『マーケティング・マネジメント』は、マーケティングのバイブルとなる。

　戦争王国アメリカでは、マーケティングが鋭さを増し、「ライバルとの戦い」にスポットライトがあたる。この「戦い」を理論化したのがポーターという学者であり、好戦派のマーケター（マーケティングのスペシャリストのこと）に多くのファンをつくる。

　しかし、アメリカは次第にIT、金融以外のマーケットが成熟化していき、多くの企業が「どうやっても勝てない時代」を迎える。そしてアメリカンマーケティングは、アップル、Googleなど、ごく少数のサクセスストーリーを求めてダッチロールしていく。

戦争とともにマーケティングが注目される

　このマーケティングという概念が日本へ導入されたのは戦後である。

　しかし「行け行けGoGo」で、ジャパニーズビジネスパーソンがメイド・イン・ジャパンを世界中に売りまくり、連戦連勝を続けた高度成長期にあった日本では、マーケティングなどほとんど見向きもされない。マーケティ

ングという言葉はあるにはあったが、多くの企業ではマーケットに関する情報を集めること、つまりマーケティングリサーチがマーケティングだと思い込んでいた。だからマーケティングは営業、広告宣伝といった花形ワークのバックエンドにあるサポーター的位置づけであった。

その後、バブル崩壊によって日本経済は停滞し、アメリカ同様にIT商品など一部を除けば、多くの業界は「商品が売れない時代」へと突入する。それまで「平和の国日本」は「戦争王国アメリカ」とは異なり、多くの国内マーケットは談合に象徴されるように「仲よし業界」だった。それは皆がハッピーなだけの需要が生まれていたからである。しかし、需要がついに拡大を止めたのである。消費者、企業という顧客の需要が増えない中で、売り手企業は「競争」という道を選ぶしかなくなる。「隣のパイを食べても」という、まさに生き残りをかけた戦争となっていく。ここで、やっとマーケティングは注目される。

この時、一躍脚光を浴びたのはポーターの世界であり、多くの企業がそこに求めたのは「ライバルに対する必勝法」である。

しかし世に必勝テクニックなどあるはずもない。ポーターの大ヒット作『競争の戦略』だって、必勝法ではなく競争の構造や考え方が書いてある「ビジネススクール向けの教科書」でしかない。

そもそも必勝法があるなら、ライバルだってバカではないので、同じ手を打つはずである。そうなればその必勝法自体が意味のないものとなり、そこにかけた「必勝コスト」は互いにとって大きなムダとなる。

そこで短期的には勝利が得られそうな、"価格"へと戦争テーマは移る。

価格戦争に必勝法などなく「安いもんが勝ち」であり、日本にデフレーション（物価が下がっていく状態）を巻き起こす。そしてこれが消費者を含め、誰にも幸せを生まないことに気づく。

仕方がないので、売り手企業は「商品差別化」という新しい戦いに挑む。しかしこの差別化は「差別化のコピー」「差別化の差別化」という多品種化戦争を生み、マーケット中に新商品が氾濫する。

この2つの戦争によってマーケットから利益は消え、その戦場には倒産、M&Aという死体が散乱する。

マーケティングジャングルへ

今度はこれを日本企業の内部から見てみよう。

マーケットで戦争が始まった頃、やっと日本企業にもマーケティング部門が生まれる。従来からあった営業部門、広告部門、販売促進部門などを統合する形で（場合によっては人数の多い営業部門は別部門のままとして）、組織の頂点に立ち、マーケティング本部と命名される。そしてライバルに勝つための軍事本部として位置づけられる。

この時、マーケティング部門にいるマーケターたちは、必勝法という亡霊を求めて彷徨する。

とりあえずコトラー、ポーターなどの理論は学んでみるが、中身が抽象的すぎて、具体的な行動が浮かんでこない。そして教科書に書いてある「皆が知っている理論」が必勝法のはずはなく、単なるインフラと気づく。

そこでMBAなどのビジネススクールに救いを求める。その学校で、マーケティング教授やマーケティングコンサルタントといった不思議なプロフェッショナルに、そっと必勝法を教わろうとする。この学校では「ライバルに勝った企業」をケースとして、その「勝ち方」を教える、というよりも気づかせる。マーケターたちはこの学校で学んだ「勝ち方」に、「自社のマーケティングのヒントを探そう」と考える。しかしそこにあるケースは、もうその時代を誰も知らない100年前のコカ・コーラ、力だけで圧勝したウォルマート、たまたま勝った液晶のシャープ、一発あてた任天堂のファミコン、勝ったか負けたかさえよくわからないユニクロ…といったものである。

もちろんマーケティングを考える時、他社のマーケティング事例を学ぶことは大切である。しかしそこに「勝ち方」を求めても、パターンは勝った企業の数だけある。それは勝ち方がユニークすぎて、各社に共通点がないからである。

こうして必勝マーケティングケースは本屋の棚を埋めつくしてしまう。まさにマーケティングジャングル状態である。

　そしてマーケターたちは、その勝ち方をそのまま実行しても「勝てない」という"オチ"を知る。

マーケティング・イノベーションが起きる

　一方、マーケティングを正面からまじめに考えたごく少数の日本企業は、あることに気づく。日本は、ビジネスの世界でアメリカをはじめとする諸外国に負け続けてきたわけではない。家電、自動車など、グローバル戦争には勝ったことの方が多い。だから日本にもマーケティングに相当する、というよりもマーケティングに負けないものがあるはずである。

　それが「商い」という考え方であり、商売哲学といってよいものである。これは哲学であって、先ほどのノウハウ、テクニックではない。松下幸之助、豊田喜一郎、中内㓛らに代表されるマーケットアントレプレナー（市場開拓者）たちの基本理念である。彼らはマーケットの本質を見抜き、"お客様"をキーワードとして商売理念を作った。これがメーカーの専売店であるナショナルショップ（松下電器〔現・パナソニック〕の専売店）やトヨタディーラー、主婦の店ダイエーというマーケティングサクセスを生んだ。

　そしてやっとマーケティングをどう考えればよいかがわかる。マーケティングには「自社のマーケットをどう考えるか」という理念が必要である。これはサクセスという結果から生まれるのではなく、「自らは一体何のためにビジネスをやっているのか」というミッション（社会的使命）によって自ずと決まるものである。このミッションをベースとして、自分たちなりのマーケティングスタイルを考えるべきということである。そしてこれを考える時に、アメリカンマーケティング、和風商売哲学、さらには過去に企業が行ってきたマーケティングの実践的経験のうち、生かせるものを生かしていく。

　これが現代のジャパニーズマーケティングの先頭を走るエクセレントカ

ンパニーの出した結論であり、「マーケティング」という英語の日本語訳でもある。

　日本人は海外からさまざまなものを取り入れ、これを和風にアレンジして、本家本元を超えるものを作ってきた。料理の世界では中華料理から生まれたラーメンであり、インドのカリーから生まれたカレーライスである。これはビジネスの世界でも多く見られる。その典型は伝統的な「日本の家族的経営」と「アメリカ型成果主義」をうまく組み合わせて作られた「新しい日本型経営」である。私はこれを『コーポレート・イノベーション』（産業能率大学出版部刊）という本にまとめた。

　そして遅れていた日本のマーケティングの世界にも、日本的なイノベーションが起きている。これが本書のタイトルである「マーケティング・イノベーション」である。

本書はマーケティングの教科書

　マーケティング・イノベーションは日本企業が起こした、というよりも起こしつつある大きな変革である。

　私はビジネスコンサルタントであり、この"変革"をコンサルティングテーマとしている。現在の主力業務は"変革"を担う新しいタイプの経営者、マネジャーの養成である。経営者予備軍、マネジャー予備軍を集め、1クラス20～30人くらいで学習していくものであり、私はこれを経営塾、マネジャー塾とよんでいる。この塾の卒業生は1万人に及ぶ。

　ここでの学習テーマは、経営、アカウンティング＆ファイナンス、組織・マネジメント、IT、そしてマーケティングである。どのテーマも、テキストによる事前学習の後、ケーススタディ（他社について学習）を行い、そのうえで自らの企業について考えていく。

　私はこの塾をやっていく中で、マーケティングについて2つのことを感じた。

　1つは、マーケティング分野は、次期経営者、次期マネジャーが学習する

ための「良い教科書」がないことである。マーケティングについてさまざまな書籍が出版されている。その読者層はおそらくマーケターなのであろうが、それをマーケターではない経営者予備軍、マネジャー予備軍の塾生たちが読んでも、そこから何を学んでよいのかさえわからない。

　本書の第一の目的は、一般ビジネスパーソン、特に組織でリーダーとなっていく人たち向けの「マーケティングの教科書」を作ることにある。本書はプロのマーケターが、自らの仕事をうまくやるためのテクニック集ではない。世に存在するマーケティングに関する情報を体系化したものであり、マーケティングを知って企業をリードしていくための教科書である。

本書はマーケティングのセオリー

　もう1つ感じたことは、経営という分野との関係である。塾生たちが経営について学習した後で、マーケティングのケーススタディをやり、自社のマーケティングを考えていくと、マーケティングが経営という領域とほとんど重なってしまうことである。だから経営を考える時と同じプロセス、同じスタイルでマーケティングを考えなくてはならない。

　現代の経営の基本はフロー思考であり、経営戦略であればミッション⇒ビジョン⇒経営計画⇒マネジメント…とブレークダウンされていく。したがって、経営の中核といえるマーケティングもフロー思考であることが強く求められる。

　マーケティングをフロー思考で経営と重ね合わせて考えていけば、自ずとそのベクトル、モデルは決まってくる。それが私と塾生たちが出した結論であり、前述したエクセレントカンパニーがマーケティングに出した結論と同じものである。

　本書はこの結論をベースとしたものであり、マーケティングを考える人に対して、そのヒントを与えるものである。もちろん、マーケティングを考える人がすべて本書のような結論となるとは限らない。ただ本書は、私と過去1万人を超える塾生たちが考えたマーケティングの最大公約数である。

つまりマーケティングのセオリー（定石）といってよいものである。

本書の第二の目的は、このセオリーを世に問うことにある。多くの人が本書を読み、そのセオリーについて同意し、あるいは批判し、企業の中でこのセオリーが議論され、そこにその企業の新しいマーケティングが生まれてくることを期待している。

マーケティングの3つのディメンジョン＝本書の構成

本書において、マーケティングは「商品を売る特定の企業が、自社のマーケットについて考えること」と定義される。「売るためのテクニック」でも「マーケット必勝法」でもなく「考えること」である。

この思考アプローチは、次の3つのディメンジョンを持つ。このディメンジョンが本書の構成である。

■PARTⅠ：マーケットビュー

「マーケットをどう見るか」（これを「ビュー」と表現する）というものであり、マーケティングの出発点である。本書では、これについて2つのものを提示している。

1つは、トラディショナル・マーケットビューである。先ほどの本書の第一目的である「教科書」に当たる部分であり、「マーケティングの歴史を学ぶ」ということである。

「過去、マーケティング学者などがマーケットをどう見てきたか」を、いくつかのパターンに分類して提示している。世にある過去のマーケティング理論の「あらすじ集」である。この「過去の知恵」を知っておくことは、各自がマーケティングを考えるうえで有効である。無論、これをマーケティング・イノベーションとよんでいるわけではない。「こういう見方をした人たちがいた」というイノベーション前の姿であり、本書の序論である。

そしてもう1つがイノベーション・マーケットビューであり、ここからが本書の本論といってもよい。これは私と過去の塾生たちが20年にわた

って議論していく中で「合意できた見方」である。これが第一のセオリーであり、その結論は「マーケットを時代変化で見る」である。

■PARTⅡ：マーケティングフロー

「マーケットへのアプローチをどう進めていくか」というもので、マーケティング・イノベーションの骨格といえる部分である。ここでは先ほど述べたようにフロー思考をとる。マーケティングはビジネスの一部であり、企業という組織で行われる。企業におけるすべての仕事は分担され、かつ、経営⇒マネジメント⇒実行というフローを持つ。したがって、マーケティングという仕事も、マーケティング戦略（経営）⇒マーケティングマネジメント（マネジメント）⇒マーケティングアクション（実行）というフローを持ち、これに沿ってそのアプローチを進めていく必要がある。これがマーケティングの第二のセオリーである。

■PARTⅢ：マーケティングストック

フローに基づいて自社のマーケティングを考える時、他社が行ったマーケティングアクションは大きなヒントとなる。この事例をマーケティングストックとよぶ。本書はこのマーケティングストックを効率的に学習できる「教科書」とすべく、体系的に整理している。マーケティングストックはケーススタディであり、このケースを「自らのマーケティングに生かせるものはないか」という目で見てほしい。

本書の構成

マーケットの見方	マーケットへのアプローチ	マーケティングのヒント
PARTⅠ マーケットビュー（トラディショナル／イノベーション）	PARTⅡ マーケティングフロー	PARTⅢ マーケティングストック
歴史の教科書／第1のセオリー	第2のセオリー	ケーススタディ

プロローグ

　本書はマーケティングについて考えるすべてのビジネスパーソンを対象としたマーケティングの教科書であり、セオリー集であり、ケーススタディ集である。

もくじ

プロローグ………*i*

PART I　マーケットビュー　　　*1*

セクション*1*　トラディショナル・マーケットビュー　　　*4*

1．企業が戦略を実行する場　　　*4*

- **1-1**　アンゾフ………*4*
  - （1）既存マーケットのビュー／*4*
  - （2）新規マーケットのビュー／*6*
- **1-2**　コトラー………*9*
  - （1）マーケティング用語の定義／*9*
  - （2）マーケティング戦略／*11*
  - （3）マーケティングミックス／*14*
- **1-3**　ドラッカー………*18*

2．ライバルと戦う場　　　*20*

- **2-1**　競争マーケティングに影響を与えたもの………*20*
  - （1）経済学／*20*
  - （2）ゲームの理論／*31*
  - （3）戦　争／*40*

xi

2-2 ポーター………*44*

（1）ファイブフォース分析／*44*

（2）競争戦略／*50*

（3）競争業者分析／*51*

3．商品と買い手の出会いの場　　　　　　　　　　*53*

3-1 商圏理論………*53*

（1）都市ビュー／*53*

（2）小売空間ビュー／*54*

（3）商圏ビュー／*55*

3-2 購買行動分析………*57*

（1）顧客の分類からのアプローチ／*58*

（2）消費者購買行動モデルからのアプローチ／*60*

（3）購買影響要因／*61*

3-3 マーケティングリサーチ………*63*

（1）概　要／*63*

（2）定性調査／*64*

（3）定量調査／*64*

（4）その他／*65*

3-3 日本的VMS………*65*

（1）日本的VMSの概要／*66*

（2）日本的VMSが作られた環境／*69*

（3）日本的VMSの崩壊／*75*

セクション2　イノベーション・マーケットビュー　　78

1．マーケットビューの基本　　78

- **1-1**　ライフサイクルビュー………*78*
- **1-2**　マーケティングミックス………*80*
  - （1）商品マーケティング／*80*
  - （2）マーケティングコミュニケーション（略してMC）／*81*

2．商品ガバナンスマーケット　　81

- **2-1**　マーケットの誕生………*81*
- **2-2**　参入障壁………*83*
  - （1）法で守る／*83*
  - （2）ブラックボックス化／*85*
  - （3）マーケット飽和／*86*
  - （4）チャネル開発／*86*
  - （5）業界団体／*86*
- **2-3**　売り手の変化………*87*
  - （1）商品ガバナンスマーケットの誕生当初／*87*
  - （2）売り手ガバナンスマーケットへの変化／*88*

3．売り手ガバナンスマーケット　　90

- **3-1**　売り手ガバナンスへの変化………*90*
  - （1）新規参入が起こる理由／*90*
  - （2）マーケティング戦略／*91*
- **3-2**　商品マーケティングが戦いのコアのケース………*92*
- **3-3**　MCが戦いのコアのケース………*93*

　　　　（1）広告による戦い／*93*
　　　　（2）セールスによる戦い／*94*

4．流通ガバナンスマーケット　　　　　　　　　　　　　　*95*

- **4-1** プロの流通の誕生………*95*
- **4-2** 流通のガバナンスが進む………*96*
- **4-3** 垂直アライアンス………*98*
- **4-4** 流通ガバナンスマーケットの末期………*99*

5．買い手ガバナンスマーケット　　　　　　　　　　　　　*100*

- **5-1** ロイヤルティ・マーケティング………*100*
- **5-2** 利益志向………*101*
- **5-3** 顧客満足………*103*
  - （1）顧客対応窓口の誕生／*103*
  - （2）商品開発部門の変化／*103*
  - （3）顧客を見る／*104*
  - （4）買い手ガバナンスマーケットの完成／*105*

PART Ⅱ　マーケティングフロー　　　　　　　　　　　　*107*

1．マーケティングフローのフレームワーク　　　　　　　*108*
2．マーケティング理念　　　　　　　　　　　　　　　　*109*

- **2-1** マーケティング理念の制約条件………*109*
  - （1）CSR／*110*
  - （2）PR／*115*

（3）ミッション／116

2-2 マーケティング理念マップ………118

3．マーケットポートフォリオ　　　121

3-1 ＰＰＭ………121

（1）前　提／122

（2）4分類／123

3-2 マーケットポートフォリオの考え方………124

（1）枠組み／124

（2）マーケティングベクトル／129

4．マーケットビジョン　　　135

（1）SWOT分析のカスタマイズ／135

（2）CSF／136

（3）マーケットビジョンのステップ／138

5．マーケットアプローチ　　　139

5-1 マーケットアプローチのフロー………139

5-2 MFポートフォリオ………140

5-3 マーケット戦略マップ………144

6．マーケティングマネジメント＆マーケティングアクション　　　146

6-1 マーケティング組織………146

6-2 マーケティング実行組織………146

（1）商品マーケティング部門／164

（2）セールス部門／153

　　　　　（3）プロモーション部門／161

6-3 マーケティング本部＆
　　　マーケティングロジスティックス部門·········164

　　　　　（1）マーケティング戦略の立案／164

　　　　　（2）マーケティング情報の収集／165

PART Ⅲ　マーケティングストック　　　　　　　　　169

1．KMFが商品のパターン　　　　　　　　　　170

1-1　2MFが顧客のケース·········170

　　　　（1）CSマーケティング／170

　　　　（2）SNSマーケティング／182

1-2　予測マーケティング（「商品がKMF、流通が2MF」
　　　または「流通がKMF、商品が2MF」のケース）·········191

　　　　（1）概　要／191

　　　　（2）統　計／193

　　　　（3）予　測／197

　　　　（4）在　庫／201

1-3　ブランドマーケティング
　　　（KMFが商品、2MFが売り手）·········204

　　　　（1）ブランドポートフォリオ／204

　　　　（2）ブランドの体系化／206

　　　　（3）ブランドの数値化／206

2．KMFが売り手のパターン　　　　　　　　　　　　　*207*

2-1　競争マーケティング………*207*

（１）サチュレーション戦略／*208*

（２）囲い込み戦略／*210*

（３）パワーマーケティング／*215*

2-2　非競争マーケティング………*217*

（１）戦いを避ける／*218*

（２）手を握る（アライアンス）／*222*

3．KMFが流通のパターン　　　　　　　　　　　　　*228*

3-1　SCM………*228*

（１）生産管理システム（少品種多量時代）／*229*

（２）FMS（多品種少量時代）／*230*

（３）カンバンシステムの時代／*231*

（４）CIM（生産とマーケティングが一体化の時代）／*232*

（５）SCMの時代／*232*

3-2　インターネット流通………*237*

（１）B to B／*238*

（２）B to C／*240*

（３）インターネットMC／*242*

3-3　ソリューションビジネス………*243*

（１）ソリューションビジネスとは／*243*

（２）ITベンダーのソリューションビジネス／*245*

3-4　マーチャンダイジング………*250*

（１）マーチャンダイジングとは／*250*

（２）商品分類／*250*

   （3）商品ミックス／251

   （4）インストアマーチャンダイジング／253

4．KMFが顧客のパターン　　　　　　　　　　　259

 4-1　カスタマー・マーケティング………260

   （1）エリア・マーケティング／260

   （2）ロイヤルティ・マーケティング／270

 4-2　クライアント・マーケティング………280

   （1）マーケティング／280

   （2）業　　績／284

   （3）コーポレートガバナンス／292

   （4）組　　織／293

エピローグ………297

参 考 文 献………300

索　　　引………301

PART I
マーケットビュー

プロローグで述べたとおり、本書においてマーケティングは「商品を売る特定の企業が、自社のマーケットについて考えること」と定義される。

このマーケティングの要素については、さまざまな言葉、定義が使われているが、本書では以下の用語を用いるものとする。

- **売り手**……上記定義にある特定企業およびそのライバル企業を含め、マーケットにおいて商品を販売する企業をこうよぶ。
- **商品**……マーケティングはメーカー中心に育ってきたため、製品（product）という言葉もよく使われてきた。本書では、マーケットで売買されるものを、サービスを含めてすべて商品と表現する。
- **買い手**……マーケットにおいて商品を買って消費したり、使用したりする消費者、企業をこう表現する。また特定の売り手の商品を購買している買い手を「顧客」と表現する。
- **流通**……商品を消費、使用しないが、マーケットにおいて他社商品を売買する企業を流通と表現する。

PART I では、マーケティングの第一ディメンジョンである「マーケットビュー」について述べる。

マーケットビューは、企業として「マーケットをどう見るか」というものであり、マーケティングの原点である。ここでは従来からのマーケットの見方をトラディショナル・マーケットビューとして紹介し、そのうえでマーケティング・イノベーションにおける見方を考えていく。

トラディショナル・マーケットビューは、過去のマーケティング学者などのマーケットの見方を紹介するものである。残念ながら、マーケティング

用語は標準化されておらず、学者によってバラバラな使い方をしている。この項は「紹介」が目的なので、バラバラの用語をそのまま使うことになる。頭を混乱させず、ただ「こういう言葉の使い方もあるんだ」くらいの気持ちで、軽く読み流してほしい。バラバラな用語はイノベーション・マーケットビュー以降できちんと整理し、定義していく。マーケティング現場ではこちらの用語を使ってほしい。

セクション1 トラディショナル・マーケットビュー

　トラディショナル・マーケットビューは、マーケットをどういう"場"として見るかによって、次の3つの見方に分類される。
- 企業が戦略を実行する場
- ライバルと戦う場
- 商品と買い手の出会いの場

1．企業が戦略を実行する場

　企業が戦略を立案し、これを実行する場がマーケットと考えるものである。
　以下に挙げる3人の学者のマーケットビューが有名である。

1-1　アンゾフ

　アンゾフはアメリカの経営学者であり、『企業戦略論』という著書で、企業戦略の柱をマーケットビューに置いた。彼の著書を出発点として、企業戦略とマーケティングは一体化していく。
　アンゾフは、既存マーケットと新規マーケットの2つのマーケットビューを提示した。

（1）既存マーケットのビュー

　アンゾフのマーケットビューの特徴は、自社商品との関係でマーケットをとらえる所にある。これが有名なアンゾフモデルとよばれる商品市場マトリクス[*1]である。商品、市場[*1]を「現状にとどまるか」「新しいことを

図1-1　アンゾフモデル

市場＼商品	現商品	新商品
現市場	市場浸透戦略	商品開発戦略
新市場	市場開発戦略	多角化戦略

進めるか」によって、それぞれ２つに分類するものである。

　この４つの戦略のことを成長ベクトルと表現している。つまり企業がどのような方向でその成長を期待するかということである。

　またこの戦略を説明するために、「シナジー」という概念を取り入れている。シナジーとは日本語でいえば相乗効果のことである。企業が異なる２つのマーケット（アンゾフは商品と市場の組み合わせでこれをとらえている）を事業対象としている時、１＋１よりも大きくなるということである。つまり同一企業がA、Bというマーケットを事業の対象とすることにより、AにもBにも一緒にやるメリットが生まれるというものである。

- **市場浸透戦略**……現市場にとどまり、現商品の売上を伸ばしていくものである。マーケティングアクションとしては、商品種の拡大（多品種化）、顧客の増大、シェアの拡大（ライバルから顧客を奪取）といったものがある。
- **市場開発戦略**……現商品を全く新たな市場へ展開し、生産シナジーを期待するものである。生産シナジーはモノをたくさん作ることによって生まれる（これを習熟と表現する）。現市場で現商品を作ることによって生まれたコストダウン効果を、新市場でさらに大きくするということである。

＊１. 日本では「製品市場マトリクス」という表現をすることが多いが、本書ではさきほど定義したように「商品」という表現をとる。またアンゾフは原書では「市場」にあたる部分を「needs」（ニーズ）と表現しているが、日本でアンゾフの世界を語る時はなぜか「市場」と表現しているので、本書もこれに従う。アンゾフは「商品とニーズの組み合わせ」でマーケットを考えている。つまり図1-1の4戦略類型はマーケットのパターン分類ともいえる。

- **商品開発戦略**……現市場にとどまって新商品を開発し、これを市場投入していくものであり、販売シナジーを期待するものである。販売シナジーとは現商品と新商品に共通するセールス、広告、流通などによって効果を得ることである。
- **多角化戦略**……新商品を新市場に投入していくものである。アンゾフは上記３つの戦略を拡大化戦略としている。これと対比するものとして多角化戦略をとらえ、さらに詳しく分析している。

（2）新規マーケットのビュー

　多角化は全く新しい商品、市場の組み合わせを作るものであり、マーケティングから見れば、全く新しいマーケットの創造、進出といったことを意味する。アンゾフは、この新しいマーケットに２つのビューを提示している。

❶企業はなぜ多角化するのか

　アンゾフは企業が多角化する理由を、次のように５つ挙げている。正確にいうと、以下のような時に「企業は多角化を行うかもしれない」としている。

（ⅰ）既存マーケット（商品と市場の組み合わせ）では目標を達成できない時

　このような事態の起きる原因として、マーケットの飽和（需要がこれ以上伸びない状態）、需要の下降、競争上の圧力、商品の老朽化を挙げている。その兆候として２つのことを挙げている。

　１つは現在の事業活動にカネを再投資しても、その利益率が急速に下降していく時である。要するに「今のままでは儲からなくなった時」である。

　もう１つは新しいマーケットチャンスが枯渇してしまう時である。つまり先ほどの拡大化戦略の市場浸透、市場開発、商品開発という３つのパターンの"芽"がない時である。その原因として、売上が単一の顧客に偏っている、顧客・技術などの基盤が狭い、新しい技術がマーケットに流入している、といったことを挙げている[*2]。

(ⅱ) 魅力的な拡大化のチャンスがあって、過去の目標が達成していても、そこで生み出すキャッシュフロー*3が拡大化に必要なカネを上回っている時

　アンゾフは「余った現金を預金・債券などに回した時の利益率よりも、事業の利益率が高いものに投資したくなるはずである」*4と書き、この状況にあっても保守的な経営者は多角化をしないことを嘆いている。たしかに、現在の日本でも現金を抱えて事業投資しない企業がたくさんある。

(ⅲ) 多角化の方が拡大化するより大きな収益性を約束してくれる時

　これについては多角化の低いシナジーに着目して、次のような例を挙げている。

- 多角化によって得られるものが、低いシナジーを相殺するほど魅力的である時
- シナジーが重要な考慮すべき要因ではない時。つまり拡大化のもたらすシナジーが高くなく、それほど重要でない時
- 研究開発部門がすぐれた多角化の副産物を作り出す時（今１つ意味がわからないが、多角化が既存の事業とのシナジーではない「何か別のモノ」を生み出すということだと思う）

(ⅳ)「拡大化と多角化のどちらがよいか」という情報に信頼性がない時

　これもアンゾフの言いたいことが今１つよくわからないが、要するにともに不確実性の下（どちらにいってもリスクが大きい）にあるなら、現状に

---

*2. アンゾフも、もう少し兆候、原因という切り口を整理すればわかりやすかったと思う。このタイプのマーケティング論に共通していることであるが、体系化が下手な（まじめに考えてない）ことである。だから著書を読んでもわかりづらい（原書を読んでいないのでよくわからないが、翻訳が下手なのかもしれない）。私もこの本を執筆するためにマーケティングの本を50冊ほど読んだが、何とも体系化が下手な世界である。ただこのトラディショナル・マーケットビューの項は、学者たちの考え方を紹介することが目的なので、できるだけその著書のコンテンツを忠実に紹介していきたい。

*3. 増えた現金のこと。285ページ参照。

*4. これについて後で出てくるポーターは、ある企業の多角化によって「新規参入される側」から見ている。45ページと比較して読んでほしい。ともに後で述べる経済学がバックボーンとなっている。

とどまるより思い切って多角化に走るかもしれないということであろう。
(ⅴ) 経営者のマインド
　最終的に経営者のマインドが多角化を決定するとしている。保守的経営者であれば（ⅰ）のケースの時のみ多角化戦略をとり、アントレプレナーシップ*5に富んだ経営者なら（ⅰ）〜（ⅳ）の４つのケースすべてで多角化を目指す。

❷多角化の分類
　アンゾフは、多角化を次の４つのパターンに分けている。
(ⅰ) 水平型多角化
　既存顧客と同タイプの顧客に、全く新しい商品を投入するもの。拡大化戦略の商品開発戦略に近く、顧客が「同一」ではなく「同タイプ」というもの。顧客が同タイプなので販売シナジーが生まれることが多く、技術シナジーについてはあるものとないものの２つがあるとしている。アンゾフは自動車メーカーの例を出して、技術シナジーのある水平型多角化としてオートバイ、芝刈り機、技術シナジーがないものとして家庭用電化品を挙げている。
(ⅱ) 垂直型多角化
　「生産工程の垂直統合」とも表現している。最終的な顧客は同じものである。組立てのみを行っている自動車メーカーが、部品生産（上流）や販売（下流）に進出するもの。
(ⅲ) 集中型多角化
　現在の顧客（市場）、技術（商品）のいずれかについて関連のある分野へ進出するもの。自動車メーカーの例では、顧客、技術ともに関連のあるのが農業用トラクター、顧客関連のみが小型コンピュータ、技術関連のみがディーゼル機関車を挙げている。

＊5．起業家精神などと訳される。新しい事業に挑むチャレンジングな態度のこと。アントレプレナーとは事業を起こす開拓者のこと。

（ⅳ）集成型多角化

　顧客、技術とも関連性のない分野へ進出するものであり、コングロマリット型多角化ともいう。自動車メーカーでは石油化学製品への進出を挙げている。

　（なんだかこの（ⅰ）〜（ⅳ）の体系化も下手のような気がする。もう少し分けるディメンジョンを整理してほしかったと思う）

1-2　コトラー

　マーケティングは、このコトラーという学者によって学問の一分野になっていく。

　コトラーは『マーケティング原理』『マーケティング・マネジメント』など数多くの著書を書いているが、新しいものを生み出したというよりも、過去のマーケティング戦略、マーケティングマネジメントを整理したものといえる。コトラーは「近代マーケティングの父」「マーケティングの神様」とよばれており、日本ではもっともポピュラーなマーケティング学者である。

（1）マーケティング用語の定義

　コトラーはミクロ経済学（21ページ参照）を理論的バックボーンとして、マーケティング用語を次のように定義している。

- **ニーズ**……ニーズを「欠乏を感じる状態」と定義している。例として生理的ニーズ（食物、衣服…）、社会的ニーズ（帰属、愛情…）、個人的ニーズ（知識、自己実現…）を挙げている。
- **ウォンツ（欲求）**……「ニーズの具体化したもの」「ニーズを満たす特定の対象」をウォンツとしている。ニーズが同じであっても、人によってウォンツは異なる。空腹時（ニーズ）に牛丼を求める（ウォンツ）といったものである。牛丼かラーメンかパスタかは、人によって異なる。
- **需要**……ウォンツに購買力が伴ったものを需要と表現する。消費者にと

っての商品は自分にベネフィット（便益）をもたらしてくれるものであり、予算の範囲内でベネフィットが最大ものを選ぶ（「一定のベネフィットを満たすものの中で、価格が最小のものを選ぶ」でない所はなかなかおもしろい）。

　本書では買い手の「商品に求める気持ち」をニーズ、「商品を求めている量」を需要と定義する。ウォンツという表現は用いない。

- **商品**……原書ではproductだが、2ページに書いたとおり、本書では商品と表現する。ニーズとウォンツを満たすためにマーケットに提供されるものすべてであり、財（形のある商品）、サービスのみならず、人、場所、組織、現場、アイデアなどすべてがこの範疇としている。
- **顧客価値**（Customer Value）……「使用価値－コスト＝顧客価値」としている。使用価値は顧客が商品を使用することによって得られる価値、コストは商品を獲得するための費用（ベネフィットと使用価値の関係がよくわからない…）。
- **顧客満足**（Customer Satisfaction 略してCS）……「顧客の買う前に持っていた商品の有効性に関する期待」を、どの程度満たすかを顧客満足度と考える。
- **品質**……「顧客ニーズを満たすことのできる商品やサービスの特徴および特性を総合したもの」としている。

　本書では、顧客満足、品質について171ページで定義する。

- **交換**……何かと引き換えに、他人からほしいものを獲得すること。
- **取引**……当事者同士が合意して、価値の交換により成立するもの。

　今1つコトラーの言う交換と取引の違いがわからない。本書では取引と表現する。

- **リレーションシップ**……取引をする相手と良好な関係を作ること。本書では取引相手ではなく、顧客との関係についてのみこの言葉を使う。
- **マーケット**……特定の商品に関する現実の買い手および潜在的な買い手の集合としている。マーケットを構成するものは買い手であり、売り手は

産業の構成要素としている。これについても本書では採用しない。本書では、マーケットを商品、売り手、買い手、流通の4要素と考える。

- マーケティング……「価値を生み出して、ニーズとウォンツを満たすために、交換とリレーションシップを発生させるべくマーケットを操作すること」と定義している。マーケティングを「マーケット操作」とはなかなか思い切った定義である。これがコトラーがマーケットを戦略遂行の場と見ている理由である。もちろんこれも本書では採用しない。

(2) マーケティング戦略
❶顧客のビュー

コトラーの考えるマーケットは、買い手の集合体である。そのうえではっきりとは書いていないが、買い手のうち自社商品を買ってくれた人を顧客と表現しているようである。この顧客について、いくつかのビューを提示している。

- 顧客起点……マーケティングの前身（過去の姿）を「販売」とし、ここからの脱却を提案している。企業は商品の製造だけでなく、顧客を創造し、顧客価値を高め、顧客満足を高める必要がある。
- CRM……顧客との良好なリレーションシップを保っていくことが大切であり、この行為をCRM（Customer Relationship Management）という。
- LTV……ある顧客がトータル（個人なら生涯、企業なら存続する限り）として、売り手にもたらしてくれる価値をLTV（Life Time Value）といい、これを高めていくことがCRMであり、CRMを中心に考えることをリレーションシップ・マーケティングという。

❷マーケティング戦略の推移

コトラーは、売り手の考え方（＝マーケティング戦略）が、図1-2のように推移してきたとしている。

図1-2　コトラーのマーケティング戦略の推移

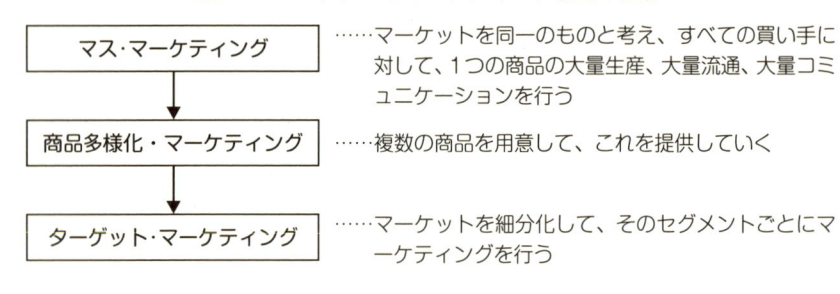

マス・マーケティング	……マーケットを同一のものと考え、すべての買い手に対して、1つの商品の大量生産、大量流通、大量コミュニケーションを行う
↓	
商品多様化・マーケティング	……複数の商品を用意して、これを提供していく
↓	
ターゲット・マーケティング	……マーケットを細分化して、そのセグメントごとにマーケティングを行う

　コトラーはこれを社会の変化としてとらえ、現代はターゲット・マーケティングの時代としている。本書では後で述べるようにこれを社会の変化ではなく、マーケットの変化としてとらえる。つまり社会でなく各マーケットが時とともに変化すると考える。

　このターゲット・マーケティングのステップとして、コトラーは次の3段階を挙げている。このステップを、その頭文字からSTPという。

(ⅰ) マーケットの細分化（Segmentation）

　マーケットの細分化（小さく分けること。この小さく分けたものをセグメントという）は、次のようなさまざまな変数を使って行う。

- **地理的変数**……国、地域、市町村、気候、人口密度など地域に関するもの。
- **デモグラフィック変数（人口動態変数）**……年齢、性別、世帯、所得、職業…といった人口統計に使われる変数のこと。
- **サイコグラフィック変数（心理学的変数）**……ライフスタイル、性格といった個人の気持ちに関する変数。
- **行動変数**……購買行動に関するもので、使用機会（日常、特別）、求めるベネフィット（品質、サービス、経済性…）、タイプ（現ユーザー、元ユーザー…）、使用率、ブランドロイヤルティ[*6]といったものを挙げている。

(ⅱ) 標的マーケットの設定（Targeting）

　次にマーケットセグメントの中から標的マーケットを設定する。その評

[*6]　ロイヤルティ（loyalty）とは「忠誠」という意味。「ブランドロイヤルティが高い」というのは、そのブランドしか買わないという意味。

価基準として次の3つを挙げている。
- **セグメントの現状と成長性**……そのセグメントから、どれくらいの売上が期待できるか、伸びるか。
- **セグメントの構造的魅力**……ライバルとの関係。競争は激しいかどうか。
- **企業の目的と経営資源**……自社のミッション（116ページ参照）に合っているか、自社に対応するスキルがあるか。

また、標的マーケットの設定方法として、次の3つを挙げている。
- **無差別型マーケティング**……すべてのセグメントを対象とするもの。無論、コトラーはターゲット・マーケティングの発想から考えて、好ましくないとしている。
- **差別化型マーケティング**……複数のセグメントを標的マーケットに定め、それぞれのセグメントに別々の商品を提供するもの。
- **集中型マーケティング**……1つまたは少数のセグメントだけを対象とするもの。

（ⅲ）**競争優位に立つためのポジショニング（Positioning）**

ポジションを「自社の商品の重要な属性について、消費者がどのように評価しているか」と定義している。つまりこの商品は「機能が高い」、この商品は「安い」といったものである。

企業が「自社をどのポジションに置きたいか」について考えることをポジショニングという。そして多くの場合、2社以上が同じポジションを狙うことにより、そこに競争が生まれる。この競争において優位性を保つことを「差別化」[*7]と表現する。

差別化のパターンとして次の4つを挙げている。

[*7]. 「差別化」は、マーケティングでよく使われている言葉である。マーケティングの世界で一般的に使われているニュアンスは、ポーターが言った「差別化」であり、「商品に特異性を出して競争を回避する」というものである。この競争優位性という意味で使う時は「コトラーの言う差別化」と表現するとよい。また「差別」という表現を避け、「差異化」と表現する人もいるが、差別化の方が一般的であろう。

- 商品の差別化
- サービスの差別化（商品に伴うサービスのこと。配達、修理、研修…）
- スタッフの差別化（スタッフとは企業の従業員のこと）
- イメージの差別化（企業やブランドのイメージ）

❸競争地位戦略

　コトラーは競争についてもさまざまなことを言っているが、代表的なものが競争地位戦略である。標的マーケットで果たす役割について４類型を挙げている。

- **リーダー戦略**……トップシェアとなったマーケットリーダーがとる戦略。シェアの維持、拡大だけでなく、標的マーケットの需要を増大することを考える。
- **チャンレジャー戦略**……リーダーに戦いを挑む戦略。リーダーとの差別化、価格勝負といったものが主流である。
- **フォロワー戦略**……リーダー戦略などを模倣していくもの。
- **ニッチャー戦略**……リーダーが狙わないニッチ（すきま）マーケットでトップシェアを狙う戦略。

(3) マーケティングミックス

　マーケティングミックスを「戦術的マーケティングツールの組み合わせ」と定義している。要するにマーケティングアクション（マーケティングの実行）の要素を組み合わせることである。

　この要素を、コトラーはマッカーシーの提唱した４P（Product, Price, Place, Promotion）をベースとしている。ただコトラーはこれにPolitics（政策）、Public Relations（115ページ参照）を加えるべきと提唱した（別に無理してPでゴロ合わせする必要はないと思うが）。

❶Product(商品)

(ⅰ)商品の構造

商品を次の3つのレベルでとらえる。

- **中核**……「消費者が本当に買っているものは何か」というものであり、問題解決というベネフィットである。ある人は、「腕時計をファッションセンス(「かっこいい」と思われたい)というベネフィットを得るために買っている」といったことである。
- **実体**……ベネフィットを実現するものとして、品質水準、特徴、デザイン、ブランド、パッケージという5つの特性を挙げている。
- **付随機能**……アフターサービス、保証、クレジットなど。

(ⅱ)商品の分類

コトラーは、コープランドの考えた図1-3のような商品分類を用いている。

図1-3 コープランドの商品分類

- 消費財
  →消費者が購入するもの
  - 最寄品……頻繁な購入。低価格。計画性、比較性、購買努力ほとんどなし。毎日買うものは日用品、日配品という。食品、雑貨など。
  - 買回品……随時購入。やや高価格。計画性、購買努力あり。価格・品質・スタイルに関してブランドを比較して購買。アパレル(衣料品)など。
  - 専門品……強いブランド志向とロイヤルティ。特別な購買努力。ブランドをじっくり比較して慎重に購買。低価格に対する敏感性ほとんどなし。家具、家電、自動車など。

- 生産財
  →企業が購入するもの
  →本書では生産という表現が限定的なので、「産業財」と表現する。
  - 材料・部品……主たるマーケティングは価格とサービス。ブランドや広告は重視しない。
  - 資本財……買い手の生産や業績を支援する生産財。設備という表現をするものが多い。
  - 備品・サービス……備品とは産業用備品、保守・メンテナンス用品など。サービスとはメンテナンス、修理、アドバイザリーなど。

(ⅲ) ブランド
　(a) 言葉の定義
- ブランド……売り手を識別する名称、言葉、記号、シンボル、デザイン、およびその組み合わせのこと。
- ブランドエクイティ……ブランドの財産価値。その構成要素として、ブランド認知度（そのブランドを知っている）、ブランドロイヤルティ（特定消費者がそのブランドをくり返し購買すること）、知覚品質（顧客が商品に対して感じる品質。機能、性能の他、サービス、雰囲気）、ブランド連想（ブランドからイメージされるもの）、特許、商標、流通などを挙げている。

　(b) 種類
- ナショナルブランド（NB）……メーカーが持つ全国的に有名なブランド（コトラーはメーカーブランドという表現をとっているが、ナショナルブランドの方が一般的）。
- プライベートブランド（PB）……小売業が持っているブランド。ストアブランドともいう。
- ライセンスブランド……自己のブランドについて他企業の併用を許可し、ブランド使用料をとるもの。
- 共同ブランド……独立した2つのブランドが、共同で同一商品にブランドを付けること。

❷Price（価格）
　商品の販売価格の設定を以下のようにパターン化している。
（ⅰ）何を基準に価格を設定するか
- コストプラス型……商品コストに利益をのせて設定する。
- バリュープライシング……顧客が商品に感じる価値をベースにする。
- 競争基準型……ライバル企業の価格をベースに決める。

(ⅱ) 品質と価格戦略

品質との組み合わせで、図1-4のように戦略をパターン化している。

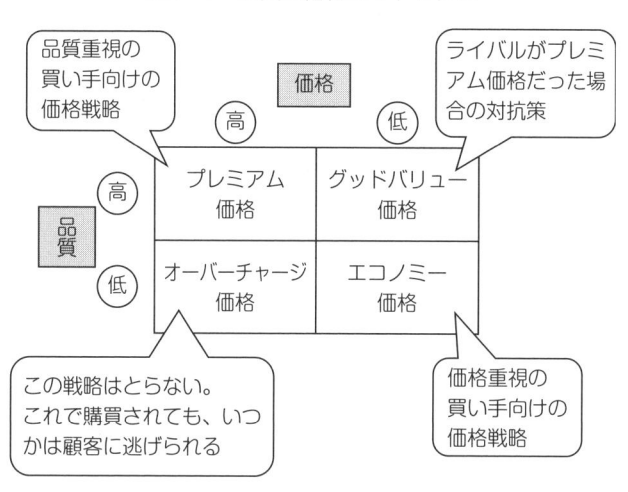

図1-4　品質と価格のマトリクス

	価格 高	価格 低
品質 高	プレミアム価格	グッドバリュー価格
品質 低	オーバーチャージ価格	エコノミー価格

- プレミアム価格：品質重視の買い手向けの価格戦略
- グッドバリュー価格：ライバルがプレミアム価格だった場合の対抗策
- オーバーチャージ価格：この戦略はとらない。これで購買されても、いつかは顧客に逃げられる
- エコノミー価格：価格重視の買い手向けの価格戦略

(ⅲ) 新商品の価格設定

- **スキミングプライス（上層吸収価格戦略）**……新商品投入時には、初期購買層に対して高価格を設定し、その後ライバルの参入とともに価格を下げていく。
- **ペネトレーションプライス（浸透価格戦略）**……新商品投入時から思い切った低価格を設定し、多数の買い手を一気につかむ。

❸ Place（チャネル）

チャネルを、「消費者や企業に対して、自社商品を一緒に届ける組織体」として定義している。

このチャネルシステム（チャネルの仕組み）を図1-5のように分類している。

図1-5　チャネルシステム

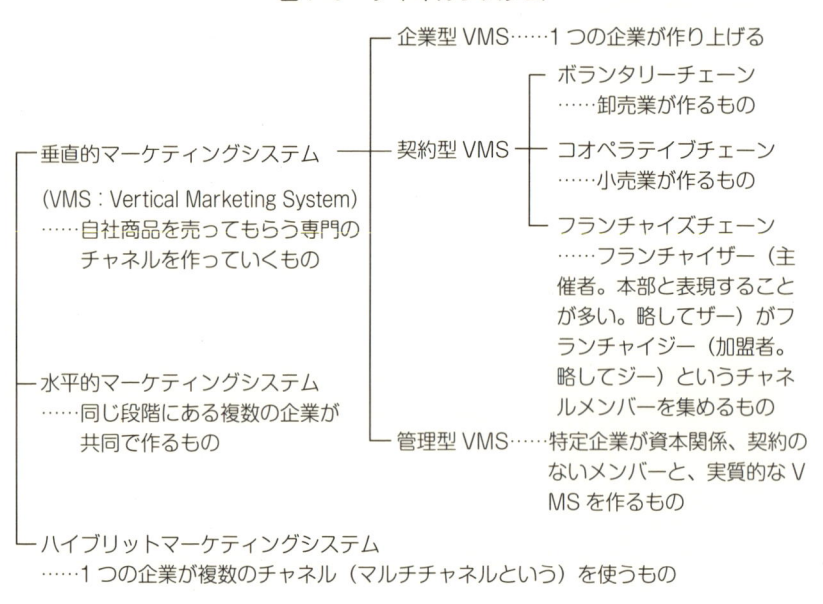

- 垂直的マーケティングシステム
  (VMS：Vertical Marketing System)
  ……自社商品を売ってもらう専門の
  チャネルを作っていくもの
  - 企業型VMS……1つの企業が作り上げる
  - 契約型VMS
    - ボランタリーチェーン
      ……卸売業が作るもの
    - コオペラティブチェーン
      ……小売業が作るもの
    - フランチャイズチェーン
      ……フランチャイザー（主催者。本部と表現することが多い。略してザー）がフランチャイジー（加盟者。略してジー）というチャネルメンバーを集めるもの
  - 管理型VMS……特定企業が資本関係、契約のないメンバーと、実質的なVMSを作るもの
- 水平的マーケティングシステム
  ……同じ段階にある複数の企業が
  共同で作るもの
- ハイブリットマーケティングシステム
  ……1つの企業が複数のチャネル（マルチチャネルという）を使うもの

❹Promotion（プロモーション）

　上記以外のマーケティングアクションの要素をプロモーションと定義している。

　さらにプロモーションツールとして以下の4つを挙げ、これを組み合わせていくことをプロモーションミックスとよんでいる。

- **広告**……特定の広告主による有料のプロモーション
- **人的販売**……いわゆるセールス
- **パブリシティ**……マスコミなどに、記事やニュースにしてもらうこと
- **販売促進**……上記以外のプロモーション

1-3　ドラッカー

　ドラッカーは経済学者であり、マネジメントに関する数多くの著書で有名である。その著書は格言集のようなものが多く、日本にもそのファンは多

い（経営者に多かったが『もしドラ』でファンは一般大衆へと広がった）。

　彼はマネジメントに関する著書の中で、マーケティングについてもその考え方を述べている。代表的なものを列挙しておく。

- **「企業の目的は１つしかない。それは顧客の創造である」**

　そのうえで、企業の機能はマーケティングとイノベーションの２つとしている。マーケティングは他の経営機能と同列ではない。マーケティングは企業全体の中心的機能である。

- **「顧客にとっての価値は何か」**

　顧客は商品を買っているのではなく、欲求の充足を求め、価値を買っている。このあたりはコトラーと意見は一致している。「今日の商品で満たされない欲求は何か」を考えることが、「波に乗っているだけの企業」と「成長する企業」との差になる。「波に乗っているだけの企業」は波とともに衰退する。

　企業が売っていると考えているものを、顧客が買っていることは稀である。直接の競争相手と思っているものが、本当の競争相手であることは稀である。

　顧客の利益のためではなく、売り手が自らにとって合理的と考えるものを押し付けようとすると、必ず顧客を失う。顧客が買っていると考えるもの、つまり価値を考えることが重要である。

- **「マーケティングの目標は集中と市場地位」**

　「集中を決定する」というのは「戦場を決定する」ことである。市場において目指すべき地位は、最大ではなく最適である。

- **「企業においてもっとも重要な情報は、カスタマーではなくノンカスタマーについてのものである」**

　マーケットにおいて変化を起こすのはノンカスタマー（顧客ではない買い手）である。売り手はカスタマーよりノンカスタマーを見なければならない。

- 「何らかの販売は必要である。しかしマーケティングの理想は販売を不要にすることである」

マーケティングの目指すものは顧客を理解し、商品とサービスを組み合わせ、自ずと売れるようにすることである。理想は、すぐにでも買いたくなるようにして販売努力や販売促進を不要とするものである。

- 「顧客と市場を知っているのは、ただ1人、顧客本人である」

だから顧客に聞き、顧客を見て、顧客の行動を理解することで、はじめて顧客とは誰かを知り、何を行い、いかに買い、いかに使い、何を期待し、何に価値を見出しているかを知ることができる。

彼の思想は、PART Ⅲで述べる数多くのマーケティングストック（事例）に生きている。PART Ⅲを読んだ後でこの項を再読してほしい。

2．ライバルと戦う場

マーケットを、ライバルと戦い、勝ち抜く「場」としてとらえるものである。

競争についての大家はポーターであるが、その前に競争マーケティングに影響を与えたものを整理しておこう。

2-1　競争マーケティングに影響を与えたもの

競争、「戦う」という発想は、マーケティング独自のものではない。マーケティング学は人類における「後発の学問」であり、いろいろなものを取り入れている。

(1)経済学

経済学はマーケティングの理論的バックボーンとなっている。

経済学が理論化した「競争」という概念は、競争の国アメリカでマーケテ

ィングとして花開くことになる。経済学は極めてきれいに体系化されており、わかりやすい。しかしこれが派生してできたマーケティング学はプロローグで述べたとおり、ファジーであり、混乱している。経済学は数学などを用いてシステマッチックに競争という現象を整理しているのに対して、マーケティング学は結果（勝利した、敗北した）のみに着目し、勝ったものを「善」ととらえるためだと思う。

マーケティングについて腰を据えて考えるなら、経済学はじっくり学習したいところである。ただ本書では、その目的から考えて"さらっと"述べていくしかない。

❶経済学とは

経済学は英語のeconomyの訳といわれる。economyは、もともとは「家の財産を守る」という意味であるが、この「家」を「国」に置き換えたものをpolitical economyとよび、いつの日か単にeconomyとよぶようになった（economyは「家の財産を守る」という意味から、節約、倹約という意味にも使われている）。

こうしてeconomyは政治（political）と結びついて「国全体の財産を守ること」という意味になった。

一方、日本語の「経済」という言葉は、英語のeconomyとほとんど同じ意味に使われている。political economyの時代に日本に入り、「経世済民」「経国済民」を略して「経済」という翻訳語を生んだ。この２つの４文字熟語は「国（世）を治め、民を救済する」というもので、同意である。「民」は現代では消費者と企業の２つに分かれる。

こう考えると、経済は「消費者」「企業」、そして両者の仲介をして国全体の繁栄を願う「政府」という３つの要素から成る。経済学とはこの経済を理論化する学問であり、マクロ経済学とミクロ経済学の２つに分かれる。前者は政府に、後者は企業に着目して経済を考えることである。

このミクロ経済学がマーケティングを生んだ。

❷経済学の歴史

経済学は18世紀に誕生したといわれている。ここでその歴史をざっと追ってみよう。

(ⅰ) 定義

経済学はマクロ経済学として誕生し、これにマーケット（市場）という概念が加わって大きく発展した。経済学でいうマーケットとは、売り手（企業）と買い手（消費者、企業）がいて「財」を取引する場所のことである。「財」（本書でいう商品）とは財産からきた言葉で、「人間の欲望を満たすもの」というものである（財のうち所有できないものをサービスと表現することも多い）。この財は、市場において物々交換ではなく貨幣を用いて取引する。そして財が取引する水準を、貨幣で表わしたものを価格と表現する（10ページのコトラーの定義よりすっきりしている）。

18世紀にはマーケット、財、貨幣、価格という経済学の柱がしだいに固められていき、これを企業側から見るものとしてミクロ経済学が生まれる。

(ⅱ) アダム・スミス

当初、経済学では、市場の取引について「どのようにすれば国全体の財（これを「国富」という）が増えるか」ということから理論化していった。

そして重商主義と重農主義という2つの考え方が生まれる。前者は国富を増やすには政府が輸出を支援し、輸入を制限して、国内生産を育成することで貿易差額（輸出－輸入）を増加させていくというものである。

一方、後者は貿易よりも産業（当初は農業が中心）が国富を生むと考えている。

こうした中で、経済学の基礎を作ったのがアダム・スミスである。彼は著書『国富論』の中で、次のようなことを述べている。

・神の見えざる手

企業、消費者が自分にとってもっとも都合よく（合理的と表現する）行動し、自由競争を行えば、需要（買い手の買いたいと思う量。10ページの本書の定義とほぼ同じ）と供給（売り手の売りたいと思う量）が次第に同じ量

に向かい、社会全体としてもっとも効率的な状態になる。これを「神の見えざる手」と表現した。こうしてマーケットに「競争」という概念が入ってくることになり、これがマーケティングを生む。マーケティングのスタートは「競争」にあった。

これを受け、政治的にも自由主義（政府は企業、消費者の行動には干渉しない）という考え方を生んだ。その後「夜警国家論」（政府は治安、安全保障のみを行う）と「福祉国家論」（自由競争では弱者を救えない。福祉が国家の役割）といった政治論議を生み、経済学は政治の理論的バックボーンとなっていく。

- 資本家、労働者

労働以外の生産手段（設備、カネ…）を資本、これを持つ人を資本家、労働力を提供する人を労働者とよび、資本主義という考え方を生む。これは「資本家は労働者から労働力を買い、自分の持つ資本と組み合わせて財を生産することで利益を得る」と考えるものである。こうして生まれたものが株式会社であり、この株式会社の利益を生む原点がマーケティングとなる。

(ⅲ) 19世紀に起きた2つのこと

19世紀に入って、「限界」という概念が加わり、経済学は一変する。この概念をまとめたのがマーシャルの書いた『経済学原理』である。

限界とは「あるものが1単位増えることにより、別のものが変わる量」のことである。例えば魚屋がいわしを1匹80円で仕入れ、100円で売っていれば、限界利益は20（100-80）円となる。いわしの売上が1匹増えることによって増える利益のことである。限界とは物事の現象を「もっとも小さな単位」（1単位）の動きでとらえていくものであり、要するに微分（正確にいうと微分係数）である。微分とは「小さく切る」という意味である。こうして経済学に、数学のエリートといえる微分が入り、理系学問へと変身する。

一方、19世紀に入って、資本主義はヨーロッパに競争の激化による失業、貧富の差という問題を生む。そして資本主義のアンチテーゼ（反対論）とし

て、社会主義、共産主義を生む。社会主義とは、財をマーケットで取引せず、社会全体で共有していくものである。これを完全に進めて、特定の人が財を保有することをすべて否定したものを共産主義という。そしてこれを理論化したのがマルクスである。

(ⅳ) ケインズ

1929年アメリカでは、ニューヨーク株式市場の株価が暴落し、これが世界恐慌[*8]へと広がった。この時「経済学は何も機能しない。放っておいても"神の見えざる手"が働かない」という批判を受けた。

ここに華々しく登場したのがケインズである。彼は「これまでの経済学」（古典派とよばれるようになる）を次のように否定して、ケインズ理論、ケインズ革命、ケイジアン（ケインズ理論を用いた経済学者）という言葉を生んだ。その骨子は次のようなものである。

- **失業**……古典派経済学では「失業（労働需要＜労働供給）が起きても、賃金が低下することで労働需要が増え、自然に労働需要＝労働供給となっていく」としていたが、これを否定して「賃金や就職は経済学の考えているようには動かず、失業が起きても賃金は下がらない」として、「アンバランス時には労働需要（仕事）を政府が作り出さないと失業は減らない」と主張した。

- **セイの法則の否定**……セイの法則は「供給が需要を作り出す」というもので、後で述べるが「需要と供給は価格によってバランスする」ことが前提となっている。不景気になってモノが売れなくなっても、供給側が価格を下げることで需要を生んでバランスするというものである。一方、ケインズは「需要が供給を作り出す」として需要の量に合わせて供給側が調整していくと考えた（まさに現代のマーケティングの原点といえる）。だから不景気の時（需要が低下している）には、政府は減税や公共投資によって需要を高めていくことが必要だといった。

---

*8. 恐慌とは最悪の経済状態のこと。

- **利子率**……古典派経済学では「貯蓄と投資」を「需要と供給」と考え、やはり自然にバランスすると考えていた。一方、ケインズは、企業は投資によってもたらされる「利益率」と「資金を得るためのコスト＝利子率」を比較して、前者が大きい時に投資すると考えた。つまり利子率を下げれば、投資が拡大して景気が良くなると主張した（この考え方がコトラー、ポーターに生きていることがわかると思う）。

アメリカではケインズ理論をニューディール政策として実施し、立ち直り、ケインズ理論は不景気から経済を救うものとして注目された。

（ⅴ）経済学者

ミクロ経済学は経営学、その主役といえるマーケティング学に大きな影響をもたらした。したがって、経営、マーケティングの世界に経済学者の名前はよく出てくる。すでにアンゾフ、ポーター、ドラッカーといった経営学者は本書にも登場したが、その他の有名なミクロ経済学者（もちろんマクロ経済学も研究しているが）、経営学者をここで挙げてみる。

- **シュンペーター**……経済の発展はアントレプレナーによるイノベーションによって生じると主張した。彼は18世紀の学者であるが、アントレプレナーシップ、イノベーションというキーワードは現代社会でよく使われる（本書でも使っているが）。
- **ナッシュ**……後述するゲームの理論を確立した。30歳から25年間病気と闘い、奇跡的に立ち直ったことで有名で、その人生は「ビューティフル・マインド」というタイトルで映画化された。
- **トービン**……ケイジアンとして有名で、投資やファイナンスにおいてさまざまな研究をした。なかでも投資の指標となる「トービンのq」は有名。
- **サイモン**……組織、意思決定の理論で有名。
- **ガルブレイス**……「アメリカの資本主義－拮抗力の概念」で一躍有名になった。ドラッカー同様に多くの著書とユニークなキーワードでビジネスパーソンに多くのファンを持っている。「拮抗力」（強者の巨大なパワ

ーも対抗する力が生まれ、自然にバランスがとれる）の他、「豊かな社会」「テクノストラクチャー」（経営のための専門家集団）、「不確実性の時代」といったキーワードを生んでいる。

❸経済学と競争
（ⅰ）完全競争
経済学は、その出発点であるマーケットを実際にはほとんどありえない「完全競争の状態」にあると仮定し、その理論化から進めている。完全競争とは、次のような条件を満たす状態をいう。この条件を満たさないと、競争は何らかの形で制約を受ける。

- **企業と消費者の数が極めて多いこと**
 本当の競争が起きるための第一条件。企業が1社しかないと独占、数が少ない状態は寡占という。

- **市場参入、撤退が容易なこと**
 これに対して参入しづらいことを参入障壁という。市場から撤退する際に、それまでかかった費用のうち、手元に返ってこない費用のことをサンクコストという。サンクコストが大きいというのは一種の参入障壁といえる。
 参入障壁が高いと企業数は増えず、競争は制限される。

- **価格は需要と供給によってのみ決まる**
 これがマーケットメカニズムであり、アダム・スミスの言った「神の見えざる手」である。これについては後で詳しく述べる。企業はこのメカニズムに逆らって、16ページのような価格戦略をとる。例えば、思い切ったディスカウントや高価格戦略である。これは競争に勝つためのものであり、「勝利」が決まると敗者は撤退し、競争は制限される（勝者は無競争というリターンを得る）。

- **企業、消費者が取引情報を同じように持っていること**
 証券市場ではこれを担保するために、ディスクローズ（株の供給者である企業に、持っている情報をすべて公開させること）を求める。これが保た

れていない状態を情報の非対称性という。
- **取引される商品はすべて同じ**

この状態がもっとも競争が激しいことはわかると思う。そこで企業はこの競争を避けるべく「差別化」(ライバル企業とは別のものを売る)を目指す。

(ⅱ) 均衡

完全競争マーケットでは、需要と供給によって価格が決まる。

まずは需要と価格について考えてみよう。これは図1-6のような曲線で表現できる。

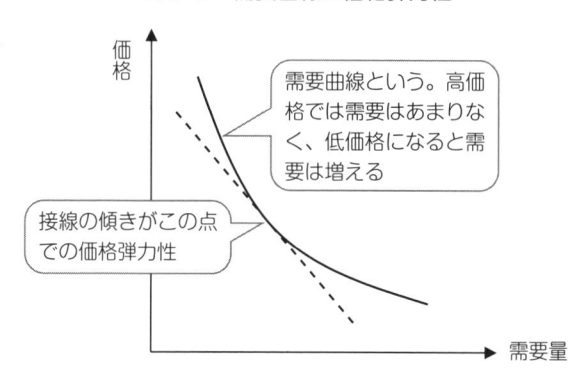

図1-6 需要曲線と価格弾力性

[図：縦軸が価格、横軸が需要量の右肩下がりの需要曲線。「需要曲線という。高価格では需要はあまりなく、低価格になると需要は増える」「接線の傾きがこの点での価格弾力性」の注釈付き]

商品によって線の形は違うが、マーケットにおける需要が右肩下がりの曲線になることは納得できる。ここで価格弾力性というものを考える。

価格弾力性⇒需要の変化÷価格の変化

　　　　　⇒価格を下げると、需要がどれくらい変化するかという割合

上図の需要曲線を直線と考えれば、価格弾力性は「直線の傾き」であり、どの価格でも一定である。曲線と考えれば各需要量・価格における接線の傾きであり、前述した限界(微分係数)となる(具体的な算出法は180ページを参照)。

一方、供給と価格の関係は、図1-7のような線となる。

図1-7　供給曲線

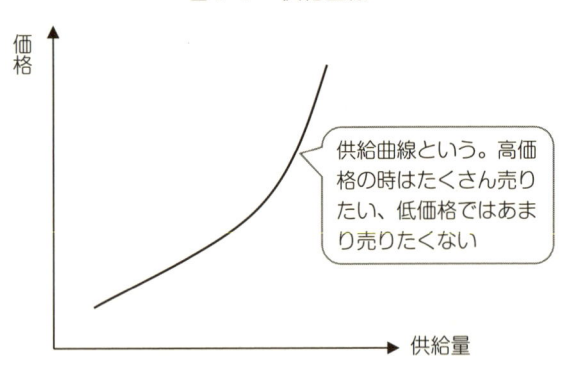

（グラフ：縦軸「価格」、横軸「供給量」、右上がりの曲線）

供給曲線という。高価格の時はたくさん売りたい、低価格ではあまり売りたくない

　需要曲線ほど現実的ではないが、いくつでも「売れる」「作れる」「在庫できる」と考えれば、図1-7のような状態があってもおかしくはない。
　ここで需要曲線と供給曲線を重ねると図1-8のようになる。

図1-8　市場の均衡

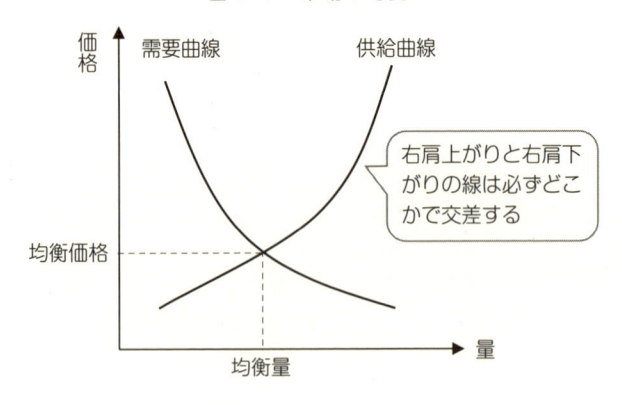

（グラフ：縦軸「価格」、横軸「量」、需要曲線と供給曲線が交差し、交点から「均衡価格」「均衡量」）

右肩上がりと右肩下がりの線は必ずどこかで交差する

　この交差した点で、需要と供給が一致し、価格が決まる。これを市場の均衡という。
　ここで何らかの理由で需要が増大した場合を考えよう。これは「同じ価格でもほしい量が増える」ということで、需要曲線が右へ移る。これで均衡価格が上昇するのが、図1-9のグラフでおわかりだと思う。

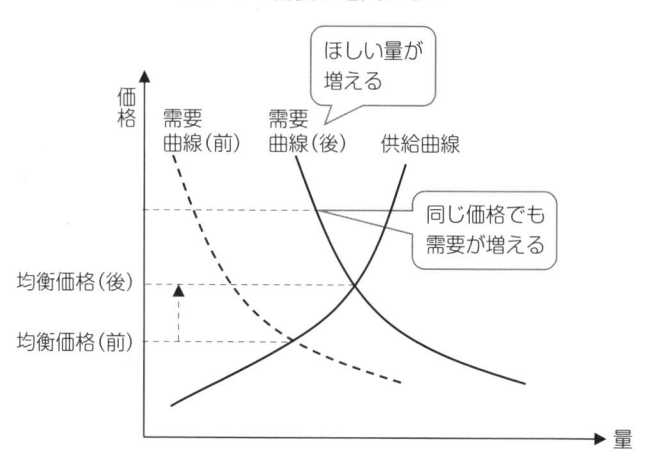

図1-9 需要が増大すると…

- 価格
- 需要曲線（前）
- 需要曲線（後）
- 供給曲線
- ほしい量が増える
- 同じ価格でも需要が増える
- 均衡価格（後）
- 均衡価格（前）
- 量

逆に需要が減少すれば均衡価格は下がる。

また、コストダウンなどにより商品の原価が下がれば、同じ価格で売ってもよいと思う量は増えて、供給曲線が右へ動き、均衡価格は下落する（図1-10）。

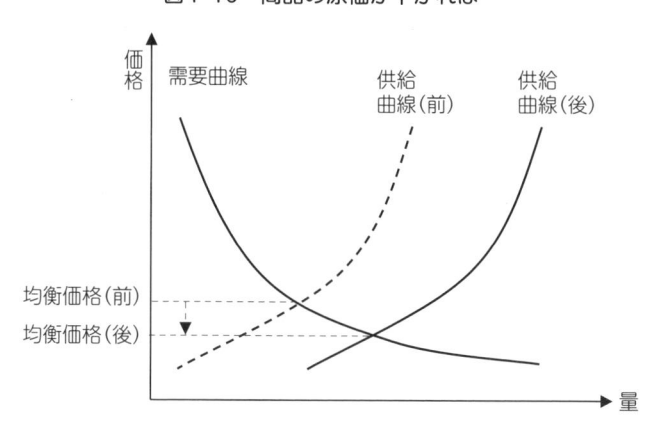

図1-10 商品の原価が下がれば…

- 価格
- 需要曲線
- 供給曲線（前）
- 供給曲線（後）
- 均衡価格（前）
- 均衡価格（後）
- 量

逆に供給が減れば価格は上がる。

"せり"などはこのメカニズムがよく働くものといえる。

このメカニズムは売り手（供給）、買い手（需要）のパワーバランス（イノベーション・マーケットビューの視点）を考えるうえで、大きなヒントとなっている。

(ⅲ) マーケットの失敗

（ⅱ）のようにマーケットメカニズムが働かず、均衡しないことをマーケットの失敗（やや奇異な表現ではあるが）という。次のようなパターンを挙げている。

- **外部効果**

ある経済主体（企業など）のとった行動が、マーケットメカニズムとは関係なく、他人に利益（外部経済）や損失（外部不経済）を与えることを外部効果、外部性という。外部効果として、技術の進歩（携帯電話の登場がパソコンのマーケットに影響を与える）、規制（政府の環境規制がマーケットに大きな影響を与える）などがよく挙げられる。

- **情報の非対称性**

例えば「企業は販売する商品の情報を持っているが、消費者は買うまでその情報を持てない」といったように、情報の非対称性（27ページ）が生じると、マーケットメカニズムが働かない。

このような状態になったものを、よくレモンマーケットという（英語のレモンには「うまくいかない」という意味がある）。レモンマーケットとして中古車市場がよく例に挙げられる。「消費者が商品を知らないので低価格・低品質の車が売れる」⇒「低品質なので消費者は中古車マーケットで買わなくなる」⇒「需要が減るので価格が下がり、さらに低品質な商品だけが売れる」…というものである。このような行動を逆選択という。

この情報の非対称性は保険業界でもよく知られ、モラルハザードという言葉を生んだ。これは「保険加入者は保険があるので事故をあまり恐れなくなる」⇒「事故が増加」⇒「保険料が上がる」⇒「良質なドライバーは保険に加入しなくなる」⇒「保険料が上がる」…というものである。保険会社が「加入者の気持ち」という情報を持っていないことからくるものといえ

る（モラルハザードという言葉はここから離れて、最近では経営者の倫理が欠けていることを指すようになった）。

・公共財

　非競合的（1つの財を複数の消費者が同時に使用できる。そのため均衡という概念がない）、非排他的（この財を利用させないようにするのにカネがかかる。そのため料金徴収が難しい）な財は、企業が参入したがらない。そこで政府が供給者となったり、供給に規制、援助などを行ったりする。これを公共財という。公共財はそもそも競争を避けるものであり、市場メカニズムが働かない。これを働かせようというのが日本で起きた「官から民へ」である。

(2) ゲームの理論

　ゲームの理論はノイマン（コンピュータの原型を作ったことで有名な数学者）とモルゲンシュテルンの共著『ゲームの理論と経済行動』を出発点とし、ナッシュがその体系化を図ったものである。ゲームの理論はトランプなどのゲーム（多くの場合「勝つ」ことが目的）を数学的に考え、必勝法などを考えていくものである。

　近年、ゲームの理論はマーケティングをはじめとして、競争指向型の企業経営にその考え方が取り入れられている。「ライバル企業に勝つために、どのような戦略をとるべきか」といったことを考える時の1つのヒントとして使っている。

　ゲームは戦略型ゲームと展開型ゲームに分かれる。前者はジャンケンのように「せーの」で手を打つタイプのもの、後者は将棋やチェスのように相手の打つ手を見てから、自分の手を打つことができるものである。

❶戦略型ゲーム

(ⅰ) ゲームの要素

　戦略型ゲームでは、「ゲーム」をプレイヤー、戦略（プレイヤーが取るこ

とのできる手。意思決定案のこと）、利得表（「戦略ごとの結果」＝その戦略によって「各プレイヤーが得られる利益」）という３つの要素を使って表す。

(ⅱ) ゲームの種類

- **人数**……プレイヤーの人数によって１人ゲーム、２人ゲーム、…n人ゲームという。３人以上のゲームは２人ゲームの拡張と考えれば、ほとんど同じ構造となる。
- **協力**……プレイヤー同士が協力するか、しないかで分かれる。協力ゲームはプレイヤーが協力するので、その利益は両者の和として表せる。つまり２人で得た利益である。これは１人ゲームにしてしまう（企業でいえば合併、買収する）のが早道である。２人ゲームのままでやるのであれば（後述するアライアンス）、共通利益をどうやって分けるのか問題となる。分け前はゲームをやる前に決めておかないと、ゲームが終わってからでは「もめる」。事前に分け前のルールに関して合意ができる時、ゲームはほとんど終わりで、最大の共通利益を狙えばよい。この分け前のルールを協力ゲームの解という。解によっては、一方のプレイヤーがそのルールに従わない方が幸せになれる（もちろん、もう１人のプレイヤーは不幸になる）こともある。これを「抜け駆け」といい、プレイヤーが「抜け駆け」をしようというインセンティブ（誘因、そうしたいと思う気持ち）が全く働かない解をコアという。協力ゲームでは、コアが存在する場合としない場合がある。

　この協力ゲームの考え方は、後で述べる企業間のアライアンスやコラボレーションなど「手を組む」時によく使われている。

- **ゼロサムゲーム**……この言葉はビジネスでよく使われている。「どんな場合でも各プレイヤーの利益の和がゼロになる」というもの。ギャンブルの多くはこれにあたる。利益の和がゼロにならず、一定の値になるものをコンスタントサムゲームということもあるが、利益から一定値を引けばゼロとなるので、これも一般にはゼロサムゲームという。売買取引における価格交渉などはこれにあたる。売り手が１００円引けば、売り手が１００円

損し、買い手は100円得する。

(ⅲ) 1人ゲーム

1人ゲームとはプレイヤーが1人で、相手はプレイヤーでない（自然など）ケースのことをいう。この典型は「不確実性の下での意思決定」というゲームであり、ビジネスにおいてよく使われている。次のような例で考えてみよう。

雪国にある店舗で、毎日Aという商品を、前日に仕入れており、当日の天気によって大きく売れ行きが変わる。この商品Aには10個、20個、30個の仕入パターンがあり、それぞれの天気別の利益が図1-11に示すようにわかっているとする。この表が先ほどの利得表である。この利益には、売れ残りによる損失だけでなく、欠品（品不足）による機会損失（商品があれば売れたのに損した）も含まれる。

図1-11　天気別の利益

天気	利益		
	10個仕入	20個仕入	30個仕入
晴れ	-8000円	4000円	12000円
くもり	-4000円	-1200円	8000円
雨	4800円	-2400円	-8800円
雪	2400円	6400円	-4800円

ここで明日の天気がまったくわからない時、どのような戦略（何個仕入とするか）をとるかというゲームである。

この時、戦略決定の考え方として、次のようなものがある。

- マキシミニ（Maximini）

各戦略ごとに最悪のケースを想定し、その中の利益が最大の戦略を選ぶというもの（最小の中から最大を選ぶ）。10個仕入では、最悪の時は「晴れ」で、この時の利益は-8000円、20個は「雨」が最悪で-2400円、

30個は「雨」が最悪で−8800円となる。よって最悪のケースのダメージがもっとも小さい20個仕入を採用するというもの。「損失を最小に抑える」という守りの戦略である。

- マキシマックス（Maximax）

各案ごとに最良のケースを想定し、その中の利益が最大の戦略を選ぶ。10個仕入は「雨」で最大4800円、20個は「雪」で6400円、30個は「晴れ」で12000円。よって30個仕入を採用する。これは結果として、あらゆる案と状況の組み合わせの中から、最大利益を生むケースを選ぶことになる。

- ミニマックスリグレット

その案を取ったときのリグレット（後悔）に着目するもの。10個仕入れて、もし天気が晴れとなったら利益は−8000円である。この時は「30個仕入れていれば12000円の利益が得られたのに」と後悔する。どれくらい後悔するかといえば12000−（−8000）＝20000円である。同様にあらゆるケースでそのリグレットを計算すると図1-12のようになる。

図1-12　リグレット表

天気	10個仕入	20個仕入	30個仕入
晴れ	20000円	8000円	0円
くもり	12000円	9200円	0円
雨	0円	7200円	13600円
雪	4000円	0円	11200円

各戦略についてこのリグレットが最大のケースを考え、それが最小の戦略に決めようとするものである（最大のものが最小なのでミニマックス）。10個仕入れは「晴れ」で最大リグレット20000円、20個では「くもり」で9200円、30個では「雨」で13600円。よって最大リグレットが最小となる「20個仕入」を採用するというもの。できるだけ後悔したくな

いという人間の気持ちを表したものといえる。

マーケティングでは、マーケットが伸びている成長期にはマキシマックスを、マーケットが成熟している安定期にはマキシミニ、ミニマックスリグレットをとるのが一般的である。

(ⅳ) 2人ゲーム

戦略型の2人ゲームを理解するには、囚人のジレンマというゲームが最適である。

これは、「A、B2人が共同で犯罪をした疑いで警察に逮捕されており、それぞれ別の取調室で事情聴取されている。証拠はなく、自白だけが頼りである。2人とも自白しないと、このまま2人とも1年間は拘留される。2人とも自白すると、2人とも5年の刑を受ける。一方だけが自白すると、自白した方は釈放、自白しなかった方は10年の刑となる」というものである（この2人は戦っているわけではないが、ゲームの理論では二者が意思決定をして、それによって両者に結果が出るようなものをすべて「ゲーム」と表現している）。

これは協力できないので非協力ゲームであり、互いの戦略は「自白する」、「自白しない」の2つである。ここで利得表を作ってみると図1-13のようになる。

図1-13　利得表

〈Aの戦略〉	(Bの戦略) 自白する	自白しない
自白する	(5、5)	(0、10)
自白しない	(10、0)	(1、1)

(　)内の左がAの拘留年数、右がBの拘留年数

Aから考えてみる。Aから見ると相手（B）のとる戦略は2つ（自白する、

自白しない)。もし「Bが自白する」と仮定する（図1-13の左半分だけを見る)。この場合Aは「自白する」と刑が5年、「自白しない」と10年であるので、「自白する」という意思決定をとるべきである。一方、「Bが自白しない」と仮定すると（図1-13の右半分だけを見る)、Aは自白すると釈放、自白しないと刑が1年なので、Aは「自白する」という意思決定をとるべきである。つまりBが自白しようと、しまいと、Aは「自白する」という戦略をとるべきである（この戦略を最適戦略と表現する)。最適戦略のうち、このゲームのように相手の出方によらず決まってしまうものを支配戦略という。

　一方、Bも同じことを考え、ともに自白して「5年の刑を受ける」という形でこのゲームは決着する。正確にいうとA、Bがともに賢く、このように論理的に考える力を持っていればの話である。ゲームの理論では常に相手は「賢い」と考える。

　2人にとって最高の幸せは「ともに自白しない」という意思決定である（互いが最高の幸せになる所を「パレート最適」という)。非協力ゲームでは互いに「最高の幸せとはいえない」（パレート最適でない）意思決定が、最適戦略となることが多い。

　これを協力ゲームで考えてみよう。ここで互いに協力して得られる「解」は「ともに自白しない」で、「ともに1年の刑を受ける」ということになる。企業でいえば談合、カルテル（企業同士が協定を結ぶ）である。

　しかしこの時Aが「自白しない」という約束をBとしながらも、「抜け駆け」して自白してしまうと、自分だけ釈放されることになる。つまりこの解はコア（ともに抜け駆けしようという誘因が働かない解）ではないことになる（談合破り)。

　もう1つ、このゲームに与える要素がある。それはゲームが「1回きり」ではなく、何回もくり返していく（何度も警察に捕まるというのも変だが）場合である。くり返しゲームでは、前のゲームの相手戦略を見ることができる。もしこのゲームが永遠に続くなら、今回は「ともに自白する」という結

果であっても、一度くらいは相手が「自白しない」ことを期待して、こちらも「自白しない」という、実は「互いにとってもっともハッピーな結果」を求めて、「自白しない」という手を打ってみようかという気持ちが生まれてくる（生まれてもおかしくない）。互いに思えば、ともに「自白しない」という結果を生み、その信頼関係が続く限り、これが続くかもしれない。仮に一方が自白して一方が自白しなくても、「自白した方」が「次は相手も自白してしまい、幸せが起きない。長い目で見れば自白しない方がよいのかも」と思い、次は「自白しない」という戦略をとるかもしれない（ややこしいのでゆっくり読んでください）。

　ゲームをくり返せば「ともに自白しない」という互いにとって最大の利益を得る方向に動く可能性（これがインセンティブ）を持っている。いい方を変えれば、一度は「ともに自白する」に落ち着いても、「ともに自白しない」という方向に動く可能性があることを意味している。

　例えば、ライバル関係にあるＡ社とＢ社が価格の値下げを考えている。ともに値下げすると、値下げした分だけ両者の利益の和は減る。一方だけが値下げすると、値下げした方はシェアが取れてハッピー、値下げしない方は最悪となる。ともに値下げしないと両者の利益の和は最大でともにハッピーという、まさに囚人のジレンマである。一回勝負なら「値下げ」である。しかしビジネスの世界はくり返しゲームであり、先ほどのように「値下げしない」というインセンティブが働いてくる。

　これがマーケットにディスカウンターが登場して価格競争が起きても、次第にそれが収まっていく理由といえる。

❷展開型ゲーム

　相手の手を見ることができる展開型ゲームも、マーケティングでよく活用される。そもそもこのゲームは、マーケットへの新規参入や参入障壁の議論に使われたのが出発点である。

　ある地域にＡスーパーがあり、ここにＢスーパーが出店を検討している。

これを察知したAスーパーが「参入するなら、とことん戦うぞ」と宣言している。しかしBスーパー出店後は、Aスーパーにとってもう1つ「仲良くする」（戦わないで協調する）という手があり、A、Bの戦略をとった後の利益がわかっているとする。

このようにBスーパーが手を打ってから、その手を見てAスーパーが手を打つことができる時は、図1-14のような「ゲームの木」というものに、状況を表すことができる。

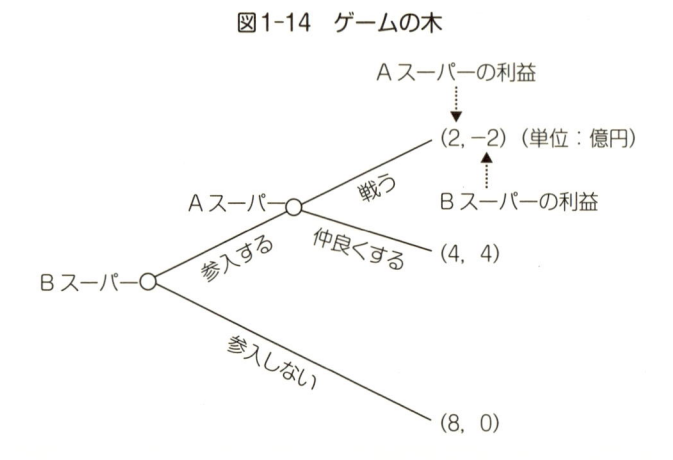

図1-14　ゲームの木

```
                              Aスーパーの利益
                                   ↓
                    戦う    (2, -2)（単位：億円）
                                   ↑
          Aスーパー ○          Bスーパーの利益
            参入する 仲良くする (4, 4)
Bスーパー ○
            参入しない
                        (8, 0)
```

ここでBスーパーが「参入する」という戦略をとったとする。この時Aスーパーは「戦う（利益2億円）」か、「仲良くする（利益4億円）」かである。ゲームの理論では前に述べたように互いに賢く、ムキにならず、感情を持たず、冷静に利益最大化行動をとると考える。言い方を変えると、それ以外の仮定（相手が賢くなくてミスをしてくれる。感情的になる）のもとで行動するのは、"自らにとって"幸せはないと考える。そうなればAスーパーは「仲良くする」という選択肢をとるはずである（参入したら「とことん戦うぞ」といってはいても）。

Bスーパーから見れば、参入すればAスーパーは仲良くするので利益4億円を得て、参入しないと利益は0である。したがって「Bスーパーは参入

して、Aスーパーは仲良くする」というゲームの結着、つまり均衡となる。

よく考えてみるとAスーパーにとって参入していない（現在）状態では、利益8億円なのに参入させることによって、利益が4億円になってしまう。しかしA、Bの利益構造が変われば（図1-14のカッコの中の数字）、話は別である。つまりこのゲームの始まる前に、Aスーパーが何らかの手を打つことが可能であれば、話は変わる。

例えばBスーパーの出店予定地の前に、Aスーパーの方が早く新店を出すことができるとする。そうした場合の利益もわかるとして、ゲームの木を作ってみる。

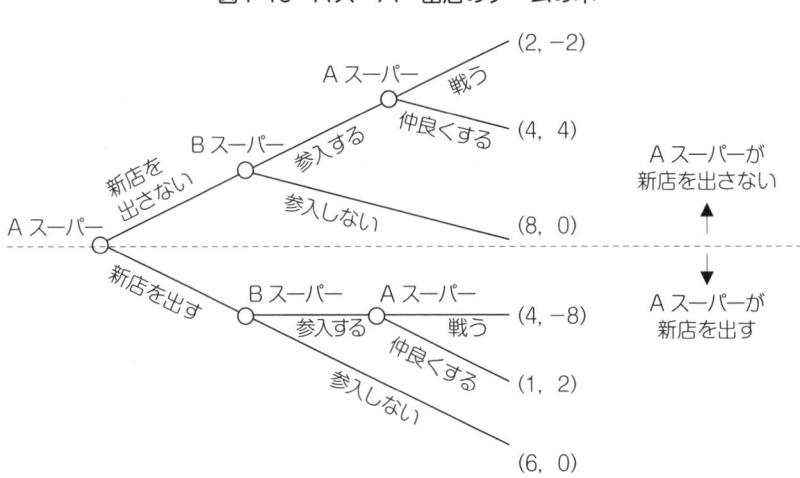

図1-15　Aスーパー出店のゲームの木

整理して考えてみよう。

- ゲームの木の上半分は「Aスーパーが新店を出さない場合」（これを上のゲームの「部分ゲーム」という）であり、この場合、先ほどやったように（4億円，4億円）で均衡する。
- 下半分の木で（Aスーパーが新店を出す場合）で考えてみよう。この時にBスーパーが参入すると、今度はAスーパーは「戦う」方が利益が高い（戦うと4億円、仲良しは1億円）ので戦う。したがってBスーパーの利

益は−8億円となる。一方、参入しない場合はＢスーパーの利益は0。したがってＡスーパーが新店を出すと、Ｂスーパーは参入せず、（6億円，0）で均衡する。
- Ａスーパーから見て新店を出さないと「利益は4億円」、出すと「利益は6億円」となる。したがってＡスーパーは新店を出し、Ｂスーパーはこれを受けて参入せず、このゲーム全体は（6億円，0）で均衡する。

　このゲームの木を使ったものとして有名なのが、208ページで述べるウォルマートのサチュレーション戦略である。後から出店するライバルが「出店する」という解を持たないように、人口が少ない田舎の町にびっくりするほどの巨大店舗を出すというものである。
　ここまでくると、ゲームの理論が何となくわかってきたと思う。ライバルでも、顧客でも、取引先でも、相手の打つ手がわからず、そのため自分の打つべき手がわからなければ、自分の手に対して、相手が必ず自らにとって最適の手を打つと考えることである。

(3) 戦　争

　戦争大国アメリカで生まれたマーケティングには、戦争の考え方が色濃く残っている。その典型は戦略という言葉である。

❶戦争システム

　アメリカは戦争をシステムとして考えた。システムとは「複数の"要素"から成り、共通の利益に従う組織体」と定義される。戦争システムの"要素"は軍事本部、基地、軍隊の3つであり、これらが国益（＝共通の利益）のために戦う。
　戦争においてもっとも恐ろしいのは、軍隊の独走である。人間には本能的に「戦闘意欲」があり、かつ戦いを始めると冷静さを失う。戦争には目的がある。それが先ほどの国益である。軍隊は戦っているうちにこれを見失う。

図1-16　戦争システム

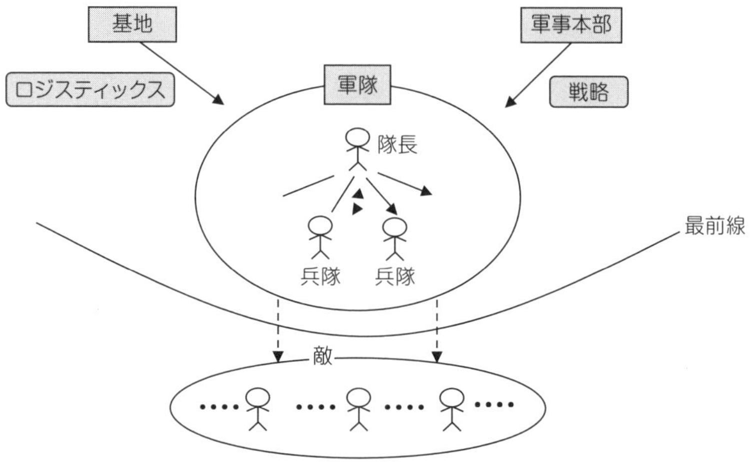

　仲間を敵に殺され、次第に敵が憎くなり、いつの間にかその戦争目的を見失ってしまい、「目の前の相手を殺す」という自らのチーム（軍隊）のために戦ってしまう。

　そこで戦争の戦い方、特に軍隊が自分の益（目の前の戦いに勝つ）になろうとも「やってはいけないこと」を決めておく。これが戦略である。戦略は軍隊で考えず、戦いをしない、戦っている相手が見えない軍事本部が考える。

　マーケティングにおいて、軍隊に当たる部門はセールス部隊（よく、部隊、セールスフォースと表現する）などである。彼らは商品を顧客に提供するのが目的なのに、いつの間にかライバル商品、ライバル企業に勝つために戦ってしまう。そこでセールスの戦い方という"戦略"は、支店長（軍隊長）ではなく、本社にあるマーケティング本部で考える。

　もう1つの要素である基地は、武器、火薬、食糧といった軍事資源を備蓄し、必要に応じて軍隊へ提供する。これをロジスティックスという。この考え方も物流をはじめとするマーケティングによく用いられる。このロジスティックスがJIT（ジャストインタイム）という考え方を生んだ。これは「商品を必要な時に、タイミングよく届ける」という意味である。

❷ ランチェスター戦略

　ビジネスへ戦争をストレートに取り入れた古典的な考え方として有名なのが、ランチェスター戦略である。

　ランチェスターはイギリス人のエンジニアであり、第一次世界大戦で戦闘機の開発を行った。その時、戦争を構造的にとらえ、ランチェスターの法則というものを考えた。それは次の2つの法則から成っている。

- 第1法則

　一騎打ち（1対1の戦い）の時に使われるもの。軍隊の戦闘力は武器の性能が同じなら、兵力（兵隊の人数）で決まる。例えば100人の軍と50人の軍が戦えば、1対1ではすべて引き分けとなり（両方死に）、両軍50人ずつ減って、100人軍が50人残って勝つ。

- 第2法則

　チームとチームで戦うと考える時に使われるもの。100人軍が50人軍を攻撃すると、50人軍は1人あたり2人の攻撃を受ける。一方、50人軍も100人軍を攻撃すると、100人軍は1人あたり0.5人の攻撃を受ける。つまり攻撃を受ける量を1人あたりで考えると、100人軍：50人軍＝2：0.5＝4：1となる。軍の兵力が2倍になると4倍の攻撃となり100人軍の圧勝となる。

　これがアメリカで第二次世界大戦の時、ゲームの理論の一分野として研究され、その後日本に入り、ビジネス向けのランチェスター戦略として一時ブームとなった。

　ランチェスター戦略は強者と弱者がいて、マーケットで戦うことをイメージしている。強者と弱者を分けるものは戦闘力であり、ビジネスでは従業員数、ブランド、技術力といった経営資源[9]がこれにあたる。ランチェスター戦略で着目すべきものは弱者の戦略である。

---

*9. その企業が持っているビジネスに使う財産。ヒト、モノ、カネ、情報、ブランド、技術…。

PART I：マーケットビュー

(ⅰ) 弱者の戦略

ランチェスター戦略では、弱者は「勝つのではなく負けない」ことを考える。この発想は後の競争マーケティングにかなり生かされている。

- **差別化**[*10]……強者に負けている経営資源があれば、きっと勝っている経営資源だってあるので、これを見つけて負けている方を捨て、勝っている方を強化する。価格で負けていても品質で買っていれば、価格で戦うのをやめ、品質に特化する。
- **局地戦**……「全部勝つことはできないが、勝てる地域はいくつかある」。つまり「限られた範囲で戦え」というものである。
- **接近戦＆一点集中**……ランチェスターの第2法則ではなく、第1法則の世界に持っていくことである。要するに、相手の総合力を使わせず、負けを小さくしていく。局地戦と合わせて地域密着型といった形でよく表現される。

この弱者の戦略は、ニッチというキーワードで現代のマーケティングに引き継がれている。

(ⅱ) 強者の戦略

これは弱者の反対の手を打つことである。相手に差別化させない（相手の良い所はマネする）、広域戦（全国で販売して全部勝つ）、直接戦＆総合戦（規模の利益で圧倒する）というもので、後で述べるパワーマーケティングとして現在に引き継がれている。

(ⅲ) シェア

ランチェスター戦略は、戦争の結果（戦果）としてシェアを用いている。トップシェアについて、数字を使って次のようなことを提示している。

- **70％のトップシェア（上限）**……ここまで取れると、絶対的な勝利であ

---

*10. この差別化も一般的に使われているもの（商品に特異性を出して競争を回避する）とは異なる。コトラーの差別化（競争優位性）同様に、この意味で使う時は「ランチェスター戦略の差別化」と表現した方がよい。

り、経済学でいう寡占状態となる。独占禁止法などで分割しないと、買い手に不幸をもたらす可能性がある。ITの世界ではよく見られる。IBM、マイクロソフト、Googleなどが有名。

- **40%のトップシェア（普通）**……これで長期間安定したトップが得られる。自動車のトヨタなどが有名。
- **26%のシェア（下限）**……これ以下ではトップといっても、非常に危険な状態が続く。飲料業界、食品業界などでこの数値がよくあたっているといわれている。

2-2 ポーター

　マーケットにおける競争について、体系的に整理したのがポーターというアメリカの経済学者である。彼はMBAの本家本元といわれるハーバード・ビジネススクールでのケーススタディなどをベースに、競争を理論化した。競争指向型の経営者に多くのファンを持ち、MBAなどのビジネススクールでのマーケティングの柱となる理論となっていることから、日本でもこの理論は広く普及した。彼の著書『競争の戦略』は、競争マーケティングの教科書となっている。その骨子は以下のようなものである。

(1) ファイブフォース分析

　競争戦略の第一歩は、自社が存在する業界（代替可能な商品を作っている企業の集団）という「環境」を分析することである。この業界の特性によって、競争の激しさが決まり、その激しさによって業界の収益性（儲かり度合）が決まる。要するに、競争の度合によって事業の利益率が決まると考える。競争が激しければ利益率が下がり、競争が収まれば利益率が上がる。

　この業界の競争の激しさを決める要因を、新規参入のリスク、既存業者間の敵対関係の強さ、代替商品からの圧力、買い手の交渉力、供給業者の交渉力の5つに分けている。そして競争戦略とは、これらの要因から身を守り、自企業が有利になるように考えることだとしている。

❶新規参入のリスク

　新規参入業者が登場することで、業界内の競争は激しくなる。これは万人が納得できる。日本でも独占的な公営事業へ新規参入者が生まれて、競争が激しくなるというのはこれまでもよく見られた。

　これを経済学でいう完全競争と投資利益率を使って考えている。投資利益率とは「投資に対して何％の利益が上がるか」という"利回り"である。ポーターは（というよりもアメリカでは）事業への参入、撤退は投資家（その事業にカネを出す人）が決定すると考えている。正確にいうと、投資家に選ばれ、投資家の投資利益率だけを考える経営者が意思決定すると考えている。

　完全競争は競争がもっとも激しい状態であり、投資利益率はもっとも低くなる。この時の業界全体の投資利益率を下限と考える。この下限の利益率は政府の長期債（日本では国債）の利子率に近づく。投資家はこの利子率以下では納得せず、利益率の高い他の業界へ投資を変更するので、その業界からの撤退が始まる（どこにも利益率の高い業界がなければ長期債にカネがいく。まさに今の日本のようである）。逆に、これ以上の利益率が長期にわたって実現している業界には、それより利益率の低い他業界から新規参入が始まる。そして競争は激化し、利益率は落ちていく。

　したがって業界として新規参入を妨げるのであれば、業界の利益率を下限利益率に近づけていくことが求められる（「儲かっているマーケットは狙われるから、あまり利益を出すな」というのは、なかなかおもしろい発想である）。

❷既存業者間の敵対関係の強さ

　これは競争要因というよりも、競争の激しさそのものである。

　同一業界で他の業者に対する行動を敵対行動という。この敵対行動は相手にもすぐわかるので、それに対する報復行動が起こる。つまり同業者はお互いに相手の行動によって行動する関係である（ゲームの理論の展開型ゲ

ームの発想である)。

　この行動の激しさを敵対関係という。敵対関係は次のような要因で決まる。これは経済学の完全競争にどれくらい近いかと同意である。

- **同業者が多い、同一規模の会社が多い**

　⇒逆に絶対に勝てそうもないリーダー企業がいると、仲良し業界になりやすい。

　　この状態では誰にも戦うインセンティブが働かない。リーダーが弱者を攻撃すると独禁法（69ページ）に触れる。一方弱者は、リーダーと戦う気がしないし、弱者同士の戦いなど意味がない。

- **業界の成長が遅い**

　⇒成長が止まると競争の決着がつく。成長期の戦いは、マーケットを活性化するので激しい戦争となる。一方、マーケットが伸びないのに戦えば、互いに傷つくのでゲームの理論でいう協力ゲームのインセンティブが働く。成長が遅いと、戦う時間が長く、競争は激化してくる。208ページのサチュレーション戦略を考えると納得できる。早くマーケットを成長させて、飽和させてしまえば戦う暇がない。

- **設備などの固定コストが高く、そのキャパシティ（生産能力）を少しずつ増やすことができない**

　⇒思いっ切り投資するか、しないかの選択肢しかない。前者をとると売れようが売れまいが、何としてもこれを動かして生産する。そのため習熟がきいて、コストダウンされる。それによって需要と供給の構造が大きく変化し、他社も投資せざるを得なくなって競争が起こる。これもコンピュータの部品としての半導体の争いで実証された。

- **商品の在庫コストが高い**

　⇒在庫コストが高い（置いておいてもカネばかりかかる）、さらには在庫をすることが難しいと（生鮮品が典型）、値下げしようとするインセンティブが働き、競争は激しくなる。

- **商品差別化**[*11]**ができない**

⇒完全競争の条件にある「同一商品」である。逆にいえば差別化は競争を回避できる。

- 買い手を変えるのにコストがかからない

⇒「売り手が顧客を容易に変えられると競争が激しくなる」ということなのだろうか。部品メーカー（売り手）と組立メーカー（買い手）の関係のようなシーンでは考えられないこともないが、この後に出てくる「顧客が売り手を変える」という方がノーマルなシーンであろう。

- 企業が異なる戦略を持つ

⇒業界内に異なる戦略を持った企業があると、競争は激しくなるとしている。やや疑問の残るものである。ポーターは異質な戦略をとっていると相手の手が読みづらくなり、ゲームの理論でいう「解」も互いに異なるものとなり、お互いのハッピーを選ばないと考えている（高機能戦略と低価格戦略がぶつかると戦いは激しくなるのだろうか。顧客が棲み分けされて、かえって競争が収まっていくように思うが…）。

そのために業界内で同一の戦略をとる企業をグルーピングして考えることを提案している。この戦略グループの数が多く、戦略の隔たりがある程、競争は激しくなるとしている。

- 戦略性の高い業界

⇒複数の業界に進出している企業があり、この企業がある特定の業界を戦略的に重要な位置づけとすると競争は激しくなる。「他の業界で儲かったカネで戦いを挑んでくる企業がいると、競争は激しくなる」というのは納得できる。

- 撤退障壁が大きい

⇒業界から撤退するのが難しいことを、参入障壁に対して撤退障壁という。撤退障壁が高ければ、本来なくなっておかしくない供給がマーケットにとどまることとなり、需要優位で競争が激化する（しかし26ペー

＊11．この差別化の使い方がポピュラー。「競争を回避する」である。

ジの完全競争では、「撤退が容易な方が競争が激化する」としている。これは撤退が容易な方が参入しやすく、競争が起きると考えている。一方でポーターは「参入した後では、撤退しづらい方が競争が激化する」と言いたいのだと思う)。

❸代替商品からの圧力

　ある業界は、その代替商品を生産する他の業界と競争している。昔でいえば映画とテレビの関係であり、固定電話と携帯電話、プロ野球とサッカーのJリーグといったものである。例えば、代替商品の「低価格戦略」がその業界に大きなプレッシャーをかけ、利益率を落とし、競争を激化させていく。代替商品を迎え撃つ業界は、業界が一丸となって行動するしかない。

❹買い手の交渉力

　買い手にとって、売り手の競争は幸せをもたらす。価格競争による値下げや多品種化競争による商品機能のアップが期待できる。買い手が企業の時はこれがはっきりと現れる。最終的な買い手が消費者の業界は、流通という企業がここでいう買い手となる。したがって、買い手（流通を含め）の力が強いと業界（売り手の集まり）の競争は激しくなる。私はこれが最大の競争要因と思う。

　次のようなパターンの時に買い手の力は強い。

- **買い手が集中化していて大量購入される**
　⇒ディスカウンターという"買い手"がとる基本戦略「まとめ買い」である。他の店舗（買い手）も共同仕入などでこれに対抗し、買い手は集中していく。
- **買い手の購入する商品が、買い手の買い物全体に占める割合が高い**
　⇒つまり買い手にとって重要な商品の時である。この商品について、買い手は多くの売り手と交渉し、慎重に商品を選ぶ。消費財でいえば自動車、住宅といった高額商品はこれにあたる。

- 買い手の商品が標準品、または差別化できないもの

    ⇒同じ商品で、売り手同士を競わせることができる。完全競争の一条件である。

- 買い手が売り手を変えるコストが低い

    ⇒買い手が売り手を簡単に変えられれば売り手を競争させることができる。これはよく見られるメカニズムであり、226ページで述べるeマーケットプレイスがその典型である。

- 買い手の利益率が低い

    ⇒買い手（企業）は購入コストを下げようとして、売り手を競争させる。

- 買い手が「垂直統合（8ページ）に乗り出す」と圧力をかける

    ⇒「買い手が売り手から買っている商品を自らで生産する」といったもので、いつでも垂直統合できる状態であれば、買い手の圧力は高まる。

- 買う商品（部品、資材）が買い手の商品の品質に影響がない

    ⇒「どんな商品を買っても同じ。それなら一番安い所から買おう」

- 買い手が十分な情報を持っている

    ⇒レモン市場の逆であり、完全競争の一条件である。さらに買い手が売り手のコストまで知ると、さらに交渉力は大きくなる。

❺供給業者の交渉力

　供給業者の力が強いと、これを購入する売り手企業（ややこしいが、供給業者から資材や部品を買って当該マーケットで商品を売る企業）に購入競争（いわゆるせり）をさせ、価格の値上げなどを求めてくる。次のような時に供給業者の力は強く、業界の競争は激しくなる。これは買い手の交渉力とほぼ同様である。

- 供給業者の業界にごく少数の企業しかなく、集約されている。
- 供給業界に代替商品がない。
- 供給業者にとって購入先の売り手業界が重要な顧客ではなく、購入する売り手業界にとっては重要な仕入品である。

- 供給業者の商品が差別化された特殊品であり、他の商品に変更するのにコストがかかる。
- 供給業者が売り手の業界に垂直統合の姿勢を見せる。

❻政府

　政府は上記ファイブフォースに、次のような点で大きな影響を与える。その意味で競争要因の１つとなる。
- 政府が法律などで参入障壁を作る⇒競争をなくす
- 政府が買い手として圧力をかける⇒競争を促進
- 代替商品を奨励する⇒競争を促進

（2）競争戦略

　ライバルに勝つための戦略として、次の３つを掲げている。ただしファイブフォースと比較して斬新さがなく、これまでの古典的なマーケティング論で書かれていることとあまり違いが見られない。

❶コストリーダーシップ戦略

　習熟によって徹底的なコストダウンを図り、コスト面で最優位に立つというもの。この低コストによってファイブフォースすべてに対応できる。新規参入のインセンティブを抑えられる。ライバルが利益を捨て価格で攻めてきても、こちらは利益が残る。代替品に対して他社よりも有利である。買い手、供給業者が利益を圧迫しても、自社の次に低コストの同業者の利益をゼロにするところでそれが終わる（同業者が撤退して競争がなくなる）。

　コストリーダーシップを得るには、圧倒的に高いマーケットシェアや原材料が有利に入手できるといったような利点がなければならない。

❷差別化戦略

　自社商品を差別化して、業界の中で特異だと見られる"何か"を創造してい

くものである。差別化もファイブフォースへ対応できる。その特異性で顧客からブランドロイヤルティを得ることで新規参入は難しくなる。同業者からの攻撃を回避し、差別化がもたらす高利益率が供給者の力に対抗できる能力を高める。買い手は同じものを他社から買うことができず、供給者は同じものを他社に売れないので、価格について圧力をかけられず力を弱める。顧客からのロイヤルティがあるので、代替商品について他社より有利な立場になる。

❸集中化戦略

限定化された商品、顧客に集中的に投資して、その世界でコストリーダーシップ、差別化のいずれかを図るというもの。

この3つを図にすると、図1-17のようになる。

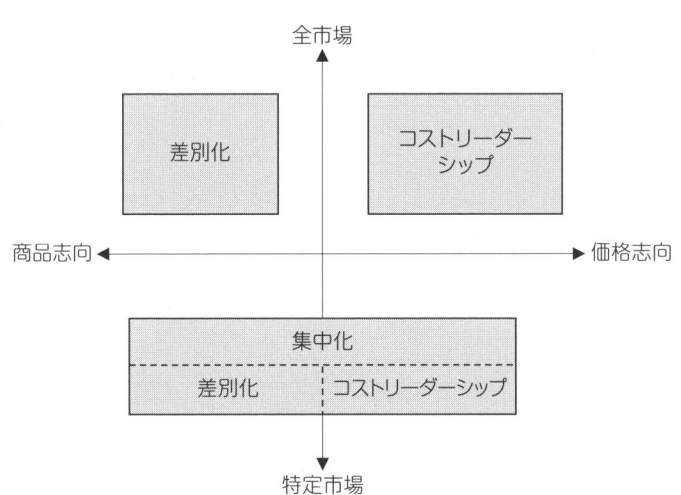

図1-17　ポーターの競争戦略

（縦軸：全市場／特定市場、横軸：商品志向／価格志向）

- 全市場×商品志向：差別化
- 全市場×価格志向：コストリーダーシップ
- 特定市場：集中化（差別化／コストリーダーシップ）

（3）競争業者分析

ライバル企業の分析について、図1-18のようなフレームワークを提案している。

図1-18 競争業者分析

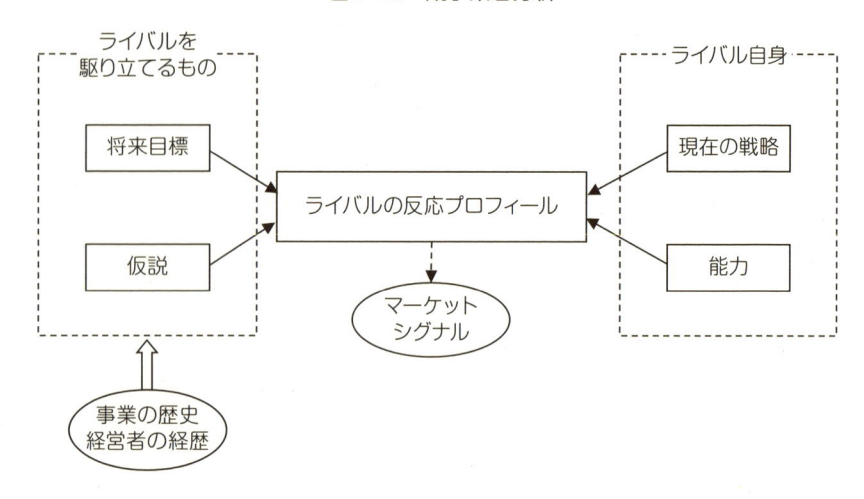

```
  ライバルを                              ライバル自身
  駆り立てるもの

  ┌──────────┐                      ┌──────────┐
  │ 将来目標 │─→                  ←─│ 現在の戦略│
  └──────────┘    ライバルの反応      └──────────┘
                  プロフィール
  ┌──────────┐─→                  ←─┌──────────┐
  │   仮説   │                        │   能力   │
  └──────────┘         ↓              └──────────┘
                   マーケット
                   シグナル
      ↑
  事業の歴史
  経営者の経歴
```

　ライバルの将来目標、仮説（自身をどう見ているか、業界・ライバルをどう見ているか）、現在の戦略、能力（強み、弱み）から、ライバルがこれからどんな新たな戦略を打ってくるか（これを反応と表現している）を考える。この戦略行動の姿を反応プロフィールという（ポーターが何を言いたいのかよくわからない）。そして、それが業界内の他の業者にどのような影響を与えるかを予測する。またライバルの将来目標、仮説を知る手がかりとして、ライバルの事業の歴史、経営者の経歴を調べることを勧めている（ケーススタディの発想である）。

　さらにはこの反応を直接知る手がかりを、マーケットシグナルと表現している。マーケットシグナルとは、その企業の意図、目標、社内状況を直接、間接に示す行動のことであり、このマーケットシグナルがライバルのプロフィールを読みとるポイントである。

　ゲームの理論の「ライバル戦争版」のようなものであるが、何度読んでも今ひとつ何を言いたいのか、何をすべきかがよくわからない。また、ライバルとの戦いの構造を抽象的に表現しているだけで、その"解"（どうやったら勝てるか）がないのでストレスがたまる。

3. 商品と買い手の出会いの場

マーケットを「自社商品と買い手が出会う場」として見るものである。これには次のような4つのビューがある。

- **空間として見る⇒商圏理論**

マーケットを商品と買い手が出会う地理的な"空間"として見るものである。これを一般に商圏という。

- **買い手から見る⇒購買行動分析**

商品を購買する消費者の"行動"から、そのマーケティングを考えるものである。

- **情報から見る⇒マーケティングリサーチ**

買い手が商品に持っている"気持ち"を調査して、そのマッチング度を高めるものである。

- **経路から見る⇒日本的VMS（Vertical Marketing System）**

商品が売り手から買い手に届くまでの"経路"に着目するものである。

3-1 商圏理論

（1）都市ビュー

最終利用者としての買い手（消費者など）と商品の出会いの場が「小売」である。もっともミクロなマーケットビューであり、これを考えることがもっともミクロなマーケティングである。この小売を取り巻く空間が都市であり、商圏理論はここからアプローチしていく。

都市構造によってさまざまなタイプの小売業が生まれ、その小売業が新しい都市構造を作っていく。

都市ビューは、次のような構造パターンが重なり合ってできていると見る。

- **同心円構造**……企業のオフィス、店舗などが中心地域に集まり、そのまわりに住宅ができ、さらにその住宅をサポートする小売業、サービス業が取り囲む。

- **ネットワーク構造**……上の中心地域から道路や鉄道が出ていくことで、新たな中心地域ができ、それらが道路や鉄道でさらにつながっていく。
- **集積構造**……類似機能は、次第に集まってくる。店舗の集積(商業集積という)としての商店街やショッピングセンター、オフィス街、高級住宅街などである。

図1-19 都市構造

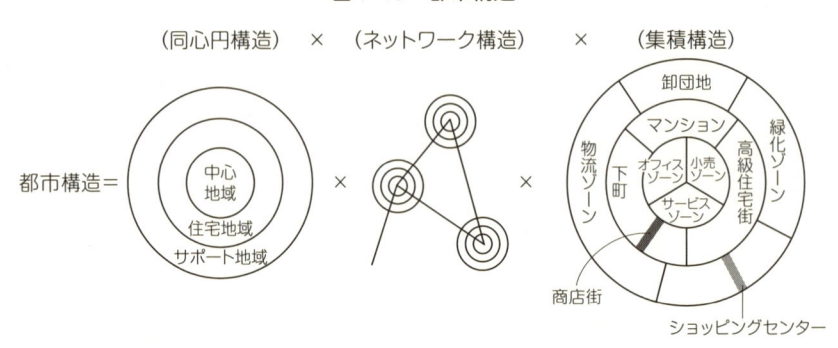

都市構造＝(同心円構造) × (ネットワーク構造) × (集積構造)

同心円構造：中心地域／住宅地域／サポート地域
集積構造：卸団地、マンション、緑化ゾーン、高級住宅街、小売ゾーン、サービスゾーン、オフィスゾーン、下町、物流ゾーン、商店街、ショッピングセンター

(2) 小売空間ビュー

　上記3つのパターンから、さまざまな都市構造が生まれる。現在の日本の典型的な都市は、同心円構造をベースとして、次のような3つの地域に分かれている。このそれぞれの地域ごとに小売の構造を生んでいる。この小売構造を都市という空間に存在しているという意味で小売空間という。

- **中心地**……中心地にはアパレル(衣料品)などの買回品、家電、家具などの専門品を扱う大型小売店舗があり、遠距離からの消費者をバス、鉄道、自動車によって吸引(消費者がその店舗を目的に集まってくることをこう表現する)する。さらに、これら大型店の顧客を対象として多種多様な小売業、サービス業の店舗が集積する。

　多くの場合、この中心地と次の市街地の間には中間ゾーンがあり、やはり同心円状に位置する。ここには食品、日用雑貨などの最寄品を扱う店舗が商店街として集積する。これら中間ゾーンの最寄商店街の顧客に対しても、中心地、さらには郊外のショッピングセンターからアプローチがか

けられ、衰退する商店街も多く出てくる。しかしこの中間ゾーンは立地としては良い所なので、再開発（もう一度華やかな町に変える）の対象となることが多い。

- **市街地**……中心地の外側に住宅地があり、この多くの住民を対象として、最寄品を扱う店舗が商店街として集積する。この住宅と商店街が同居したゾーンを市街地という。この市街地を縦断するように鉄道、道路が走るようになり、ネットワーク構造によって、その先の鉄道駅を中心とした新しい小型の中心地を生む。ここには新たなスタイルの大型店舗や食品スーパー、コンビニが生まれ、これを補充する店舗も生まれる。また縦断道路やバイパス沿いにはロードサイド型の新しいスタイルのディスカウンターが生まれる。そして、低価格による吸引力を頼りに、ファミリーレストランなどが集まってくる。
- **郊外**……中心地の力が強い場合は、さらに市街地の外側に小売空間のない閑静な郊外型の住宅地が生まれる。これら郊外型の住宅は買回品、専門品を中心地で、最寄品を市街地で購入するが、最寄品を近くで購入したいというニーズが生まれ、食品スーパー、コンビニがこの地域に出店される。さらに買回品、専門品についても、郊外のさらに外側に大型ショッピングセンターが作られていく。

店舗はこの都市の中に商圏という空間を作る。

(3) 商圏ビュー
❶定義

商圏とは「対象顧客の範囲」と定義される。この商圏という概念はメーカー、卸、小売などで広く使われている。ただマーケティング学における商圏理論は、小売商圏がほとんどといえる。メーカーなどの商圏はエリア・マーケティングという形でビュー（理論）ではなく、マーケティングストックとして実践的なものとなっている。これについてはPARTⅢで述べることと

し、ここでは小売商圏のみを考える。

　小売商圏の定義は、この道のオーソリティであるアメリカのマーケティング学者ハフのものが有名である。

　「小売商圏とは、特定の店舗によって販売に供せられた商品を、購入する買い手がゼロよりも大きくなるような潜在的な顧客を含む地域である」

　まあ要するに、「その店に来る可能性のある顧客のいる地域」ということである。

❷見方

商圏について、次の4つの見方がある。

- **地理的広がり**……商圏の基本となるもので、商圏が地理的に見て、どのような範囲かを考えること。店舗面積、業態、商品構成によって異なる。単位は半径何m、何kmとなる。
- **購買力**……当該商圏内の顧客の購買可能な総量であり、単位は円。地理的な広がりと人口分布、競合店舗などによって設定される。
- **重なり度合い**……商圏はその中に複数店舗があれば重なり合う。この「重なり合い」は必ずしもマイナスではなく、これによって多くの顧客を吸引することもできる。そのため商圏が地理的に広がり、また購買力も大きくなっていく。これが商業集積である。
- **構造**……商圏は一般に1次商圏（個店の売上の70〜80%を占め、その店舗の中心客、固定客の居住している地域）、2次商圏（売上の10〜20%を占め、他店でも購買する顧客が居住する地域）、3次商圏（売上が10%以下で、何らかの理由でその店で購買することがある顧客が居住する地域）に分けて考える。コンビニエンスストアなどは1次商圏の集中度が高く、ディスカウンターはその集中度が低いといえる。

❸商圏設定

　商圏設定（どこまでを商圏と考えるか）では「小売空間（つまり都市）⇒

商業集積⇒個店（1つ1つの店舗）」と考えていく。ここでは万有引力の法則をベースとした吸引力を考えるのが一般的である。

- **小売空間**……アメリカのライリーが考えた小売引力モデルが有名。消費者が2つの小売空間（都市）のどちらにも買い物に行ける時、どちらを選ぶか（これが吸引力）というもので「吸引力は両都市の人口に比例し、その都市までの距離の2乗に反比例する」と考える。都市人口が2倍だと吸引力が2倍、距離が半分であれば吸引力が4倍というものである（近くて、人がたくさんいる町へ買い物に行く）。
- **商業集積**……小売空間内での商店街、ショッピングセンター、大型店（いろいろな店が集まった商業集積と考える）の吸引力を見るというもの。これはハフモデルが有名。「商業集積、大型店の吸引力は売り場面積の合計に比例し、距離のn乗に反比例する」というもので、このnは商品によって異なる。例えば家電であれば遠くまで買いに行くが（nが小さい）、牛乳ではわざわざ行かない（nが大きい）というものである。

    ハフモデルは、日本での大規模小売店舗法（73ページ）の出店調整で、n=2に固定したものが使われ、修正ハフモデルとして一躍有名になった。
- **個店**……個店の商圏設定は経験的数値（コンビニでは500mなど）、来店客調査（アンケートなどでどこから来たかを聞く）、既存店活用（新規出店に際し、似たような既存店の商圏を考える）、プロのリサーチ会社による商圏調査などがある。

この商圏理論自体はあまり整理されてはいないが、マーケットを「人間の住む物理的な空間」として見るという点で、さまざまなマーケティングストックに活用されている。

3-2 購買行動分析

顧客（主に消費者）の購買行動を分析していくものである。

「同じ商品と同じ消費者」という組み合わせでも、「買う」「買わない」と

いう行動に分かれていく。この行動にスポットライトをあてるものである。
　アメリカンマーケティングでは、学者が購買行動分析というマーケットビュー（理論）としてアプローチしている。一方、日本では具体的に「どうやったら買ってもらえるのか」というマーケティングストック（実践）としてアプローチしている。ここでは前者のみを述べ、後者はPART Ⅲのインストアマーチャンダイジングで述べる。
　アメリカにおける購買行動分析はマーケティング分野だけでなく、経済学、心理学、行動科学、統計学などさまざまな分野の学者が関与し、まさにジャングル状態となってしまった。これを思い切って、顧客の分類からのアプローチ、消費者購買行動モデルからのアプローチ、購買影響要因の3つの分野に分けてみる。

（1）顧客の分類からのアプローチ

　顧客自身を分類することで、その購買パターンを考えるものである。これらのものは購買行動を分析したというより、顧客をタイプ分けして名前を付けただけのものがほとんどであるが、ここで付けられた名前は、マーケティングの世界でよく使われている。しかし言葉の定義が、例によってジャングル状態で人によって皆ちがう。使う方としては困ったものである。自分からはあまりこの言葉を使わないようにして、相手が使った時には、その意味を確認するとよい。

❶購入対象商品

　消費財の顧客を消費者、産業財の顧客を購買者と分け、その行動を分析するものである。ここでは圧倒的に消費者に関する分析が多い。

❷購買と使用による分類

　顧客をバイヤー（購買者）、ペイヤー（支払者）、ユーザー（使用者）の3つの側面から考える。これらが同一人物の時もあるし、異なることもあるが、

購買行動はこの３つに分けて考える。

❸ロイヤルティによる分類

顧客をロイヤルティによって次のように分類する。
- **潜在顧客**……自社商品のことを未だ知らず、売り手側も未だ認識していないが、購入する可能性のある顧客。
- **見込み客**……自社商品のあることを知り、売り手が将来の顧客として認識した顧客。
- **トライアル**……１度は自社商品を購入してくれた顧客。
- **リピーター**……何度か自社商品を購入してくれた顧客。
- **ロイヤルカスタマー**……自社商品にロイヤルティを持ってくれた顧客。
- **伝道者**……自社商品を他の顧客に熱心に勧めてくれる顧客。

❹ロイヤルティと満足度のマトリクス

上記ロイヤルティと商品に対する満足度を組み合わせて分類するもの。

図1-20　ロイヤルティと満足度のマトリクス

	ロイヤルティ高	ロイヤルティ低
商品満足度 高	伝道者	傭兵
商品満足度 低	人質	テロリスト

- 伝道者：まわりへのプラスの波及効果が大きい。満足度をさらに上げるように努力する
- 傭兵：他に良い商品があればチェンジする
- 人質：商品に不満があるが、他にないので我慢している
- テロリスト：まわりへのマイナスの波及効果が大きい。不満を減らす努力が必要

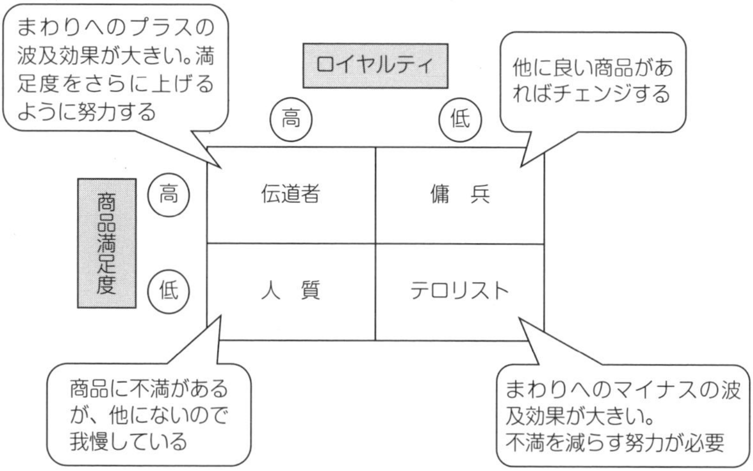

❺革新性による分類

全く新しい商品が登場した時の購買スタイル（これを革新性と表現する）によって顧客を分類するもの。正規分布の曲線（196ページ参照）を用いて図1-21のように分類する。

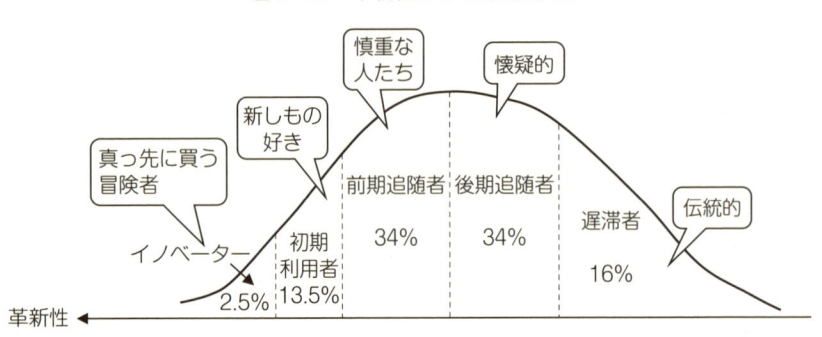

図1-21　革新性による顧客分類

- 真っ先に買う冒険者：イノベーター 2.5%
- 新しもの好き：初期利用者 13.5%
- 慎重な人たち：前期追随者 34%
- 懐疑的：後期追随者 34%
- 遅滞者 16%
- 伝統的

（2）消費者購買行動モデルからのアプローチ

消費者の購買行動を、モデル（どうやって買うか）としてとらえていこうというものである。大きく次の2つに分かれる。

❶ブラックボックスモデル

購買行動のプロセスをブラックボックスとして、その行動のインプットとアウトプット（購買）で考えるもの。さまざまなものが考案されたが、刺激－反応モデル（S－Rモデル）が代表的。消費者をどのように刺激（Stimulus⇒マーケティングアクション）したら、どのような購買反応（Response）を導き出せるかというものである。例えば「購買一定額ごとにポイントを与えるというサービス（刺激）をすると、その消費者の購買行動がどう変化するか（反応）を、その結果を見ながら考えていく」といったものである。

❷プロセスモデル

購買行動をブラックボックス化せず、プロセスでとらえるものである。AIDMAモデルがもっとも有名である。これは図1-22の5つのプロセスの頭文字を取ったもの。

図1-22 AIDMA

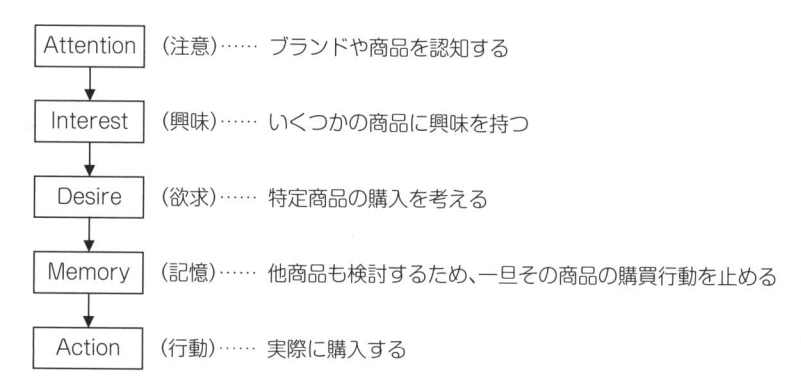

- Attention（注意）……ブランドや商品を認知する
- Interest（興味）……いくつかの商品に興味を持つ
- Desire（欲求）……特定商品の購入を考える
- Memory（記憶）……他商品も検討するため、一旦その商品の購買行動を止める
- Action（行動）……実際に購入する

(3) 購買影響要因

消費者の購買行動に影響を与える要因を分類していくことからアプローチするもの。分類方法はさまざまなものがあるが、大きく環境要因（外的要因）と内的要因に分け、内的要因を個人的要因（パーソナリティ）と心理的要因に分けるのが一般的である。

❶環境要因（外的要因）

購買者以外の要因であり、次のようなものがある。
- **文化（カルチャー）**……集団や社会が持つ共通の価値観を指す。さらにこの中をいくつかに区分したものをサブカルチャーという。「日本文化」の中にある「女子中高生文化」といったものがサブカルチャー。
- **集団**……影響を与え合う購買者のグループが集団であり、そこには各自のポジション（役割、地位）がある。
  その人の行動や態度に強い影響を与える集団のことを準拠集団という。

準拠集団は必ずしも自分の所属している集団とは限らない。ある女子高生については、特定雑誌のモデルたちが準拠集団となっている。準拠集団の中で特に影響力が強い人をオピニオンリーダーという。

❷個人的要因（パーソナリティ）
購買者個人が持っている属性であり、次のようなものがある。
- 年齢、家族ライフサイクル（新婚、幼児を抱えている、介護…）
- 職業、経済状態（金持ち、金欠…）
- ライフスタイル……近年ではロハス[*12]というライフスタイルが注目されている。
- 性格

❸心理的要因
購買者の気持ちのことで、次のようなものがある。
- **動機**……ニーズから生まれる購買しようとする気持ち。
- **知覚**……外部からの刺激をどう感じるか。感受性、センス。
- **学習**……過去の経験から学んだこと。
- **態度**……いろいろな事象に対して現れる「一貫した一定の反応傾向」のこと。

態度に関してはさまざまな研究がなされているが、フェスティンガーという心理学者が唱えた認知的不協和が有名である。これは一般に「人間が持っているある認知と他の認知との関係に不一致が起こること」と定義される。購買行動分析でいう認知的不協和は「購買者が商品購入後、その選択が正しいものであったかを迷うこと」を指すことが多い。つまり買う前の認知（欲求）と買った後の認知（後悔）が不協和となっている状態である。こ

---

*12. LOHAS：Lifestyles Of Health And Sustainability：健康、環境問題に強い興味を持っている人の生活様式。

の不協和を解消するように人間は行動する。例えば「一度でも認知的不協和を感じたら、次からは後悔しないように慎重な購買をする」といったものである。

3-3 マーケティングリサーチ

(1) 概　要

　「マーケティング情報を集める」というマーケティングリサーチは、他のマーケティング分野とは独立した形で発展してきた。特に最寄品などの消費財マーケットにおいて、消費者を対象とした「調査ビジネス」として確立されている。その背景は次のようなものである。

- 最寄品の売り手は流通業を通して販売しており顧客とダイレクトに接することがない。そのため売り手としては、何らかの形で顧客情報がほしい。
- 顧客の数は多く、かつ購買頻度も高いため、情報量は極めて多い。
- 膨大な情報を収集し、それを統計的に処理するのは素人には難しい。

　こうしてプロのマーケティングリサーチャー、リサーチ会社が誕生し、そこにプロのテクニックが使われてきた。逆にいえば「情報分析（リサーチ会社）」と「分析結果の利用（売り手）」の乖離を生んだ。

　売り手から見るとプロのリサーチは、テクニックが専門的すぎてブラックボックス性の高いものとなり、結果を"鵜呑み"で活用することになってしまう。売り手には「15～18歳の女子高生には○○という商品は受け入れられる」という「リサーチ結果」のみをリサーチ会社から伝えられ、それによって商品開発、マーケットイン（マーケットで商品を売り始めること）を進めていってしまう。

　しかし多くの売り手では商品開発者が発注窓口になって、リサーチ会社に「この商品が売れるかどうかを調べてくれ」と調査依頼する。そうなるとリサーチ会社は商品開発者がもっとも喜んでくれる「売れる」という結果に持っていきたくなる。これが最寄品マーケットで商品を多品種化させる

大きな要因となったことは事実であろう。

現代のマーケティングリサーチでは、後で述べるように「マーケティングを実行する人たちが自らの手で行う」というものへとシフトしつつある。

マーケティングリサーチにおいて、過去から用いられてきたテクニックは次のようなものである。

区分としてはあまり意味がないと思うが、マーケティングリサーチでは「定性」（数字に表わせないものという意味らしいが、無論何らかの形で数字にしないと結果を処理できない）と「定量」に分けて考えている。

(2) 定性調査

定性調査とは、「数字にしない」ということではなく、「調査項目を固定しないで調査する手法」と考えればよい。

- グループインタビュー……略してグルイン、あるいはフォーカスグループインタビューなどともよばれる。要するに調査対象の商品のターゲットとなる消費者を集めて行うグループ座談会である。プロの司会者（モデレーターという）がさまざまなテーマを、5～7人のメンバーに与え、グループディスカッションをさせるもの。
- デプスインタビュー……1対1で行うインタビュー。本来は精神科医が患者に対して行う手法であり、深層心理学がベースとなっている。
- 投影法……これも心理学の性格テストから生まれたもので、語句や絵を見せて、そこから浮かぶイメージを挙げてもらったり、文章や漫画を途中まで提示し、完成してもらったり…、というものである。人間は自分をそこに投影させるという理論がバックボーン。
- 街頭インタビュー……これはよく見かけると思う。街頭で質問に答えてもらうというもの。

(3) 定量調査

項目を固定して多くの人に調査するもので、いわゆるアンケート調査で

ある。データ処理は統計学のテクニックを使って行う。

アンケートの方法は面接、電話、ファックス、郵便、メール、留め置き（配布して回収する）、会場集合（集まって行う）、観察（調査者が相手の状況を見て記入していく）などがある。いずれもダイレクトメール、訪問セールスの増加でサンプル（調査対象）の確保が難しくなっており、近年では低コスト、大量サンプルの確保が可能なインターネットが注目されている。ただ一般のインターネットでは覆面性（サンプルが誰だかわからない）が高いため、後で述べるソーシャルネットワークによるものが注目されている。

(4) その他

- **テストマーケティング**……新商品などの発表前に、限定地域で販売を行いマーケティングデータを得るもの。
- **パネル調査**……消費者や小売店など、調査対象を固定して調査を続けていくもの。
- **ミステリーショッピング**……小売、サービスなどの店舗に調査員（ミステリーショッパー）が行って、接客態度などを調査するもの。

マーケティング・イノベーションの世界では、これらマーケティングリサーチの手法は限定的な目的で、限定的な形で使われるものである。そのため本書では、これをマーケティングストック（ケーススタディ）ではなく、マーケットビュー（そういう見方をした人がいた）としてとらえている。もっとはっきりいえば「これらの手法は知っているけど基本的には使わない」と考える。

3-4 日本的VMS

ここまでのマーケットビューは、すべて海外（というよりもマーケティング発祥の地であるアメリカ）のものである。

日本企業はマーケティングという概念を取り入れること自体が遅かった。

その原因はいくつか考えられる。
　1つは士農工商の名残りがあり、「商」に対する社会的イメージが低いことである。特にアメリカではマーケティングの主役であった日本の大手メーカーにおいて、それが顕著であり、「いいものを作れば売れる」という思いが強い。さらにはこれが大学の世界にもあり、マーケティング学（以前は商学と表現することが多かった）は日本ではマイナーな学問であった。
　2つ目は日本の大手メーカーが、本当に「いいものを作れば売れる」という仕組みを作り上げてしまったことである。それが日本的VMS（垂直型マーケティングシステム：18ページ図1-5参照）である。つまりメーカーが自らでチャネルを開発し、自社商品のための「売り場」を確保したことである。プロローグで述べたトヨタディーラー、ナショナルショップ（現在のパナソニックショップ）や資生堂の花椿会のような系列販売店とよばれるものだけでなく、「特約卸（特定のメーカーの商品を販売する卸売業）を通して、小売店舗の売り場スペースを確保していく」という形を含めると、ほとんどの業界に見られる。
　この日本的VMSは、メーカーという売り手が「マーケットを顧客との直接の出会いの場」と見るものである。

（1）日本的VMSの概要
　日本的VMSの要素は次の3つであり、3種の神器といわれた。

❶建値
　建値とは流通各段階の価格を「実質的に」メーカーが決定するものをいう。
　メーカーが卸売業への価格（これはメーカーと卸売業が決めて当然）、卸売業から小売業への販売価格（卸値、下代ともいう）、小売業から消費者への販売価格（小売価格、上代ともいう。小売から見ると仕入価格が下代。販売価格が上代）をコントロールするというものである。各段階の価格を固定

にして、卸売業や小売業が何個買っても、商品をどこに運んでも同じ価格とする。

　メーカーがこれを行う理由は、小売段階での価格競争や自社ブランド品をディスカウントされることによるイメージダウンを避けるというものである。こうして守り、全国に知れわたったブランドを日本ではナショナルブランドという。

　しかし小売業はライバル店があるので、どうしても価格を下げたくなる。価格を下げるには卸売業からの大量仕入が早道である。逆にいえば卸売業から小売業への販売価格を「どんなに大量に買っても」下げさせなければ、小売業はディスカウントできないことになる。メーカーによる流通の価格コントロールのポイントは、この卸値をキープすることであり、これを「建値」ということも多い。そのためには卸売業を支配下におく必要がある。これが先ほど述べた特約卸とよばれるものである。

　この価格コントロールを「しっかり」やると、後で述べる独禁法の「再販売価格の拘束」という不公正取引となり、違法行為である。そこでもっとも目立つ小売の販売価格は定価とせず（できず）、「メーカー希望小売価格」という表現をとっていた。

❷リベート

　リベートとは、メーカーから卸売業、小売業へ払われるカネのことをいう。販売支援金、販売援助金などとよばれることが多い。

　建値というのは「どんな時に、何個買っても、いつも同じ価格」ということであり、いろいろな矛盾を抱える。例えば、一度に大量に買えば配送費は安くなるはずだし、人気商品でも不人気商品でも一度決めたら同じ価格というのもおかしな話である。そこでこれを調整するために、リベートという逆流するカネ（本来は売ったメーカーがもらう方だが、メーカーがカネを払う）を流通に組み込む。値引きと同じように思うかもしれないが、リベートではさまざまなコントロールが可能となる。値引きは売買の時１回だけ

だが、リベートはいかようにも出せる。例えば「1ロット10個ずつ買って1個100円。ただし6ヶ月累積で500個買えば、1個につきリベートを10円払う」といったものである（予算達成リベートといわれる）。こうすれば流通業側は何とか6ヶ月で500個買う（売る）ように努力する。

❸返品

　作ったり、買ったりしたが、売れていない商品を在庫という。流通在庫とは流通経路の途中で持っている在庫のことで、メーカー、卸売業、小売業の在庫の和となる。

　メーカーから見ると流通在庫のうち小売業の店頭にある在庫以外は不要（消費者が買えないので）であり、作ったものはすべて小売業の店頭に並べてほしい（メーカーではこれを店頭化という）。

　しかし、その意思に沿って小売業がすべての商品を受け入れると、「売れなかった」時のリスクを小売業が1人で背負ってしまう。そこでリスクを共有すべく、卸売業、メーカーへ商品を逆流できること、つまり返品を認める。返品は卸売業、小売業も少しずつリスクを背負うように、仕入価格よりもやや安い価格で戻したり、リベートで調整したりする。

　この返品を無条件に認めている業界もある（例えば書籍など）。こうなると小売側は「買った」とはいえない（いつでも返品できる商品は「買った」とはいわない）。そこでこれを「置き販」（置いてあるという意味。メーカーから見ると場所を借りている感じ）という。

　これら建値、リベート、返品などによってメーカーは自社のチャネル、つまりVMSを作り、流通をコントロールしていく。こうしてメーカー、卸売業、小売業はあたかも1つの企業のように活動することになる。

　これを各メーカーが行うと、マーケット内がメーカーを中心にグループ化していく。これを系列化という。

　このようなマーケットの構造を日本的流通構造という。

図1-23　日本的VMS

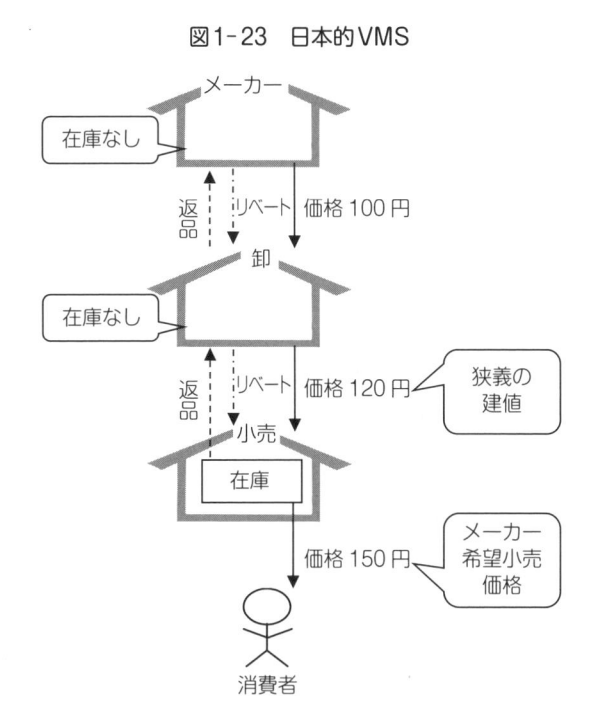

```
         メーカー
在庫なし ┌──────┐
         │      │
         │ 返品 リベート 価格100円
         │      ↓
         卸
在庫なし ┌──────┐
         │      │
         │ 返品 リベート 価格120円  ──→ 狭義の建値
         │      ↓
         小売
         ┌──────┐
         │ 在庫 │
         └──────┘
              │ 価格150円 ──→ メーカー希望小売価格
              ↓
           消費者
```

（2）日本的VMSが作られた環境

　諸外国ではあまり見られない「強烈なVMS」を、日本では多くのマーケットで完成させた。その背景はこれから述べる独禁法と出店規制の2つの法律にある。

　ここでは「政府がマーケットをどう見るか」という「ポリティカル・マーケットビュー」を学んでほしい。現代の日本企業の最大テーマはグローバルマーケティング（海外マーケットへのアプローチ）であり、その第一の課題は「現地政府の海外企業に対するマーケティング規制」である。そういう目でこのポリティカル・マーケットビューを見てほしい。

❶独禁法

　VMSの究極の目的は建値であり、価格コントロールである。これを日本

の独禁法を含め世界中の先進国の法律で禁止している。消費者への販売価格がコントロールされれば、高値で硬直化して消費者に幸せをもたらさないからである。

　また仮に価格コントロールができたとしても、各メーカーのVMSが顧客を奪い合って価格競争を始めるはずである。しかしゲームの理論で述べたように、メーカー同士が手を結べば価格は維持できる。これも日本の独禁法を含め多くの国の法律でカルテルとして禁じている。

　日本はこの壁を乗り越えて、多くのマーケットで長期にわたって実質的な価格コントロールがなされてきた。

　ここで日本の独禁法について整理してみよう。独禁法を知らずして日本のマーケティングを考えることはできない。

　独禁法（私的独占の禁止及び公正取引の確保に関する法律）では、次のようなルールを定めている。大企業が市場を独占することを禁止するとともに、流通における取引の公正化についてもルール化している。この独禁法を守っていくお目付け役として、公正取引委員会（公取委と略す）がある。

(ⅰ) 私的独占の禁止

　「私的独占」（公的機関以外で市場を独占）を「優越した市場支配力を持つ事業者がその力を利用して、他の事業者の事業活動を支配したり、排除すること」と定義している。つまりここで禁止しているのは「支配力を持つ」ことではなく、それを用いて「支配的行為を行うこと」である。

(ⅱ) 不当な取引制限の禁止

　「不当な取引制限」とは先ほど述べたカルテルのことであり、独立した複数の企業が協定を結んで、それによって競争をなくし、支配力を形成していくことである。

　このカルテルを一部の例外を除き禁止している。カルテルにはさまざまなパターンがあるが、その代表は価格カルテルである。いわゆる公共工事の談合も公共マーケットにおける一種のカルテルである。

　日本ではカルテルを結ばなくても、競合している大手メーカーが「あう

んの呼吸」でこれを実施してきた。つまり業界内のNO.1企業がプライスリーダー（実質的に業界内の価格を決める企業）となり、他社もこのリーダー価格にほぼ追随し、かつ各社が建値によって価格コントロールを行ってきた。

（iii）不公正取引の禁止

不公正取引として6類型を挙げ、具体的な内容については公取委が指定するとしている。この指定は業種の区別なく適用される一般指定と、特別な業種や活動に適用される特殊指定がある。

現在の一般指定は、1982年に公取委が告示[*13]したもので、次の取引を不公正取引と指定している。

- 共同の取引拒絶……「特定の企業を村八分」
- その他の取引拒絶……「特定の企業と取引しない、させない」
- 差別対価……「地域、相手で価格を変える」
- 取引条件等の差別取扱い……「同一条件の時は同一取引をしなさい」
- 事業者団体の差別取扱い等……「組合で特定企業を排除」
- 不当廉売……「極端に安く売る」
- 不当高価購入……「極端に高く買う」
- ぎまん的顧客誘引……「優れているかのように見せる」
- 不当な利益による顧客誘引……「ライバルの顧客を取る」
- 抱き合わせ販売等……"バンドル"といわれるもの。「これと一緒に買ってくれ」
- 排他条件付取引……「ライバルと取引しないなら取引する」
- 再販売価格の拘束……「買い手がさらに売る（これが再販売）価格を、売り手が拘束する」
- 拘束条件付取引……「その他、取引に条件を付けること」
- 優越的地位の濫用……「取引先に対して自社が優越（頭が上がらない状

[*13]. 法律でよく使う言葉で、国、地方公共団体が一般に対して公にすること。

態）していることを利用して、商慣習*14にはないようなことを要求する」
- 競争者に対する取引妨害……「ライバルのじゃま」
- 競争会社に対する内部干渉……「ライバルにこうしろ」

　この中の「再販売価格の拘束」が、建値、メーカー希望小売価格という形で実質的にはなされていた。これが日本的VMSを支えてきたといえる。つまり公取委がこれを違法と判断しなかったのである。

（ⅳ）独禁法の関連法

　この他、公取委は次の2法を管轄する。

（a）景表法（景品表示法）

　正式には「不当景品類及び不当表示防止法」といい、次の2つことを定めている。これはプロモーションに関する法規制といえる。この他にも日本には多くのプロモーション規制がある。

- 不当表示……実際のものよりも「著しく優良、ライバルより有利」と一般消費者に認識される表示を禁止。これについて、公取委がガイドライン（法の解釈の仕方）を出している。2000年に出した価格表示ガイドラインでは、二重価格表示（販売価格以外の価格をもう1つ表示すること）などについて細かいルールを決めている。
- 景品……顧客誘引のために取引に付随して経済的利益を与えるもの（要するに「おまけ」）を景品類と定義して、これを総付景品（すべてに付いている）、懸賞景品に分け、それぞれ上限額などを決めている（取引に付随せず、一般応募とするものはオープン懸賞として独禁法で規制している）。

（b）下請法

　正式には「下請代金支払遅延等防止法」。大手メーカーのVMSは、自動車、家電などの耐久消費財では部品、資材などにも及んでいる。「仕事を出す」、「請ける」という関係にある2つの企業のうち、出す方（買い手）が

---

*14．売買取引などにおいてなされている一般的なやり方。

大企業で、請ける方（売り手）が中小企業の時は（いわゆる親・下請関係）、そのパワーバランスが崩れて、下請企業側が不当な扱いを受ける可能性がある。そこで契約・支払いなどについてこの法律でルールを決め、下請業者を守っている。

(ⅴ) 運用

　これら3法（独禁法・景表法・下請法）の違反については、公取委が排除措置命令（違反状態をやめなさい）や課徴金納付命令（ペナルティを払え）を出し、出された方が納得できない時は裁判になる。

❷出店規制

　メーカーが仮にVMSを築き上げても、それらは徐々に錯綜してくるはずである。小売店が当初は特定メーカーの商品だけを売っていても、ビジネスが順調にいって販売量が増える中で、力をつけ、そのメーカーから独立していく。つまりいろいろなメーカーの商品を扱うようになる。ところが日本には、この小売店の力を弱めるような規制が存在していた。それが出店規制である。

　この歴史を追ってみよう。

(ⅰ) 百貨店法

　大型店に対する規制として、百貨店法（正確にいうと旧百貨店法。これは1947年に独禁法の施行とともに廃止され、1950年に復活）が1937年に制定された。当時、百貨店がありとあらゆる商品を扱い始め、地元の中小小売店の経営を圧迫するようになった。そこで百貨店の新規出店、増設を許可制（85ページ参照）とした。

(ⅱ) 大店法誕生

　1972年、総合スーパー[15]の最大手ダイエーがついに百貨店の三越を

---

*15.　アメリカで生まれたGMS（General Merchandise Store、208ページ参照）というディスカウンター業態に、生鮮品、日用衣料品などを付加して生まれた日本の小売業態。ナショナルブランドを安く売ることを戦略とする大型小売店。

とらえ、小売業売上高NO.1の座に着いた。当時総合スーパーは百貨店法の対象ではなく、百貨店が規制を受ける中、新規出店を進めていた。このような背景があり、百貨店、中小小売店の両方からこれら総合スーパーに対する規制を求める声が生まれ、それに応える形で「大規模小売店舗における小売業の事業活動の調整に関する法律」(大規模小売店舗法。略して大店法)が誕生した。大店法の特徴は次のようなものである。

- **建物主義**……同一建物内の店舗面積が1500㎡を超えるものが対象。
- **届出制**……百貨店法が許可制なのに対し、届出制(85ページ参照)。
- **調整項目**……対象大型店は出店時に、地元中小小売業と「開店日」「店舗面積」「閉店時刻」「休業日数」の4項目について調整する。

(ⅲ) 大店法強化

　1978年に大店法は改正され、規制強化へと向かう。その最大のものは店舗面積500㎡超を対象とすることである(標準的なコンビニが大体100㎡なので、それを"5階建て"にすると対象)。さらに中小小売業の多い地方自治体では、独自規制として「上乗せ」(大店法の届出を地元関係者の合意を得ないと受理しない)、「横出し」(地域の実態で500㎡以下でも対象とする)などを行った。

　これら大店法強化の波は、すでに小売店が存在しているエリアでは、実質的には大型店を出店ができない状態に追い込んでいった。これによって499㎡クラスの中型店の出店、ロードサイド(地元小売店が存在しない道路脇)への大型店出店、未開発地域への鉄道会社による大型店の出店(小売店ができないうちに出店)、コンビニなどのフランチャイズ(18ページ図1-5)による小規模小売店の大量出店(小さな店ならいくつ出してもOK)といった日本独特の波を生んでいった。

　「大手小売業の力を弱め、弱小小売店を守る」というポリティカル・マーケットビューが、メーカー優位の日本的VMSを維持できた最大の理由といえる。ガルブレイス(25ページ)は「大手メーカーがマーケットを支配しても、それに対抗する大手流通が生まれる」というマーケットビューを示し、

これを「拮抗力」と表現した。日本ではこの拮抗力を政府が排除したといえる。

(3) 日本的VMSの崩壊

日本的VMSは海外からの指摘で崩れ始める。その指摘は「日本のマーケットは閉鎖的である。大手メーカーが流通を支配しているため、外国商品が消費者に届かない」という海外のマーケットビューであった。

❶大店法の撤廃

1989年の第1回日米構造協議で、アメリカは「大店法は対日進出を目指す外国企業にとって非関税障壁となっている」と批判し、規制緩和、そして大店法の撤廃を求めてきた。これを受け、日本は大店法の規制緩和に段階的に対処していった。出店調整期間の短縮、1000㎡以下の出店を原則自由、閉店時刻や休業日数の緩和…といったものである。そしてこれを受け、欧米の大型小売店が次々と日本へ進出する。

この上陸に拍車をかけるように、2000年になって大店法が廃止された。しかしこれに代わって大規模小売店舗立地法（大店立地法と略す）という流通規制が加わった。そのポイントは以下の通りである。

- 大店法が経済的規制（中小小売業が存在した方が経済的にうまくいくので中小小売業を守る）だったのに対して、大店立地法は社会的規制（地域社会の交通安全、環境を守る）
- 対象は店舗面積1000㎡超の店舗
- 運用は都道府県および政令指定都市

一番大きな違いは、大店法が出店を規制するものに対し、大店立地法は出店のための条件を決めたという点である。

これによって国内、国外の流通業が入り乱れて大型店を出店していくことになる。まさにガルブレイスのいう拮抗力の登場である。

❷独禁法の適用強化

　独禁法の先ほどの不公正取引類型には、すべて「正当な理由なく」「不当な」が頭につく。つまり「やってはいけないこと」ではなく、「不当な場合はこれに該当する」というニュアンスである。これが不公正取引というルールを実質的に骨抜きにしてしまった。

　これについて、公取委はファジーな部分に関してガイドライン（こうやって独禁法を適用する）を出すことになっている。日米構造協議を受け、「流通・取引慣行に関するガイドライン」を出し、不公正取引の摘発を厳密に行う姿勢を示した（あわせて談合の摘発を次々とやっていった）。ポリティカル・マーケットビューの大転換である。

　この後、2005年に「大型小売店と納入業者に対するガイドライン」を出すが、これはその後、「拮抗力を持った大型小売店の優越的地位の濫用を摘発する」という逆の規制が中心である。

❸崩壊へ

　この流れを受け、日本的VMSはゆっくりと崩れていく。どんなことが起きたかを列挙してみよう。

- 大手小売業が、メーカーから「とびっきりの売れ筋商品のみ」を大量に仕入れる。そのうえで「取引条件等の差別取扱い」が禁止されていることから、「同一条件・同一取引」をベースに、大量仕入に対するリベートを要求する（たくさん買うから、差別せずにたくさんリベートを出せ）。
- ディスカウンターが、メーカー希望小売価格を自店販売価格とともに二重価格表示することで、「安さ」をアピールする。
- こうなると一般小売業もメーカー希望小売価格で売っていては商売にならず、対抗して値引きする。そのためメーカー希望小売価格が形骸化し、むしろその価格ダウン度によってブランドイメージが損なわれる（大きく値引きされるのは、あまり良い商品ではないというイメージ）。
- メーカーが続けていてもメリットがないので、メーカー希望小売価格の

表示をやめる。これをオープンプライスという。そうなると当然のことながらそれを守るためにやっていたリベート・返品の見直しを行う。

こうして日本的流通構造は崩れていく。しかしアメリカでは逆にこの日本的流通構造にヒントを得て、メーカーと流通業が手を握ることが注目されはじめる。これが232ページで述べるSCMである。

セクション2 イノベーション・マーケットビュー

　ここまでは過去のマーケットの見方について整理してきた。次はいよいよマーケティング・イノベーションにおけるマーケットビューについて記述する。読者の方もトラディショナル・マーケットビューをざっと理解したうえで、本書によってマーケットビューをイノベーションしてほしい。

1．マーケットビューの基本

1-1　ライフサイクルビュー

　マーケティング・イノベーションにおけるマーケットの基本的見方は、次のとおりである。

- マーケットとは売り手と買い手がいて、その間を商品が流れていく「場所」、または「仕組み」を指す。買い手のうち、自社の商品を購買してくれたものを顧客とよぶ。売り手は企業であり、買い手は消費者または企業である。商品が消費者対象のものを消費財、企業対象のものを産業財という。
- マーケットを流れていく商品は、階層的に分類される。「消費財⇒飲料⇒アルコール飲料⇒ビール系飲料⇒発泡酒⇒特定ブランドの発泡酒」といった形である。
- マーケットは流れる商品単位に分類される。マーケットにいる売り手全体を業界という。マーケットの境界は、特定のニーズに対する代替性を以って引くことを基本ビューとする。「ビールにしようか、発泡酒にしようか」と考えることが一般的であれば、ビール系飲料マーケット（ビール系

飲料業界）ととらえることが基本ビューである。

　さらに応用ビューとして、商品階層性によってマーケットを階層的にとらえる見方も持つ。ビール系飲料マーケットの「親マーケット」としてのアルコール飲料マーケットといったものである。

　マーケットは時とともに錯綜してくることが多い。多くの場合、そのトリガーは両マーケットにまたがる商品の登場である。例えば清涼飲料マーケットとアルコール飲料マーケットをつなぐ「ノンアルコールビール」のような商品である。この状態を「2つのマーケットがボーダーレスになる」と表現する。

- マーケットは、商品、売り手、買い手、流通という4つの要素でとらえる。流通とはマーケットが成熟してくると生まれるものであり、売り手と買い手の中間にいる「独立した存在」と定義される。特定のメーカーの自動車だけを売っている販売店は「売り手」の一部であり、流通とは言わない。すなわち流通とは、複数の売り手の商品を、買い手に販売する企業のことである。

　以上のことをベースとして、イノベーション・マーケットビューではマーケットの「状態」を時間軸でとらえる。

　「状態」とは、マーケットの4要素のパワーバランスを指している。マーケットは誕生し、代替品の登場によって死んでいくが、その間、4者のパワーバランスは時とともに変化していく。そして、どのマーケットも誕生時期による時間的ズレ、寿命（誕生〜死までの時間）は異なるが、多くの場合同じように変化していく。これがマーケットライフサイクルである。122ページの商品ライフサイクルは商品と売り手の関係でとらえているが、マーケットライフサイクルは4者のパワーバランスというマーケット全体の変化でとらえる。

　このパワーバランスは、「4者のうち、どれがマーケットを支配しているか」（マーケットのガバナンスと表現する）という目で見る。ライフサイ

ルは重なり合って境目のない連続的なものだが、マーケットにおけるガバナンスの変化で４つの時代に分ける。

「商品ガバナンスマーケット⇒売り手ガバナンスマーケット⇒流通ガバナンスマーケット⇒買い手ガバナンスマーケット」という流れである。

このライフサイクルはマーケットによらず同じ道をたどっていくので、「今の時代」がわかれば「次の時代」がわかる。これがマーケットのライフサイクルビューという考え方である。

今日の時代をとらえて明日のマーケットの変化（トレンドと表現する）を読むこと、これがイノベーション・マーケットビューの基本である。

1-2 マーケティングミックス

マーケットのライフサイクルによって売り手の行動、つまりマーケティングアクションが変わる。このベクトル（進むべき方向）がマーケティング戦略である。マーケティング戦略において、マーケティング要素を組み合わせていくことをマーケティングミックスという。この要素はマッカーシーの４Pでなく、次の２つに分けて考える。

（1）商品マーケティング

売り手が買い手に対してどんな商品を提供するかを考えるものであり、次の要素に分けて考える。

- 機能……商品の持っている性能、操作性、品質、味など商品自体の特徴。
- ブランド……商品名などで機能、イメージなどを表現した名称で、他の売り手商品と識別するもの。
- デザイン……ロゴ[*16]、商品の概観（色、大きさ…）、パッケージ（包装）など。
- 価格

＊16．ロゴタイプの略。ロゴタイプとは図で表示された文字や文字列のこと。

- アフターサービス……商品販売後の対応、保証、保守サービス、返品といったもの。

(2) マーケティングコミュニケーション（略してMC）

　自社が考えた商品に関する情報を、どうやって買い手に伝えるかというもの。これは情報媒体によって、**セールス**と**プロモーション**に分けられる。

　セールスとはセールスマン、販売員などのヒトを使ってMCするものである。

　一方、プロモーションは、さらに次の3つに分けられる。

- **広告**……テレビ、新聞、雑誌などのマスメディアやインターネットを通してMCするもの。
- **チャネル**……自社商品を売る店舗、販売会社などを通してMCするもの。
- **販売促進**……上記以外のMC。さまざまなものがあるが、パンフレット、DM（ダイレクトメール）、イベントなどがその代表。

2．商品ガバナンスマーケット

2-1　マーケットの誕生

　マーケットは全く新しい商品の誕生によって生まれる。コカ・コーラ、インスタントラーメン、缶コーヒー、ミネラルウォーター、パソコン、デジタルカメラ、消費者金融、エステサロン…挙げれば切りがない。

　これが買い手にヒットすると、さまざまな商品の種類（品種という）が生まれてくる。場合によってはその代替性が消えて（買い手がどちらの商品にするか選択することがなくなって）、新しい別のマーケットを生むこともある。インスタントラーメンがカップ麺を、電話が携帯電話を生み、といったものである。

　マーケットの誕生時には1種または多品種の商品があり、1社またはご

く少数の売り手（企業）がいる。この生まれたてのマーケットは、商品がガバナンスする。

　売り手は買い手（消費者または企業）のニーズ[*17]を意識することなく（そもそもニーズがまだ生まれていない）、シーズ[*17]から商品を開発する。商品が開発できた売り手は、必死にその商品を必要とする買い手を探す。これがマーケティングの出発点である。

　売り手のマーケティングのポイントは商品であり、「商品から買い手を見る」というものである。すなわち商品マーケティングがそのスタートである。

　商品マーケティングの第一は、売り手が開発した「商品機能」である。この商品の「新しい機能」などを表わす商品名を付けるのが一般的である。そしてその商品が当たると、商品名がブランドへと進化していく。コカ・コーラ、カップヌードルといったものである。

　デザイン、パッケージは、機能を実現するための一要素として考えることが多い。

　価格は17ページで述べたように、スキミングプライス（高価格）かペネトレーションプライス（低価格）をとる。近年では後者の方が多い。

　この商品マーケティングと並行してなされるMCのポイントは、商品認知（買い手に商品の機能を知ってもらう）による顧客開拓（買い手になってもらう）である。場合によっては、そのマッチングを高めるために商品改良を行う。

　このMCをマーケット開発と表現する。

　MCの媒体は、商品、売り手（大企業か中小企業か。つまりMCのコストをどれくらい負担できるか）によってさまざまなケースがある。ただ、いずれにしても、このマーケット開発は膨大なコストがかかるのが一般的である。売り手から見れば、誰が買い手かわからない。見方を変えれば買い手は

---

*17.　ニーズを「買い手の気持ち」、シーズを「売り手の気持ち」と定義する。ニーズは「こんな商品がほしい」、シーズは「こんな商品を作りたい、作れる、売りたい」といったもの。ニーズはneed（必要）、シーズはseed（種）が語源。

無限にいて、売り手は1社またはごく少数であるので、商品認知コストは極めて大きい。

そしてこの商品を買い手が受け入れると、そこにその商品を中心とするマーケットが出来上がる（無論商品が受け入れられなければ、マーケットは次の時代を迎えることなく消滅してしまう）。

こうして本格的にマーケットが立ち上がると、多くの売り手が参入し、次の売り手ガバナンスマーケットへと変化していく。

逆に他社参入が何らかの事情で進まないと独占マーケットとなり、売り手に大きな利益をもたらす。

この商品ガバナンスマーケットの見方は「いつまでこの時代が続くか」であり、それを見極めるポイントは、「参入障壁」と「売り手の変化」の2つである。

2-2 参入障壁

マーケットを立ち上げた売り手は、マーケット開発に膨大なコストを負担するのに、後から入ってくる売り手は、これを負担せずしてマーケットのおいしい所を食べることになる。

当然のことのように、マーケットを開発する売り手は、他社がマーケットに参入できないように考える。これが参入障壁といわれるものである。

参入障壁は次のようにさまざまな形で行われる。この参入障壁のパターンと「壁の高さ」が商品ガバナンスマーケットのビューポイントである。

（1）法で守る

法によって参入障壁を作る、というよりも「法で守ってもらう」というものである。薬品、IT、機械、インターネットビジネス、金融、公的ビジネスをはじめ、あらゆるマーケットに見られる。大きく次の2つのパターンに分けられる。

❶知的財産権

　企業活動によって生まれたアイデアやノウハウなどのアウトプットを知的財産という。日本をはじめ世界中の国々は、これを手厚く保護している。これらが保護されないでコピー商品が自由に作れる社会では、マーケット開発者が生まれず、社会が活性化しないからである。知的財産権には図1-24のようなものがある。

図1-24　知的財産権

知的財産権	対象	保護期間	備考
特許権	発明が対象。発明とは自然法則を利用した技術的思想の創作のうち高度なもの。モノ、技術、生産方法だけでなく、ビジネスモデル、コンピュータソフトウェアなども対象。	出願後20年。医薬品などは最長5年の延長可能	審査主義（発明の高度さが審査される）特許として出願後、1年6ヶ月経過すると出願内容は公表される。
実用新案権	物品の形状、構造、組み合わせでビジネスに利用できるものが対象。特許の発明とほぼ同じだが、高度さが要求されない。	出願後10年	方式審査（ルールを守っているか）だけで実体審査（中身のチェック）はなく、すぐに登録される（無審査主義という）
意匠権	物品の形状、模様、色彩、およびこれらの結合で、視覚を通じて美感を起こさせるもの。つまりデザインが対象。	登録日より20年	審査主義
商標権	自社の商品、サービスと他社のものを識別するために使われる名前、シンボル、デザイン、色彩、およびその結合体が対象。要するにブランドのこと。	登録日から10年。更新も可	審査主義 サービス業が使う時はサービスマークともいう。
著作権	著作物（創作活動によって生まれるもの）が対象。コンピュータプログラム、データベースも対象。	原則として創作の時から生まれ、個人では死後50年。法人などは公表後50年	登録もいらない無方式主義（何の手続きも不要）

❷経済的規制

規制とは、社会などにおいて何かを制限することをいう。(すでに述べたが) 規制には2つのパターンがある。1つは社会的規制であり、社会 (環境、地域住民) を守るためのもの。もう1つは経済的規制であり、事業の実施を制限するものである。

この経済的規制は、大きな参入障壁となる。これには図1-25のようなパターンがある。

図1-25　経済的規制

認可	その行為が公の機関の同意を得なければ成立しない時に使う。例えば学校の設立は国の認可がなければ学校とはいわず、学校でなければ、そこを卒業しても高校卒業などが社会的に認められない。医薬品の製造販売など。
許可	一般的には禁止していることを免除すること。ただし、許可を受けないでその行為を行っても行為自体には法律上の効力はある。ガソリンスタンドなど。
免許	許可と同じ意味。酒類販売など。
登録	一定の事実などを、政府などに備える特定の帳簿に記載する必要がある時に使う。証券会社など。
届出	一定の事柄を公の機関に知らせる義務がある時に使う。美容院開業など。

ざっくりいえば、認可、許可、免許は「おかみのOKなしにはできず (許認可事業という)、登録、届出は、「基本的にはやってもよいが、やる時は教えなさい」ということである。

(2) ブラックボックス化

その内容が公開される特許 (「これをまねしてはならない」というためには公開する必要がある) とは逆に、技術やアイデアを商品自体からは読み取れないようにして、商品に絶対的優位性を持たせるものである。具体的なパターンはマーケティングストックで述べるが、ITやネットワークマーケットなどで多く見られる。

(3) マーケット飽和

　他の売り手が参入しないうちに思い切った低価格（ペネトレーションプライス）で商品をばらまいて、商品をほしいと思う買い手に一気に行き渡らせてしまったり、何らかの形で買い手を一気につかんでしまうものである。これをマーケット飽和、サチュレーション戦略という。こうなると、他の売り手は参入しても勝てそうもないので参入自体をためらう。

　本来であれば商品が販売されていく中で、習熟（作れば作るほど生産コストが下がる）が働き、販売価格を下げていくことができるのだが、マーケット立ち上げ時に思い切った投資をして、販売初期は利益を度外視して販売し、その後の販売や付加価値サービスによって、この投資を回収していくというスタイルがその典型である。(2) のブラックボックス化と組み合わせることも多く、ITマーケットなどでは必ずといってよいほど行われる。これについても具体的なパターンは、マーケティングストックで述べる。

(4) チャネル開発

　最終利用者に商品を販売する小売などを自らが作るか、何らかの形で支配して、そこでの独占販売を行う。日本的VMSがその典型である。日用雑貨、加工食品などあらゆるマーケットに見られたが、75ページで述べたように次第に崩壊し、未だ残っているのは自動車、携帯電話業界など少数である。

(5) 業界団体

　マーケット開発段階で売り手が数社いる場合、これらが業界団体を作ることによって、新規参入などの「よそ者」を排除する。これが成功すると仲良し業界といわれ、次の売り手ガバナンスマーケットの「戦争」になかなか進まない。

　ゼネコンなどの公共事業マーケットをはじめとして、日本では未だ広く見られる。しかし2つの理由でそれがじりじりと崩れていく。1つは談合体

質として海外、マスコミから強く非難されることである。もう１つは仲良し業界が高価格を維持することが多いので、逆に海外企業などの新規参入者がそれに対抗して、習熟がなくても先行者より低価格で参入が可能となることである（45ページのポーターのビューを参照）。

2-3 売り手の変化

商品ガバナンスマーケットでは売り手が時とともに変化し、マーケットを次の売り手ガバナンスへと進化させる。つまり売り手の変化を見れば、商品ガバナンスマーケットの明日が見える。

（1）商品ガバナンスマーケットの誕生当初

マーケット誕生当初の売り手の経営者、従業員の目は商品機能に注がれる。売り手内でのスターは商品開発部門であり、その他の部門の人は彼らをサポートするスタッフのようになる。商品開発部門はマーケットを意識せず、自らのシーズを信じ、商品種を増やしていく。味のよいラーメン屋のようなものであり、客に媚びることなく、ひたすら自らの舌を信じ、味を追求していく。新商品がカニバリ[*18]を起こしても気にすることはなく、新しい商品を追い続ける。これによって既存商品と代替性のない全く新しい商品を生むこともあり、ここに新しい商品ガバナンスマーケットを生んでいく。

この売り手にとって、経営目標はあまり意味を持たない。売上、利益といった業績よりも大切なものがあるからである。それが新しい商品である。商品がどれだけ新しいのかが焦点であり、サプライズ商品を生むことが企業の喜びとなる。

その商品が顧客に受け入れられたら、次は新しい顧客を開拓していくことに夢を持つ。

商品開発部門は商品を販売しているセールス部門とは異なり、ライバル

---

*18. カニバリズムの略。共食い。ある商品の売上が伸びることで、自社の他の商品の売上が下降することを指す。この場合は新商品が既存商品の売上を落とすこと。

の売り手にそれほど興味を持たない。自分たちの能力を信じ、自分たちの手であっと驚く商品を作りたいと考えている。

　目標なき所にマネジメントはなく、予算、見通し、管理といったことは、企業内で話題にも上がらない。マネジメントなき企業には"自由"というムードがあり、従業員はサラリーマンという感じではなく、服装も勤務時間もフリーで、上下関係はなく、開発能力が高い、頭の柔らかい若き人材が働きやすい環境となる。

　これが商品ガバナンスマーケットの当初の売り手の姿であり、ベンチャー企業などと表現される。少し前のITマーケット、現代ではインターネットマーケット、コンサルティングマーケット、飲食チェーン・介護サービスのニューサービス業、そしてここにとどまり続けるマスコミ、放送、広告代理店などが典型である。

(2) 売り手ガバナンスマーケットへの変化

　しかし売り手は以下に述べるような変化の兆しを見せ、マーケットは少しずつ売り手ガバナンスへと変身していく。

　商品のヒット、品種の増加によりマーケットは拡大していく。この時、売り手には売上の増加によって、商品開発部門ではなくオペレーション部門（メーカーなら工場、サービス業ならサービスを実施する人たち）やセールス部門、マーケティング部門（この当時はMCのうちセールス以外を担当している部門を一般にこういう）にヒトの需要が多く発生する。

　労働供給側の「働くヒト」も、需要に応える形で変化していく。商品ガバナンスマーケットとして生まれたばかりの時には、他業界の異端児（有名大企業で働きたくない、一流企業に就職できない）がここでの中心である。しかしヒット商品が出て、売り手やその業界が有名になることで、"有名"、"一流"を目指す一流大学、大学院卒のエリート学生が入ってくる。彼らは一流大学卒のステータスシンボルとしてキャリアステップ（課長、部長、本部長、事業部長という役職の階段。要するに出世街道）を求める。キャリアス

テップは自然な形で企業内に上下関係を作る。そして、この上下関係にマネジメントが生まれる。上司が部下をマネジメントするというものである。

　上司が部下に対しマネジメントを通して求めるものは、「新しさ」という夢よりも「結果」である。良いマネジメントは良い結果を出し、当然のようにマネジメントのうまい人がその会社で出世するようになる。こうしてPDS[19]、報連相[20]、権限委譲[21]といったマネジメントキーワードが企業内を飛び交い、目標必達が第一テーマとなる。

　そしてマネジメントにフィットしない商品開発部門に代わって、マネジメントにフィットしたマーケティング部門、セールス部門が社内を支配するようになる。

　一方、花形であった商品開発部門の人たちにも変化が見られるようになる。アイデア、創造力といったタイプの人たちから、一流大学、大学院でその商品分野に関する基礎的な学問を学んだ人たちが入ってくるようになる。そしてあっと驚くような新商品ではなく、学術理論に基づいた、ありふれてはいるが機能やパッケージ、アフターサービスなどを改良した商品を開発するようになる。こうした「ちょっとした改良」で商品の種類はどんどん増え、その商品のうち買い手のニーズに合った商品だけが売れるようになっていく。

　消費財マーケットではこのニーズをマーケティングリサーチによって収集するようになり、これがマーケットの声となる。そして、この声を持ったマーケティング部門が売り手の中心となっていく。場合によっては商品開発部門を飲み込んでいき、完全な支配下に置く。一方、産業財マーケットでは顧客の声を直接聞くことのできるセールス部門が売り手の中心となり、売り手全体が売上目標に向かって進んでいくようになる。

　社内で頂点に立ったマーケティング部門、セールス部門はマーケットを

---

[19]. PLAN - DO - SEEというマネジメントのプロセス。
[20]. 報告・連絡・相談
[21]. 上司の権限を部下に渡すこと。

見つめていく中で、とらえどころのない買い手のニーズよりも、販売結果に直接影響をもたらすと思えるライバルとの「競争」を強く意識するようになり、商品ガバナンスマーケットは次の売り手ガバナンスマーケットへと変身していく。

3．売り手ガバナンスマーケット

3-1　売り手ガバナンスへの変化

（1）新規参入が起こる理由

　商品ガバナンスマーケットで、参入障壁が破られ新規参入企業が現れ、競争が激化してヒートアップしていくと、売り手ガバナンスマーケットへと変身する。売り手がマーケットの中でクローズアップされ、売り手同士の戦いがマーケットの中心テーマとなる。

　商品は、モノであれば「作れば作るほど」、サービスであれば「やればやるほど」、単位あたりのコストが下がり、機能が上がっていくという特徴がある。5ページで述べた習熟である。そのため後から参入する立場で考えると、特にコストにおいて、そのキャッチアップが難しい。だから日が経てば経つほど参入が起きにくくなるはずである。

　しかし主に2つの理由から新規参入が起きてくる。

　1つは、他に「儲かる商品」を持っている会社である。他のマーケットのトップ企業なら、そこで儲かったカネを用いて参入することができる。そして参入したマーケットが自らのマーケットに近ければ近いほどシナジーを生む。魚屋が儲かったのでそのカネで寿司屋を始めるというものであり、それによって魚屋にもすし屋にも良い影響を与えるというものである。テレビメーカーがパソコンを作り、レストランチェーンがホテルへ進出し…といったものである。アンゾフが構造化した多角化である。

　これをくり返していくことで、多くの商品、複数の事業（似たような商品

の集まりのこと）を持った巨大企業が生まれてくる。彼らは複数のマーケットにまたがる売り手である。

　もう１つの参入パターンは、何らかの形でコストダウンが可能な時である。人件費（給与）であれば、そのコストは「時間」と「時給」の積である。そして商品を生産したり、オペレーションをしていく中で技能が上がったり、同じ商品を生産するのに時間がかからなくなり、コストが落ちる。しかし時間ではなく、時給がダイナミックに下がってもコストは下がり、マーケットにいる従来の売り手との戦いも可能となり、参入ができる。例えば、人件費の安い海外で生産するといったものである。この他にもダイナミックに仕事のやり方を変えることができたり、変える環境が整うことでコストダウンが可能となることもある。例えば、インターネットで証券取引というサービスが可能となったり、回転寿司のようなパターンである。

(2) マーケティング戦略

　売り手ガバナンスマーケットでは、売り手は商品、買い手よりもライバルを見ており、売り手同士の熾烈なバトルが始まる。売り手のマーケティングの骨子はマーケティング戦略という「戦い方」であり、ここにマーケティングミックスが集中する。

　戦争中のマーケティング戦略には、リーダー戦略とニッチ戦略の２つがある。

　前者はマーケットのリーダーとして正面から戦いを挑んでいくものである。

　後者は正面からは戦わず、相手のスキをついていく。多くの場合、リーダー商品と代替性はあるのにマーケットの中の買い手を分けてしまい、リーダーマーケットとの間に境界線を作っていくものである。

　そしてリーダー同士、リーダー対ニッチという戦いがくり広げられる（ニッチとニッチは戦わない）。

　この売り手ガバナンスマーケットのビューポイントは２つある。１つは、そのマーケットにおける戦いのマーケティングテーマは何かということで

ある。マーケティングミックスのコアが商品マーケティングかMCかである。そしてもう1つのポイントは、その戦いがいつ終わるかということである。

3-2 商品マーケティングが戦いのコアのケース

　売り手ガバナンスマーケットでは、商品マーケティングがその戦いのテーマとなることがポピュラーである。

　商品マーケティングの中でも、商品機能、ブランドがその戦いの中心となる。価格での戦いは、次の流通ガバナンスマーケットでの戦いとなる。したがって、マーケットの商品価格がダウンし始める頃が、流通ガバナンスマーケットへの移行の兆しとなる。

　ここで売り手がリーダー戦略をとると、マーケティングストックで述べるフルラインナップ＆ブランドプッシュが基本となる。これはライバル商品を含めマーケットに存在するすべての商品を持ち（これがラインナップと表現される）、ライバルと同様の商品でありながら、自社のブランド力で売り切ってしまうというものである。商品機能で差別化を図るのではなく、ブランドロイヤルティによって、「買い手を囲い込む」（よくこういう表現がとられる。要するにファンを作って浮気をさせない。具体的なパターンはマーケティングストックで述べる）というものである。

　ブランド以外のマーケティングミックスも、これに照準を合わせる。商品マーケティングでは、パッケージングは安心感、価格は高め、アフターサービスは万全、MCマーケティングでは、消費財ならテレビのコマーシャルでブランドイメージを高め、産業財なら一流大学卒で理知的なセールスエンジニア（エンジニア的セールスマン）を育てる。

　「同一機能の商品でも、ブランドイメージが高い商品が売れる」という戦争において、ブランド優位性を確保した売り手にはもはや商品開発など不要で、他社の機能をコピーした商品であってもこのブランドで売れることになる。見方を変えると、こうしてブランドイメージの高い企業は、冒険し

ないようになり、自然に商品開発力を失っていく。商品開発よりも、マーケットにおける他の売り手の商品を調べ、キャッチアップすることがマーケティングのポイントとなる。テレビが売り手ガバナンスマーケットの時代にソニー、松下電器（現・パナソニック）がそのブランド力でトップを競い合ったのが典型的である。現代の携帯電話マーケットでは、ドコモ、ソフトバンク、auの三つ巴のブランド戦争がなされている。

　一方、売り手がニッチ戦略をとると、商品機能の差別化を図る。ライバルとは異なる機能を持った商品を販売し、ブランドではなく商品そのものの選択を買い手に迫る。テレビでは「シャープの液晶テレビ」、パソコンでは「アップルのMac」といったものである。ニッチがリーダーマーケットとの間にうまく境界線を引き、戦争が起こらないと、そのニッチマーケットはいち早く、最後の買い手ガバナンスマーケットへと変身していく。

　リーダー同士がぶつかると、マーケットは果てしない多品種状態となり、どちらかがニッチに変わるか、売り手企業全体が疲弊してしまうまで続けられる（家電マーケットはこれによって売り手が疲れきってしまった）。

　リーダーがニッチの境界線を破ってマーケット進入し、両者がぶつかることも多い。ここでニッチが勝つのは、ニッチ側の商品がヒットし、その商品の買い手が拡大していくのに、リーダー側が何らかの事情（特許、技術、ノウハウ）でそのタイプの商品が用意できない時である。

　しかしニッチが勝ってしまうと、そのニッチ企業もいつの間にかリーダー戦略へとシフトしていく。そしてリーダーとリーダーがぶつかり、やがて終戦となり、次の流通ガバナンスマーケットへと向かう。

3-3　MCが戦いのコアのケース

　これは、その戦争手段が広告とセールスの2つに分けることができる。

(1) 広告による戦い

　消費財などではこの広告戦場となることも多い。このマーケットでは（先

ほどの商品戦場と重なることも多いが)リーダー戦略が中心となる。ライバルの売り手が「まいった」というほどのテレビコマーシャルを流して、「とことん戦う」というものである。かかった広告コストに応じてマーケットが拡大していかないと、まさに消耗戦となる。そして強者によるM&A[*22]、弱者の倒産などがくり返され、売り手2～4社で利益が出るギリギリの所で均衡し、終戦する。

しかし次の流通ガバナンスマーケットへ移っていくと、この戦いを流通側が煽るようになり、再度戦争が起きる。

この時代のコマーシャルは商品機能よりも知名度、ブランド浸透となる。日用雑貨、加工食品などで商品名を連呼するようなテレビコマーシャルを打つものは、この戦いの真っ只中にあるマーケットといえる。

一方、ニッチは通信販売、訪問販売など全く別の販売方法を考え、買い手を区分する形で獲得し、戦わない。そしてマーケットが流通ガバナンスになっていく中で、この販売方法を武器として、売り手から流通へと変身していく。

(2) セールスによる戦い

セールス戦場では広告ほど激しくないが、やはりリーダー戦略が中心となる。ここではセールスマンを自社従業員とすると固定費が大きくなりすぎるので、コミッションセールス、代理店セールス（ともに売った成績に応じて販売手数料を支払う）へとシフトしていく。商品機能の差別化が難しかった保険業界などがその典型である。一方、ニッチ側はセールスマンの量ではなく、質で勝負しようとする。

これがマーケットに定着してくると、セールスマンの量と質でシェアが決まるようになり、むしろ終戦へと向かう。そして2つの動きが起きる。

1つはセールスマンを抱え込んだ売り手が流通へと変身して、流通ガバ

[*22]. Merger&Acquisition 合併と買収のこと。

ナンスマーケットへと進化するものである。リーダーとなった売り手が単一商品ではなく、さまざまな商品を準備して顧客の利便性を図るものである。

もう1つはこの"平和"が新規参入者（海外企業、新しいマーケティングスタイルの売り手）によって崩れ、流通ガバナンスマーケットを飛ばして買い手中心マーケットへ進化していくものである。

4．流通ガバナンスマーケット

4-1　プロの流通の誕生

　小売業、卸売業などの流通業者は、商品ガバナンスマーケット、売り手ガバナンスマーケットの時代に「売り手の商品を小分けして置き、消費者などの顧客に売る場」として生まれる。

　売り手ガバナンスマーケットの戦争が拡大していく中で、複数の売り手から出てくる果てしない種類の商品がマーケットを行き交うようになり、買い手は何を買ってよいかわからなくなってくる。それぞれの売り手が自社商品の長所を訴える（他社商品の短所を訴える）ので、その商品情報もマーケットの中で洪水のようになる。

　ここに売り手によって作られた商品の「置き場」「売り場」ではない、プロフェッショナルとしての「流通」が誕生する。マーケット内のあらゆる商品を分析し、自らの顧客のために、厳選された商品を取り揃え、顧客が必要とする商品情報を第三者の立場で的確に流していくというものである。つまり「買い場」である。例えば、次のようなものがプロの流通である。

- **食品、雑貨、衣料などの消費財マーケット**
　⇒百貨店、量販店、コンビニ、スーパーなどの大手小売業者。
- **設備・機械などの産業財マーケット**
　⇒独立系ディーラーなどメーカー色がなく、さまざまなメーカーの商品

を売る販売会社。
- ITマーケット
  ⇒ソリューションベンダー。顧客に代わってIT商品を組み合わせてサービスをしてくれるもの。クラウド[*23]などもこれにあたる。
- 建設マーケット
  ⇒ゼネコン（ゼネラルコントラクターの略）。土木・建築工事の一切を一括して請け負う業者。

　このプロの流通は、売り手ガバナンスマーケットの戦争が終わりに向かっていく中で、再度この戦いを煽る。そしてこの戦いのテーマを、売り手にとってもっとも不幸な価格競争に求める。この売り手の価格競争によって、「売り手から流通への渡し価格」のダウンを促すことができ、それによって自らの利益をもたらし、他の流通にも勝つことができる。

　流通の合言葉は「益は買にあり」である。すなわち流通にとって、売上は顧客が生んでくれるが、利益は売り手からの仕入価格が生んでくれるというものである。流通の主力業務は販売でなく購買であり、バイヤー（購買責任者）がその中心人物である。このバイヤーは、プロジェクトタイプのビジネス（先ほどのソリューションベンダー、ゼネコンなど）ではプロジェクトマネジャーとよばれる。

4-2 流通のガバナンスが進む

　流通は「買い手のニーズ」という御旗の下（流通が買い手を代弁する）、売り手に圧迫を続ける。そしていつの間にか、売り手よりも買い手に近い流通がマーケットをガバナンスするようになっていく。

　そして今度はマーケットをガバナンスした流通同士が、激しい戦いをくり広げていく。ここでの戦いのポイントは、品揃えよりも価格である。プロ

[*23]　インターネットを使って、顧客へITをフルサービスで提供するもの。

PART I：マーケットビュー

の流通から見れば、基本的にはどんな商品でも仕入れることができる（売り手が特定の流通にだけ売らない時は、独禁法の不公正取引となる）。したがって、価格勝負となるのが自然な姿である。そして自社の販売価格を下げるために、自社へ商品を納入する売り手の競争をさらに促す。

　こうなると売り手の目はライバル、買い手よりも流通へ向かっていき、売り手のマーケティングミックス、マーケティングコストはここへ集中していく。流通向けセールス（定期的に巡回するのでルートセールスとよばれる。「ご用聞き」的セールス）の増強、リベートの増大、流通が行うオペレーションの支援（商品陳列など店舗の仕事を支援する）など果てしなくなっていく。

　消費財の売り手のマーケティングリサーチの対象も、消費者から次第に店舗となっていく（特定店舗の状況をリサーチするもので、定点観測などとよばれる）。さらに流通は、売り手が買い手を知らない方がマーケットのガバナンスを自らの方に保てるので、その遮断をも図る。

　最寄品のように低価格商品で数多くの買い手を抱え、そのニーズが多様化するマーケットや、アパレルのように流行、トレンドが左右する買回品では、売り手側の商品開発までも流通が決めるという所まで進んでいく。

　この流通ガバナンスを複数のマーケットで成功させたのがコンビニである。そのガバナンス要因はPOSデータ[24]である。売り手から見るとこのマーケティングデータ（＝POSデータ）を自らが行うマーケティングリサーチで得ることはほとんど不可能であり、そこに消費者の声が入っているような気がする。そしてコンビニの「お宅の商品は売れないので店頭からカットする」という一言が、その売り手の商品を撤退にまで追い込んでいく。キーワードは「売れ筋、死に筋」である。

　こうしてマーケットバランスはさらに流通に傾き、流通が完全にマーケットチャンピオンとなり、売り手はその下請のようになってしまう。

---

[24]　POSシステム（Point Of Sales。小売店の店頭で商品バーコードをスキャンするシステム）によって得られる販売データ。

4-3 垂直アライアンス

　流通が煽る売り手間の戦争とともに、流通同士でも果てしない戦争となっていく。流通の価格競争もやはり消耗戦である。例えば、店舗での商品価格において安売りをあまりしないコンビニは、価格競争をしていないように見えるが、そうではない。コンビニの戦略は、「新鮮な商品を売り手から毎日1個ずつ買っても、他店と同じ価格で売る」というものである。ディスカウンターが「まとめ買いをして安くさせる」のとは逆の論理である。コンビニが1個ずつ買うことで、流通コスト（1個ずつ配送しなくてはならない）は上がってしまうが、それを売り手に負担してもらうことで販売価格を抑えるものである。ライバルのコンビニチェーンが同じスタイルを取れば、自然にコンビニ同士も価格競争に向かっていく。

　そしてこの消耗戦からの脱皮に、あるアイデアが浮かんでくる。特定の売り手と特定の流通がアライアンス（同盟）を組み、競争力を高めるというものである。これを垂直アライアンスという（同業者が同盟を組むものは水平アライアンスという）。製配販同盟、サプライチェーン（共通の買い手に対して、メーカーと流通が1つのチェーンのような形でビジネスを行う）といったものであるが、詳しくはマーケティングストックで述べる。

　この垂直アライアンスはあらゆるマーケットでトライされるが、多くの場合、失敗に終わる。そして次第に流通ガバナンスマーケットから最終の買い手ガバナンスマーケットへとシフトしていく。見方を変えれば、この垂直アライアンスの動きが出始める頃が流通ガバナンスマーケットの終焉といえる。

　垂直アライアンスが失敗する主な理由は次のようなものである。

　売り手から見ると特定の流通（例えばある大手小売業）と完全に手を組むということは、他の流通（ライバル小売業）とは敵対関係、とまではいかなくても良好な関係を保つことが難しくなる。

　そこで目立たないように、特定小売業向けにプライベートブランド商品

としてOEM供給*25などを行う。しかし、それが自社のナショナルブランド商品とカニバリするだけでなく、マーケット全体の商品販売価格のダウン（テレビコマーシャルなどをしない分だけプライベートブランド商品は価格を下げることができる）を招き、そのダウン分を結局売り手が負担することになる。こうしてマーケットのパイは金額ベースでは下がっていく。

　一方、流通から見ると、あるカテゴリー（例えばビール）で1つの売り手とだけ手を握ると、他の売り手の商品が置きにくくなり、他メーカーがヒット商品を生んだ時に、ライバル商品に負けるリスクを抱える。

　流通によっては、それでもこれを続行し、むしろ売り手を自らの完全支配下に置いてしまう（場合によっては自社で工場を持つ）ものも出てくる。こうなるとこの流通は特定商品しか置かないことになり、流通から売り手へと変身することになる。その典型がアパレルマーケットにおけるSPA（Specialty store retailer of Private Apparel）であり、商品企画、生産、小売までを一貫して行うものである。GAP、ユニクロなどが有名である。しかしこれは流通ガバナンスマーケットというよりも、「流通と売り手が合体して買い手に対応していく」という、次の買い手ガバナンスマーケットの1つのスタイルと見ることができる。

4-4　流通ガバナンスマーケットの末期

　流通側は垂直アライアンスの失敗により、再度売り手同士の競争を求めていく。そして、このマーケットにいる多くの売り手はあることに気づく。売り手と流通の売買関係がゼロサムゲーム（32ページ）ということである。「売り手A社から流通B社に商品を売る」という取引では、「A社が10円値引きすると、A社は10円損し、B社は10円得する」というものである。こうなると最適な取引価格（ゲームの解）はなく、両者のパワーバランスと売り手間の競争で決まることになってしまう。

---

*25.　Original Equipment Manufacturerの略。納入先のブランドで生産すること。

ゼロサムゲームに気づいた売り手は、流通に対するパワーバランスの弱さが自社の利益を落としていることをようやく理解する。そしてこのゼロサムゲームの"解"が、ゲームの理論でいう協力ゲームという垂直アライアンスではなく、買い手をこのゲームに参加させることだと気づく。

　流通とのゲーム（取引）においてパワーバランスを変えて、流通プレイヤーに勝つには「お宅の商品はファンが指名買いするので、うちの店に置かせてくれ」と言わせること、つまり顧客のブランドロイヤルティにあることがわかる。

　こうして売り手の目は買い手に向かい、ここにマーケティングミックス、マーケティングコストが集中することになる。もちろん流通もこの流れに乗らざるを得ず、いよいよ最終の姿である買い手ガバナンスマーケットへと変身していく。

5．買い手ガバナンスマーケット

5-1　ロイヤルティ・マーケティング

　マーケットのパワーバランスは、再度商品を開発する売り手へとシフトする。そして激しい戦い、流通への果てしないサービスに疲れた売り手のたどり着く先は、「買い手に着目する」という当然といえば当然の帰結を迎える。

　売り手による「買い手に対するマーケットリサーチ」がなされ、情報システムは商品データベース中心から顧客データベース中心となり、顧客のさまざまな分析がなされる。そして次第に「特定の顧客」（いわゆる得意客、ロイヤルカスタマー）が自社に大きな成果を与えてくれていることに気がつく。

　その結果、ロイヤルティ・マーケティング（270ページ）がマーケティング戦略のトレンドとなる。

売り手の経営者は、最終顧客（自社商品を使ってくれる消費者や企業）を「お客様」、流通業者などのチャネル（自社商品を買って再販売する企業）を「取引先」とよび、この2つをはっきりと区別するように指導する。自社の従業員に、「誰が自社の商品を使ってくれるのか、誰のための商品なのか」をはっきりと意識させるためである。そしてセールスマンには流通へ商品を売るシーン、顧客が商品を買うシーンではなく、「顧客が商品を使ってそれに満足しているシーン」を常に頭に浮かべて仕事をするように指導する。

　マーケットの中心にいる売り手のWebサイトに、「お客様」というキーワードが出始めた頃が、買い手ガバナンスマーケットの夜明けである。

5-2　利益志向

　買い手ガバナンスとなった頃のマーケットはすでに飽和しており、リピート需要（商品を消費、使用したのでもう一度同じ商品を買う）がメインである。マーケットの需要が安定していく中で、価格競争によって販売価格が下がり、さらには機能改良戦争が起きているため原価は上がっていく。こうなると売り手の多くは売上がゆっくりと下がり、利益は大きく落ち込んでいく。

　一方、売り手の第一線に立つセールス部門の目標は売上、シェアであり、予算目標の未達が慢性化し、企業に活気がなくなっていく。ここで無理して予算達成を強いれば、利益はさらに落ち込んでしまう。

　この時経営者は、売上に代わって利益を目標とせざるを得なくなる。「売上が伸びれば利益は上がる」というこれまでの仮説を捨てざるを得ず、経営者が株主に約束した目標である「利益」を何とか確保するように考える。

　またロイヤルティ・マーケティングを進めていくと、ロイヤルカスタマーは自社に「売上よりも、多くの利益をもたらしてくれること」がわかってくる。

　こうして売り手のほとんどの経営者たちは、利益重視を社内に訴えていく。マーケットの多くの売り手が「利益志向」となっていくことが、買い手

ガバナンスマーケットへの移行の第二のシグナルである。

　経営者の利益目標への突然のチェンジに、売上目標の達成、シェアNO.1獲得を目指し、生きがいとしてきたセールス部門、そしてそのベクトルに基づいて彼らを指揮するマーケティング部門は戸惑う。売上は売れば売っただけ増えるが、利益は必ずしも売れた量に比例しない。競争論理で販売価格を下げて売っても、利益が出ないことも多い。利益は一定のルールにしたがって計算しなくてはならないが、セールス部門、マーケティング部門には計算の苦手な人が多く、また利益計算のルール（経費の配賦など）でもめて、大混乱になっていく。そしてマネジャーたちはどうすれば利益が上がるかわからず、メンバーに相変わらず売ることだけを求める。その結果、がんばっても利益目標を達成できず、給与は上がらず、ますますムードは落ちて、組織内はギスギスしたものとなる。

　一方、商品を作ったり、サービスを実施したりするオペレーション部門は、経営側の利益目標に即座に反応し、ひたすらコストダウンを続ける。これまでの売上、シェアの目標では、自らがそれに関与している実感がなかったが、今度は自らの努力が利益という経営目標の達成に直結するので、一旦は盛り上げる。

　しかしそのコストダウンの範囲は資材、消耗品、外注という出銭のカットから、次第に人件費という自らの給与が対象となる。マーケットの需要が伸びている時の生産性向上は生産量増大による売上増大、残業削減というものであるが、マーケットの需要が安定しているこの時代では、自らの給与カット、仲間の首切りを目指していることに気づいてくる。そしてオペレーション部門に若き人材が入ってこなくなり、組織は１年に１つずつ歳をとり、その衰えを合理化で賄うようになる。場合によっては91ページのように時間削減でなく、時給削減のために他社への委託、派遣社員への切り替え、海外への生産移転、工場閉鎖と止め処もなく進んでいく。そして首切りが現実のものとして目の前にはっきりと現れてくる。

　こうしてオペレーション部門のムードは逆にダウンしていく。

5-3 顧客満足

(1) 顧客対応窓口の誕生

　利益を目標とすることが企業内、特に第一線の現場のムードを上げることにつながらないことを感じた売り手の経営者は、必ずといってよいほど、「顧客満足」（CS：Customer Satisfaction）というキーワードに飛びつく。

　しかし経営者は顧客満足というキーワードをどこから着手してよいかわからず、とりあえず顧客対応窓口という「部門」（お客様相談室、カスタマーサービス部といった名称が多い）を新設する。

　ここで「クレーム」という顧客不満足をチェックし、それを1つずつ改善していくことで顧客満足度を高めようというものである。日本の工場がもっとも得意としていた「改善」（世界的にもKAIZENとして有名）をマーケティングで実行しようというものである。マーケット内の多くの売り手に、こうした部門が誕生した頃が本格的な買い手中心マーケットへの移行といえる。

(2) 商品開発部門の変化

　しかし、マーケットのフロントエンドにいるセールス部門、そして彼らを率いるマーケティング部門ではこれを疑問視する声が出てくる。重大なクレームを除けば、顧客不満足を聞くことで売上が伸びたり、利益が上がったりするとはとても思えないからである。生産部門で行っていた「改善」は、彼らの目標である「原価」にジャストフィットしていたが、クレームの場合はセールス、マーケティング部門の頭から離れない「売上」には直接的に結びつかないからである。

　経営者はここでマーケットのフロントではなくバックヤードにいてマーケティングデータが集められず、何を作ってよいか悩んでいる商品開発部門に着目する。商品開発部門はこの段階ではマーケティング部門の配下に

いるが、これを独立させたり、商品開発部門を組織の前面に出したり、「商品開発の責任者をマーケティング部門の長にする」といった策をとる。

経営者は商品開発部門に、顧客不満足をクレーム処理として対応していくのではなく、それをヒントとして高付加価値商品の開発を図るように指示する。つまり小さなクレームを少しずつ改善していくことで、顧客満足度を上げるというものである。

この「顧客不満足改善による顧客満足度向上」というテーマはオペレーション部門の悩みをも解消していく。このクレーム対応はマーケットの顧客ニーズに合わせて、商品機能だけでなくその品質の向上を目指していくことになる。これがオペレーション部門の抱えていた「合理化の壁」を取り払う1つの突破口となる。ムダ、ムリ、ムラをなくしてヒトを減らすのではなく、品質向上を目指すことで仕事を増やしても、原価をアップさせないように生産性の向上を図るというストーリーである。

(3) 顧客を見る

この頃になって次第にフロントエンドのセールス部門、マーケティング部門も自らが何をなすべきかに気づいてくる。従来のように流通を支援したり、ライバルとの価格競争、コマーシャル戦争、プロモーション合戦をするのではなく、目の前の「流通という壁」の向こうにいる"顧客"を見つめて、そこに自社商品の価値向上や品質向上のネタを訴えていくということである。長い目で見れば、「それが伸び悩んでいた自らの成績を上げてくれるのでは」という期待感を持つようになる。

こうして「セールスマン、サービスオペレーター、ヘルプデスク、保安員といった顧客の顔を直接見ることができる人が、マーケットの動きをとらえていくべき」ということに気づきはじめる。

流通をルートセールスするセールスマンに対して、マネジャーは「店舗に行ったらバイヤーと折衝して帰ってくるのではなく、そこでショッピングをしている顧客を見ろ。何を買っているかではなく、どんな人がどうやっ

て買っているかを見てこい。そこから購買目的、つまり何のために買っているのか、買った後どうしているかを考えろ」と指導する。こうしてバイヤーに頭を下げてお願いする「屈辱的なセールス」から、お客様に喜びを与える「夢のあるセールス」へと変身することを考える。

　機械の保守員であれば「ただ顧客の所に行って修理して帰ってくるのではなく、顧客の使い方を聞き、クレームにはならない"小さな使い勝手の悪さ"を聞き出せ。そして、どういう機能があればうれしいかを教えてもらえ」と指導する。これによって時間に追われ、効率ばかりを追いかける「きつい仕事」を、企業の先頭に立ち、お客様にアドバイスするカウンセラー的仕事へと変身させる。

　そして全従業員に「自社の商品をお客様がどう使っているかを常にウォッチングしよう」と訴える。

(4) 買い手ガバナンスマーケットの完成

　マーケットに「似たような商品」が次々と登場するのではなく、「あっと驚く商品」というわけではないが、「顧客のかゆい所に手が届く商品」が次々と誕生してくると、買い手ガバナンスマーケットはまさにピークを迎えることになる。

　この頃になると、売り手の経営者は顧客満足度という指標にたどり着き、顧客満足度をきちんと「数字」で表わすことにチャレンジする。これが170ページで述べるCSマーケティングである。そのうえで「顧客満足度が高まれば、経営目標である利益も上がる」という論理を組み立て、さらには「利益が高まれば、従業員給与も上げる」と約束する。こうして従業員が一丸となって顧客を見つめ、顧客満足度を高めるマーケティングを自らの手で実施し、満足度を高める方法を考え、それによって利益が上がり、自分たちの給与も上がっていくという戦略ストーリーを作る。

　このストーリーは、それがそのとおりうまくいくかは別として、これまで売り手が悩んできた課題への唯一の答えと考えられる。そのためマーケッ

トにいる1つのリーディング企業の変身は、あっという間にマーケット全体の売り手へと伝染する。

　さらには流通にもこれが伝染していく。ゼロサムゲーム取引、競争を前提としていたサプライチェーンは失敗したが、「売り手と共通の顧客の満足度を高めるために手を握る」という形で、新たなサプライチェーンが生まれる。流通間での競争から「顧客のために自分たちは何ができるか」へと流通マーケティングは変化していく。ここに真の買い手ガバナンスマーケットは完成する。

　この真の買い手ガバナンスマーケットは、このマーケットを破壊する画期的商品が生まれるまで続くことになる。

PART II
マーケティング
フロー

1．マーケティングフローのフレームワーク

プロローグで述べたように、各企業が行うマーケティングは、他のビジネス行動と同様にフロースタイルで考える。

組織との関係でいえば、上位者から下位者へ向かって「仕事の分担」という形でなされていく。つまり上位者（経営者）が枠組み（理念、戦略）を作り、下位者（担当）がこれを実行、中位者（マネジャー、管理職）がこれをマネジメントするというものである。

マーケティング・イノベーションにおけるフローは、図2-1のようなものである。

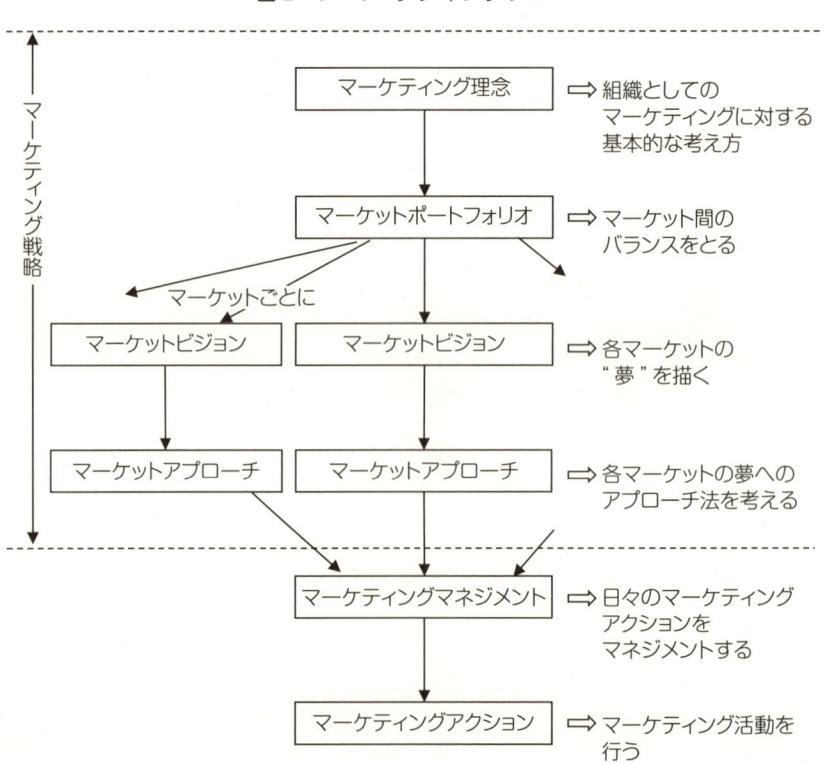

図2-1　マーケティングフロー

```
マーケティング戦略
├─ マーケティング理念 ⇨ 組織としてのマーケティングに対する基本的な考え方
├─ マーケットポートフォリオ ⇨ マーケット間のバランスをとる
│   （マーケットごとに）
├─ マーケットビジョン／マーケットビジョン ⇨ 各マーケットの"夢"を描く
├─ マーケットアプローチ／マーケットアプローチ ⇨ 各マーケットの夢へのアプローチ法を考える
├─ マーケティングマネジメント ⇨ 日々のマーケティングアクションをマネジメントする
└─ マーケティングアクション ⇨ マーケティング活動を行う
```

マーケティング・イノベーションのフローは、マーケティングアクションの結果（＝業績）からのアプローチではない。「どうやったら良い業績が出るか」「どうやったらマーケットで勝利できるか」を考えていくものではない。

　ここでのフローは、マーケティング理念を原点とする。この理念に沿ってマーケットポートフォリオ（多くの企業は複数のマーケットを抱えている。そのバランスをとること）を考え、個々のマーケットごとにビジョン（夢）を作って具体的なマーケットへのアプローチ法を考え、マーケティングマネジメントの下でマーケティングアクションを実行していく。

　このうちマーケティング理念、マーケットポートフォリオ、マーケットビジョン、マーケットアプローチの４つを合わせてマーケティング戦略とよぶ。

2．マーケティング理念

2-1　マーケティング理念の制約条件

　理念とは、「なぜそう考えたのか」を他人には説明できない「その人の考え」であり、哲学といってよいものである。

　マーケティング理念は、当該企業のマーケティングに関する基本的な考え方のことであり、この理念に基づいてすべてのマーケティングはなされる。言い方を変えれば、このマーケティング理念に反することは、どんなにその企業に利益をもたらすとしても、マーケットでライバルに勝てるとしても、決してとってはならない。経営者から見れば、株主、顧客、取引先をはじめとする社会というステークホルダー[1]に対してのマーケティングに関する約束事であり、マーケティング部門から見れば経営者との約束

＊1．企業の利害関係者のこと。

事である。

　マーケティング理念はCSR、PR,ミッションの３つの事項からの制約を受ける。

(1) CSR

　CSRとはCorporate Social Responsibilityの略であり、「企業の社会的責任」と訳される。これは企業は社会に存在し、事業活動を通して社会との関係を持っているのだから、自ずと社会に対して責任を負っているという考え方である。

　CSRは現代企業の最大の経営テーマといってよいものである。経営者は自社のCSRについてはっきりとした見解を持ち、これを社内外に訴えていかなくてはならない。

　マーケティングは企業が社会と接する行動の中で中心的なものであり、CSRはマーケティングの最大の制約事項といえる。CSRについて、各企業がさまざまな考え方、方針を持っており、それをマーケティング理念の枠組み（制約というよりも）としなくてはならない。

　CSRは、公共責任、公益責任、存在責任の３つの責任に分けることができる。

❶公共責任

　公共責任とは「企業がしてはならないことはしない」というもので、CSRの中でもっとも低レベルに位置する「最低限の責任」である。法を守ることが出発点であり、コンプライアンス（ルールを守ること）とも表現される。

　公共責任を果たさないこと、つまりコンプライアンス違反は企業の消滅をもたらすこともある。企業が消滅しないまでも、そのマーケティング活動に大きなダメージをもたらす。

　しかしそれでも売り手はマーケットでの勝利、利益という業績を追いか

けるあまり、ついにこの公共責任の壁を乗り越えてしまう。雪印事件、不良品隠し、賞味期限改ざん、談合摘発後のさらなる談合、建物の偽装構造計算、生肉食中毒事件…などマスコミを騒がせた大きなマーケティングに関するコンプライアンス違反だけでも挙げれば切りがない。

　そしてこれが氷山の一角であることを多くの企業は知っている。「たまたま見つかった」というものである。多くの売り手にいる従業員たちの思いは「自らのためでなく、企業のためであり、マーケットで勝つためには多少のルール違反くらいは…。ライバルだってやっているのだから…」である。

　ここで危機を感じた経営者は、自社の従業員に対して、「ルールを犯してまで作った業績に意味はない」と訴える。これがCSRの出発点といえる公共責任である。

　経営者はこの「してはならないレベル」を上げるべく、ISO9000、ISO14000などの社会規制の確保のみならず、独自の企業行動基準を作る。そしてそれをWebサイトで訴え、従業員にコンプライアンス教育を行い、コンプライアンス委員会を作ってそれを監督し、目安箱のようなものを作って「不正」を内部告発してくれるように頼み…と涙ぐましい努力とカネをつぎ込んでいく。

　しかし多くの企業で、従業員、特にマーケティング部門、セールス部門の反応は極めて鈍い。

　「そんなことしたって業績は上がらない。ライバルに勝てない」

　「CSRなんて建前で、本音は社会に気に入られて、うちの商品のイメージアップを図ろうとしてるんだろう」

　「ISOの取得は社会へのアピールには少しインパクトが弱い」

　　　　　　　　　　　　…

　といったものである。そしてマーケティングに関する社会からの制約についても、「どこまでなら許されるのか」とグレーゾーンを狙ってしまう。

例えば薬事法で、健康食品（医薬品以外）の広告において、効能、効果を訴えることは禁止されている。しかし、それを知ったマーケティング部門の反応は、「ギリギリどこまでテレビコマーシャルで訴えていいのか。ライバルはどこまでやっているのか。どうすればそれをうまく乗り越えて、効果、効能を訴えることができるか」といったものである。この法律の意味、「なぜこんなルールを社会が作ったのか」「自分たちは社会に対してどんな責任を負っているか」など考えようとしない。

　この時、経営のキーワードに挙がってくるのが「格」である。ここでいう「格」とは「人格」と同じであり、「企業の格」である。人格は年収（企業でいう業績）で決まるのではなく、その人が持っているインテグリティ（integrity）によって自然と生まれる。インテグリティは「真摯さ」（18ページのドラッカーもintegrityという用語を使い、訳者はこう翻訳している）「誠実さ」などと訳されるが、ややニュアンスが違うので、そのまま使うのが一般的となっている。「人」であればインテグリティというのは、「人格のある人」が持っている要素であり、「立派な人」という表現がぴったりのものである。

　そして経営者は、自社にこのインテグリティをもたらすには、プライドが必要であると考える。従業員、特にマーケティング部門、セールス部門が持つべきプライドである。そこに「業績というおいしい果実」があっても、プライドを捨ててまで食べたくない。自社のインテグリティだけは守りたい。「立派な会社」と思われたい。「武士は食わねど高楊枝」である。

　このタイプの企業のマーケティングにおいては、プライドが最大の制約事項であり、これがマーケティング理念の骨子となり、これを社会に公表していく。

　「そのような商品を出して、そのような広告、セールス、プロモーションをして、社会に対して恥ずかしくないか。自分たちがやっているマーケティングをまわりから聞かれた時、胸を張って堂々と言えるか」というプライドである。

経営者は自社の格を高めて、一流企業、立派な企業という評価を得ることをコーポレートブランドと表現している。トラディショナル・マーケティングビューにおける商品ブランドは「商品を売るための差別化」である。しかしコーポレートブランドは企業にプライドを求め、社会からインテグリティを評価されるためのものである。

これがマーケティングをイノベーションする原点である。逆に言えば、このプライド、インテグリティ、コーポレートブランド志向なき企業にとって、本書は無意味である。

インテグリティ、コーポレートブランドはマーケティングの原点であり、最大の目標であり、理念である。

❷公益責任

2つ目のCSRは、「企業は社会利益へ貢献する責任がある」というもので、公益責任とよばれる。この公益責任には従来から2つの相反する考えがあった。

1つは「企業が利益を出すのは、社会から利益を搾取していることになる。これを社会の方から見れば損失だ。したがって企業は利益を小さくしていくことが公益責任だ」というものである。ゲームの理論でいえば、企業と社会はゼロサムゲームであり、どちらかの利益が上がれば、どちらかの利益が下がるというものである。

もう1つは「企業は利益を出して、それにチャージされる税金で社会に貢献することが求められる。だから利益を大きくしていくことが公益責任だ」というものである。ゲームの理論で言えば、企業と社会が協力ゲームのプレイヤーとなって、互いのハッピーを求めるというものである。

多くの企業は後者の理論を採用し、これによって利益を経営目標の1つにする。したがってマーケティングも利益を目標の1つとする。これを一歩進めて「我社のビジネスは社会に貢献している。だから税金を払うだけでなく、我社が利益を出すこと自体が社会貢献である。我々は利益を目指

しているのではなく、社会貢献を目指している。それが結果として利益を生み、その利益が事業活動を通して、さらなる社会貢献を生む」というものである。これが現代の公益責任である。

したがってここでは、マーケティングそのものが社会貢献となっていることが強く求められる。もっと言えば自らの利益しか生まず、社会に貢献しないマーケティングは、利益によって税金を払うとしても、その行動を拒否する。

これは東日本大震災の復興支援における企業の対応にもはっきり見られた。多くのインテグリティの高い企業は、自らの利益を落としてでも復興を支援した。というよりも、過去積み上げてきた利益を取り崩してでも、業績が悪化してでも、ピンチにある社会へ貢献したいと考えた。それは決してその行動によって、自社の商品を買ってほしいというものではなく、企業の公益責任を果たしたのである。

❸存在責任

企業は人間同様に社会の一員であり、社会に存在し、貢献し続けること（これをゴーイングコンサーンという）自体がその責任である。これがCSRの中で、もっとも高レベルにある存在責任という考え方である。

では企業はどのように社会に貢献するのか。それは社会的使命を果たすことである。社会的使命とは「その企業がそもそも何のために存在しているのか」というものであり、後に述べるミッションとよばれるものである。

魚屋は「魚をうまくさばく」という自らの使命を果たすことで、「魚をおいしく食べたい」と願っている社会に貢献する。この社会貢献の大きさを付加価値とよぶ。つまり「どれくらいのおいしさを提供したか」である。この付加価値の大きさが企業に利益を生む。これを社会貢献を受けた方（企業の顧客）から見れば、「顧客満足」となる。つまり「社会貢献度＝付加価値の大きさ＝利益＝顧客満足度」となる。つまり公益責任も存在責任の一部をなすものである。

「企業が存在責任を果たす」ということは付加価値を高めて利益を上げることであり、社会貢献としての顧客満足度を高めることである。

したがって、マーケティング理念も自ずと「顧客満足度を高めること」がそのテーマとなり、それによって社会貢献し、付加価値、利益を高めていくことにある。

マーケティング理念は、このように組み立てていくCSRをその枠組みとする。

(2) PR

PRとはPublic Relationsの略であり、なぜか「広報」と訳されることが多い。広報とは「広く知らせる」という意味の日本語であるが、現代の経営で使っているPRとはややかけ離れている。そのためPRを訳さず使うことが多い。

また「ピーアール」というと、「自らをアピールする」というニュアンスを感じ取る人が多いので、これを避け、略さずパブリックリレーションズとよぶことも増えている。

PRを直訳すれば「公共、社会との関係」であるが、企業経営においては「企業をとりまく株主、顧客、消費者、取引先などの社会との良好な関係を作るために、企業情報や資金を積極的に提供していくこと」をいう。

CSRという「社会に対する責任」も、「社会との関係」というPRの一部と考えられるが、現代企業ではPRをCSRの上位概念、つまり目的と考えるとよい。CSRの目的はPRの定義にある「社会との良好な関係」である。

PRの考え方は100年くらい前にアメリカで生まれたとされているが、日本には戦後になって伝わり、何回かブームが起こった。

中でもCI（Corporate Identity）がその代表である。CIの発想は「企業が自らの存在意義を明確にし、社会での位置づけをはっきりさせるために、自らの情報を発信していこう」というものである。まさにCSRの存在責任であり、PRといってよいものであった。しかし、いつの間にかCIは、企業

を社会へ売り込むための企業イメージやブランドイメージの統一という商品マーケティングのブランド戦略、MCの中のプロモーションとなってしまう。その指標は存在意義とは遠く離れてしまい、「社会との良好な関係」ではなく、「他社に勝つための差別化戦略」となってしまう。

　CI同様にメセナ（文化芸術活動への企業支援）、コーポレートシチズンシップ（企業も市民として社会貢献していく）がキーワードとなり、美術館などの文化的施設を作ったり、利益の1％を税金に加えて社会還元したり…といったことがブームとなる。しかし、これもいつの間にかプロモーションとなってしまう。

　近年では環境保全がPRのテーマとして注目を集めている。現代の経営者の多くはこれをCSR、PRとしてとらえているが、一部の企業ではビジネスチャンス（環境でひと儲けしよう）、もしくは環境規制というギリギリの公共責任（守らなくてはならないもの）と考えてしまう。そしてその気持ちが、CSR、PRとしてとらえている他企業の従業員の心をもミスリードしてしまう。まさに「悪貨は良貨を駆逐する」である。

　この経営姿勢、PRの考え方が、マーケティング理念のベクトルを決定づける。ただし、現在の自社がCSRやPRを意識していなくても、日本企業全体としてのベクトルは社会貢献へと向かっている。だからマーケティング理念を考える時には、すべての企業において社会貢献をその目標とすべきであり、PRがその最大の枠組みとなる。

　環境保全であれば「マーケティングを実行するうえで、社会に迷惑をかけてはならない」ではなく「地球の環境を守るために、どんなマーケティングをとることができるのか」がマーケティング理念であり、それが企業のプライド、インテグリティ、格を生む。

(3) ミッション

　企業経営におけるミッションとは、「企業のあるべき姿」を表現したものである。企業によってさまざまな名称を持つが、企業理念という表現がも

っともポピュラーである。ミッションは企業の原点であり、マーケティングとの関係で次の３つの意味を持つ。

❶マーケティングの領域と目標

ミッションは「その企業が社会の中でどのような使命（機能）を持っているか」を表わしたものであり、CSRの存在責任にあたるものである。例えば、私のクライアント企業であるコカ・コーラウエスト株式会社の企業理念は次のようなものである。

「飲料を通じて、価値ある『商品・サービス』を提供することで、お客様のハッピーで生き生きとしたライフスタイルと持続可能な社会の発展に貢献します。」

このミッションにより、コカ・コーラウエストのマーケティングの領域は「飲料」となる。つまり飲料マーケットにおいてマーケティングを行い、それを通じてお客様に「ハッピー」という付加価値を提供し、社会貢献するというものである。

ミッションは企業の社会的使命であり、事業の目的である。このミッションを"旗"として株主を集める（社会にハッピーをもたらす飲料事業に投資してほしい）とともに、この社会的使命を担う人たち（「飲料を通じて社会にハッピーを提供したい」と思っている人たち）が集まり、企業は社会の中でその事業のプロフェショナルとなっていく。

多くの企業において、ミッションはマーケティングに関することがその中心テーマであり、これをベースとしてマーケティング理念は組み立てられる。

❷マーケティングの判断基準

ミッションは、その企業におけるすべての事業活動の判断基準である。無論、マーケティングにおいても最大の判断基準である。コカ・コーラウエストであれば、マーケティング戦略を右か左か悩んでいるのなら、そのミ

ッションから「右と左のどちらがお客様へハッピーをもたらすか」と考える。どちらが儲かるか、どちらがライバル商品との差別化ができるかと考えるものではない。企業の業績より大切なものがミッションである。ミッションに理由（なぜハッピーか）などない。それが理念である。

❸マーケティング戦略のコア

ミッションはマーケティング戦略を考える時の出発点であり、そのコアとなるものである。コカ・コーラウエストであれば、マーケティング戦略において考えるのはお客様のライフスタイルであり、その評価基準はハッピーさであり、いかに持続可能な社会の発展に貢献できるかである。商品マーケティングのキーワードは付加価値であり、MCのキーワードはハッピーである。

2-2 マーケティング理念マップ

以上のことをベースとしてマーケティング理念を作成する。

マーケティング理念の要素（Marketing Factor：略してMF）は、イノベーション・マーケットビューで述べたように、商品、買い手（顧客）、売り手（競合など）、流通（直販の場合は不要。自社チャネルも含む）の4つである。

MFのうち、自社にとってもっとも重視すべき要素をKMF（Key Marketing Factor）とよび、以下重要な順に2MF、3MF、4MFとする。

マーケティング理念は、KMFを中心とした4つのMFおよびMF同士の関係を、図2-2のような理念マップにまとめる（図2-2はKMFが顧客のものである）。

書く項目は企業によって異なるが、☐、◯の中に書いてある項目が代表的なものである。（　）の中はその具体的な例である。

PARTⅡ：マーケティングフロー

図2-2 マーケティング理念マップのイメージ

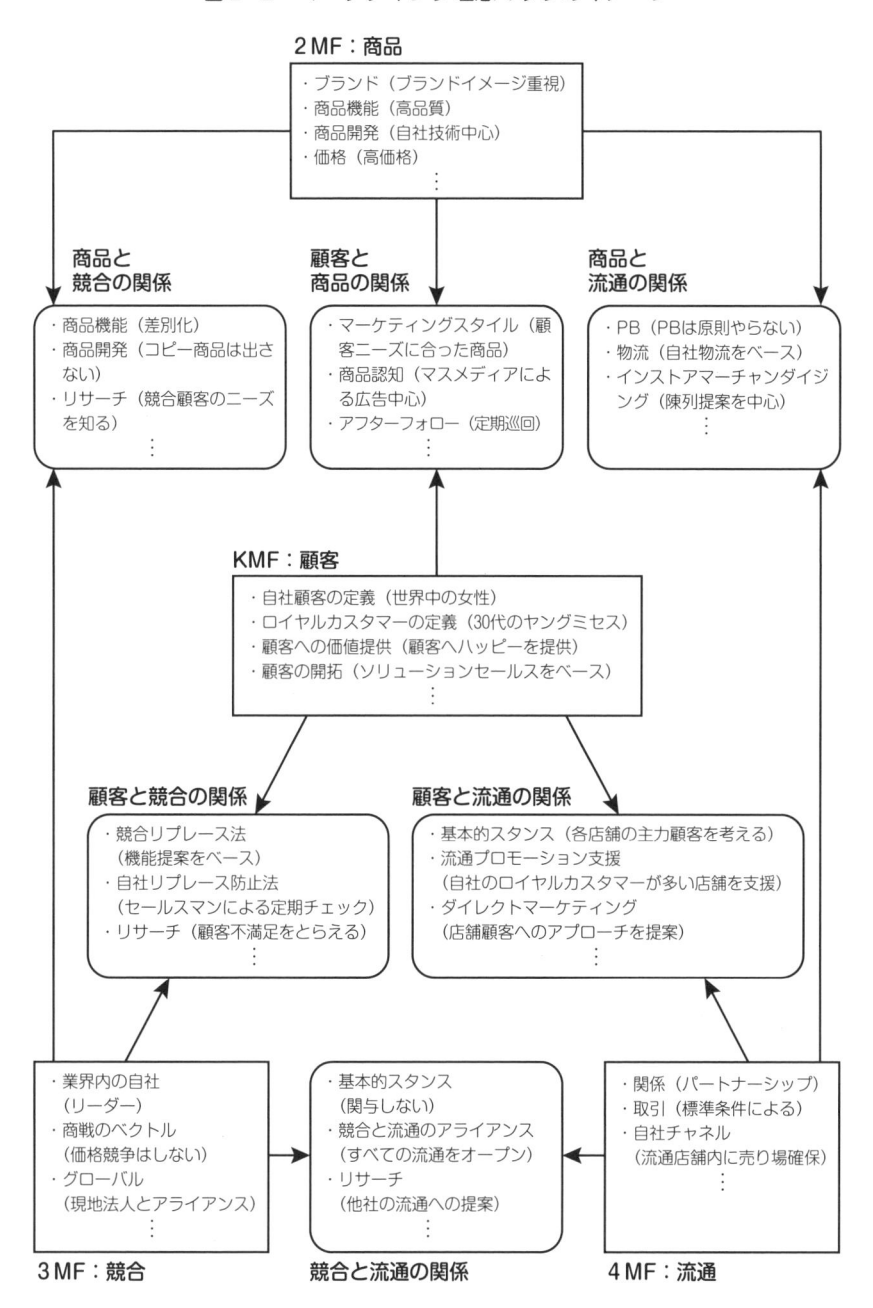

2MF：商品
- ブランド（ブランドイメージ重視）
- 商品機能（高品質）
- 商品開発（自社技術中心）
- 価格（高価格）
  ⋮

商品と競合の関係
- 商品機能（差別化）
- 商品開発（コピー商品は出さない）
- リサーチ（競合顧客のニーズを知る）
  ⋮

顧客と商品の関係
- マーケティングスタイル（顧客ニーズに合った商品）
- 商品認知（マスメディアによる広告中心）
- アフターフォロー（定期巡回）
  ⋮

商品と流通の関係
- PB（PBは原則やらない）
- 物流（自社物流をベース）
- インストアマーチャンダイジング（陳列提案を中心）
  ⋮

KMF：顧客
- 自社顧客の定義（世界中の女性）
- ロイヤルカスタマーの定義（30代のヤングミセス）
- 顧客への価値提供（顧客へハッピーを提供）
- 顧客の開拓（ソリューションセールスをベース）
  ⋮

顧客と競合の関係
- 競合リプレース法（機能提案をベース）
- 自社リプレース防止法（セールスマンによる定期チェック）
- リサーチ（顧客不満足をとらえる）
  ⋮

顧客と流通の関係
- 基本的スタンス（各店舗の主力顧客を考える）
- 流通プロモーション支援（自社のロイヤルカスタマーが多い店舗を支援）
- ダイレクトマーケティング（店舗顧客へのアプローチを提案）
  ⋮

3MF：競合
- 業界内の自社（リーダー）
- 商戦のベクトル（価格競争はしない）
- グローバル（現地法人とアライアンス）
  ⋮

競合と流通の関係
- 基本的スタンス（関与しない）
- 競合と流通のアライアンス（すべての流通をオープン）
- リサーチ（他社の流通への提案）
  ⋮

4MF：流通
- 関係（パートナーシップ）
- 取引（標準条件による）
- 自社チャネル（流通店舗内に売り場確保）
  ⋮

ある玩具メーカーを例として考えてみよう。このメーカーの企業理念は「おもちゃは頭の体操。だから私たちは新鮮でワクワク感のあるおもちゃをいつも考えています。私たちはおもちゃで、子供、若者、大人、シニアの各世代の生活に、刺激と楽しさを提供します」である。
　企業理念からKMFは商品となる。

図2-3　理念マップの例

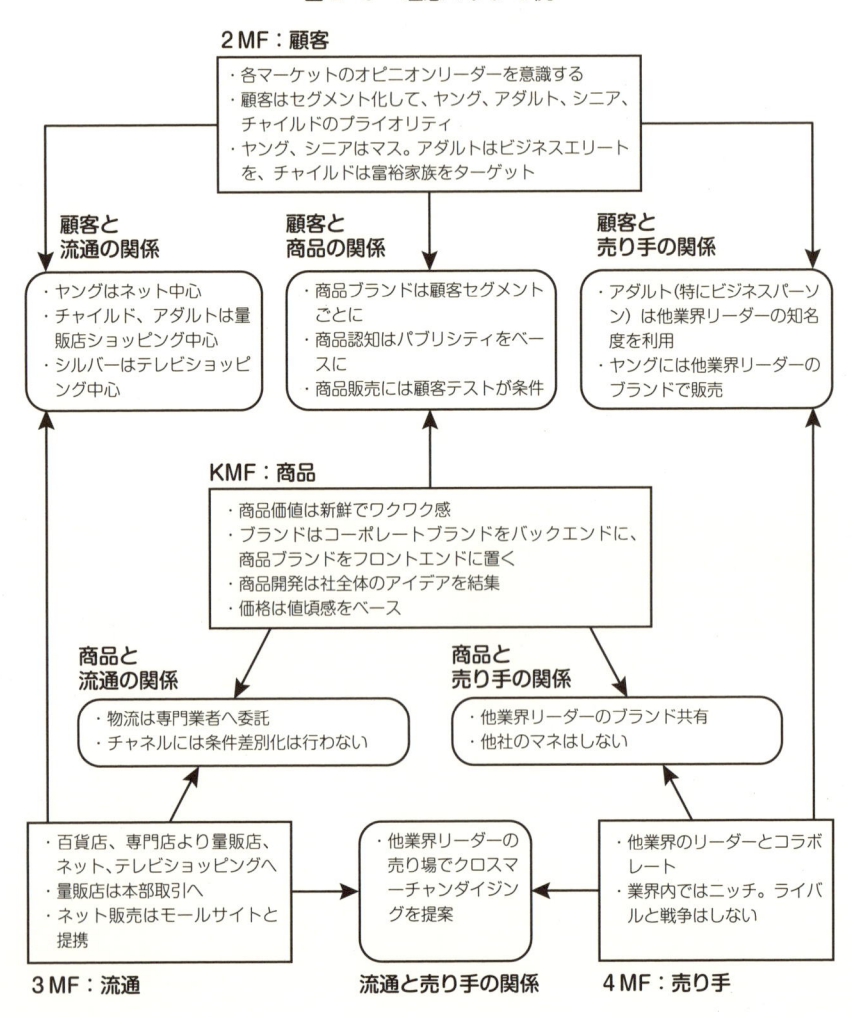

2MF：顧客
・各マーケットのオピニオンリーダーを意識する
・顧客はセグメント化して、ヤング、アダルト、シニア、チャイルドのプライオリティ
・ヤング、シニアはマス。アダルトはビジネスエリートを、チャイルドは富裕家族をターゲット

顧客と流通の関係
・ヤングはネット中心
・チャイルド、アダルトは量販店ショッピング中心
・シルバーはテレビショッピング中心

顧客と商品の関係
・商品ブランドは顧客セグメントごとに
・商品認知はパブリシティをベースに
・商品販売には顧客テストが条件

顧客と売り手の関係
・アダルト（特にビジネスパーソン）は他業界リーダーの知名度を利用
・ヤングには他業界リーダーのブランドで販売

KMF：商品
・商品価値は新鮮でワクワク感
・ブランドはコーポレートブランドをバックエンドに、商品ブランドをフロントエンドに置く
・商品開発は社全体のアイデアを結集
・価格は値頃感をベース

商品と流通の関係
・物流は専門業者へ委託
・チャネルには条件差別化は行わない

商品と売り手の関係
・他業界リーダーのブランド共有
・他社のマネはしない

3MF：流通
・百貨店、専門店より量販店、ネット、テレビショッピングへ
・量販店は本部取引へ
・ネット販売はモールサイトと提携

流通と売り手の関係
・他業界リーダーの売り場でクロスマーチャンダイジングを提案

4MF：売り手
・他業界のリーダーとコラボレート
・業界内ではニッチ。ライバルと戦争はしない

3. マーケットポートフォリオ

　マーケティング理念を固めたら、次のステップはマーケットポートフォリオを行う。

　ポートフォリオとは英語で「紙ばさみ」という意味だが、金融業界で「投資先の組み合わせを考えてバランスをとる」という意味で広く使われるようになった。その後、ボストンコンサルティンググループが「企業内の各商品（事業）への投資バランスを考える方法」としてPPM（Product Portfolio Management）というネーミングをした。この大ヒットで、ポートフォリオは一般企業でも広く使われる言葉になった。

　現代企業ではPPMよりももっと広い意味で、「ある要素についてバランスを考えること」をポートフォリオとよんでいる。

　多くの企業は複数のマーケットで事業を行っている。そして多くの場合、そのマーケットライフサイクルという「時代」が異なっている。したがってマーケティング戦略は、マーケットごとに考える必要がある。しかしその前に、複数マーケット間のバランス（どのマーケットを重要と考えるか…）を考えておく必要がある。これがマーケットポートフォリオである。PPMは商品（事業）を要素としてポートフォリオを考えるものだが、マーケットポートフォリオは、マーケット（商品、売り手、買い手、流通が存在している）を要素として考えるものである。

　ここでは、まずPPMについて解説することで、ポートフォリオの基本的な考え方を理解し、そのうえで本題のマーケットポートフォリオについて考えていくこととする。

3-1　PPM

　PPMとは、企業内の各商品または各事業（同一顧客、同一タイプの顧客に対して代替可能な商品群）に対して、どのようなバランスで投資していくか（どの商品、事業にカネをかけるか）を考えるものである。

(1) 前提

PPMでは、次の2つの仮説を前提にしている。

❶商品ライフサイクル

すべての商品（特定企業の商品ではなく、マーケット内にある代替可能な商品すべて）が図2-4のようなライフサイクルを取り、4つの時代に分かれることを前提にしている。"吹き出し"の内容は売り手から見たマーケットの状況である。

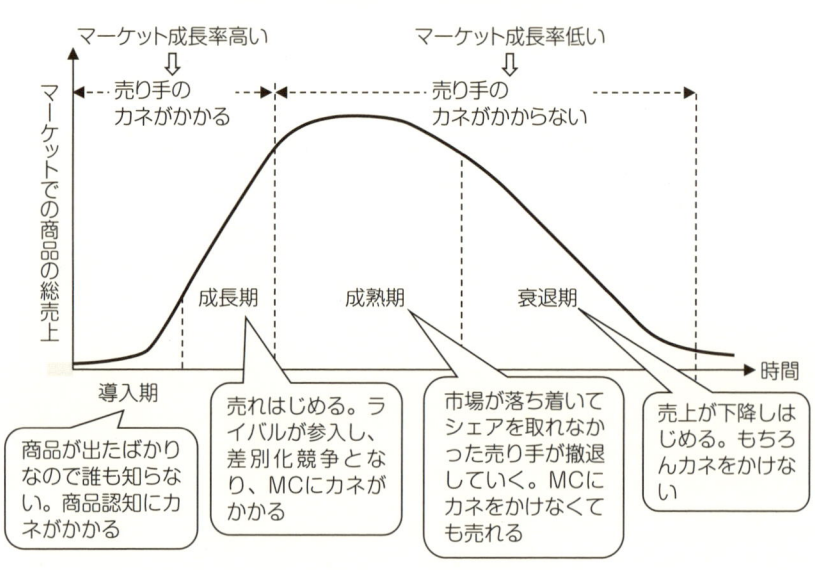

図2-4　商品ライフサイクルカーブ

（縦軸：マーケットでの商品の総売上／横軸：時間）

マーケット成長率高い → 売り手のカネがかかる
マーケット成長率低い → 売り手のカネがかからない

導入期：商品が出たばかりなので誰も知らない。商品認知にカネがかかる

成長期：売れはじめる。ライバルが参入し、差別化競争となり、MCにカネがかかる

成熟期：市場が落ち着いてシェアを取れなかった売り手が撤退していく。MCにカネをかけなくても売れる

衰退期：売上が下降しはじめる。もちろんカネをかけない

つまり売り手から見ると、「成長率が高い商品ライフサイクルの前半ではカネがかかり、成長率の低い後半になるとカネがかからなくなる」という仮説である。

❷習熟

何度も述べているが、累積の生産量（サービスならその実働量）に応じ

てコストダウン（作れば作るほど原価が下がる）していくというものである。つまり商品をたくさん作った（売った）売り手が極めて有利になるということである。

(2) 4分類

　PPMでは自社の商品（または事業＝「商品のグループ」）を図2-5のように、マーケット成長率と自社シェアで4つに分類する。これがポートフォリオ、つまり「紙ばさみで4つに束ねる」という意味である。

　時の流れは、先ほどのライフサイクルの前提によって上から下に向かうことになる。

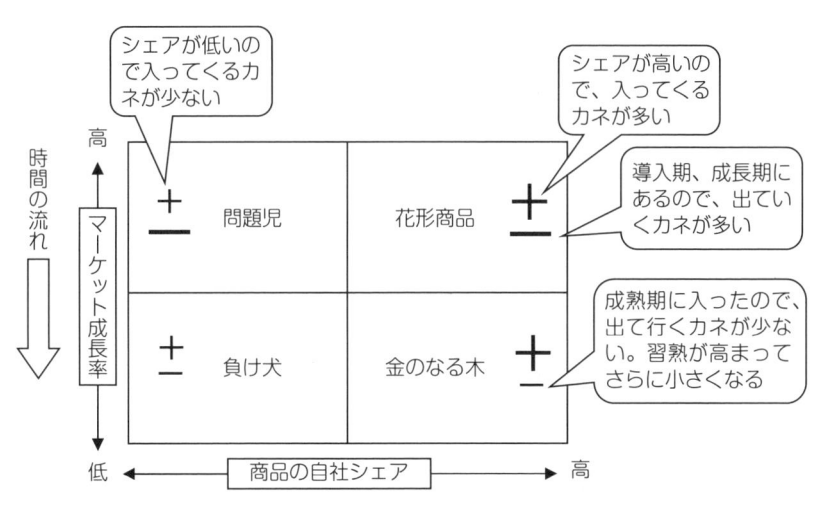

図2-5　PPMの4分類

	シェアが低い（問題児）	シェアが高い（花形商品）
マーケット成長率　高	問題児　＋／− （シェアが低いので入ってくるカネが少ない）	花形商品　＋／＋ （シェアが高いので、入ってくるカネが多い／導入期、成長期にあるので、出ていくカネが多い）
マーケット成長率　低	負け犬　＋／−	金のなる木　＋／＋ （成熟期に入ったので、出て行くカネが少ない。習熟が高まってさらに小さくなる）

商品の自社シェア　低←→高
時間の流れ　↓

- **問題児、負け犬**……シェアの低い商品は導入期、成長期では問題児となり、カネ（費用）はかかるがリターン（売上）が少ない、つまり利益の出ない商品となる。このまま時が進み、成熟期に入ると負け犬となる。
　負け犬は無論、撤退である。問題児はもっとカネをつぎ込んでシェアを取り、花形商品とするか、傷の浅いうちに撤退するかを決める。

- 花形商品……シェアが高く、導入期、成長期にある花形商品はカネはかかるがリターンもあるというものであり、カネをかけていく商品となる。この高シェアが続けば、いずれ成熟期に入り「金のなる木」になる。

　そこで花形商品は早くマーケットの成長を止めることを考える。マーケティングコストを投入してマーケットに残っているパイをすべて取り、マーケットを成熟期にさせて（86ページの「マーケット飽和」）、早く「金のなる木」にしてしまう。

- 金のなる木……成熟期に入って高シェアの取れたもの（＝「競争の勝利」）である。つまり競争の決着は成熟期につく。

　「金のなる木」はマーケティングコストをかける必要もなくなり、習熟によって商品原価は下がり、当社の利益を支える商品となる。しかしこの「金のなる木」もやがて衰退期となり死んでいく。

　ここでやるべきことは2つある。1つはこの成熟期の延命であり、主にクレームチェックなどのアフターサービスの強化が図られる。もう1つはここで稼いだカネを「次期金のなる木」つまり「花形商品」につぎ込んでいくことである。

3-2　マーケットポートフォリオの考え方

（1）枠組み

　マーケットポートフォリオは、自社が対応しているマーケットについて、そのバランスを考えるものである。

　まずは自社のマーケットをどのように分類するかを考える。マーケットは商品によって区分されるので、商品を分類するのとほぼ同じであり、「事業」という概念と一致することも多い。ただ1つ異なるのは、マーケットライフサイクルを意識することである。マーケット内のパワーバランスが同様であることがその条件である。

　そのうえでPPM同様に、2つの指標で4つに分けることを原則とする。つまり自社が接するマーケットを4つに分け、マーケットバランスを考え

るもので、図2-6のようなポジショニンググラフに表わす。

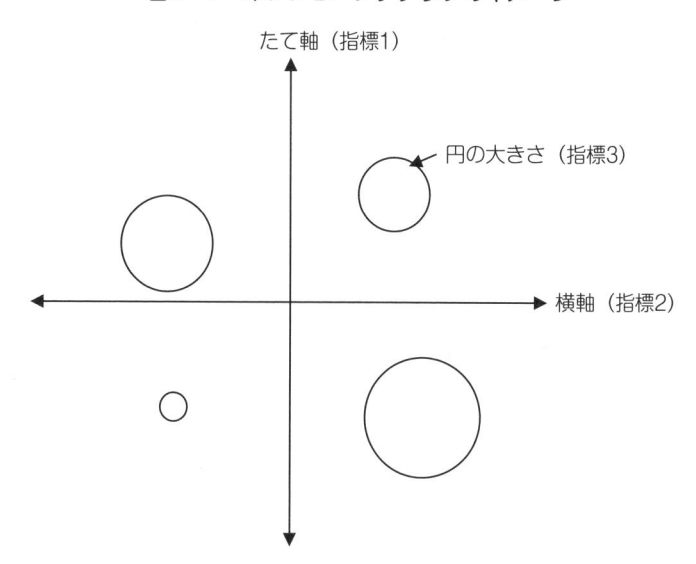

図2-6　ポジショニンググラフのイメージ

たて軸の「指標1」と横軸の「指標2」によって4つの領域をとり、マーケットを4分類する（＝ポートフォリオ）。このグラフではもう1つ「円の大きさ」という「指標3」を持つ。この3つをディメンジョンと表現する。このように3つのディメンジョンを持つグラフをポジショニンググラフ（位置を表わすグラフという意味）という。

このグラフはマーケティング戦略立案だけでなく、経営戦略立案のさまざまなシーンで用いられる基本的な手法である。

マーケットポートフォリオにおける指標は、次のようなものを基本とする。

❶指標1
⇒マーケットの状態⇒マーケットライフサイクル（マーケットの年齢）
「指標1」には、マーケットの「状態」を表わすものを使う。これはマー

ケットビューに依存しているが、マーケティング・イノベーションでは、そのビューにおいてマーケットライフサイクルを用いることを原則としている。PPMでは、たて軸に商品ライフサイクル（成長率）という形で商品に着目しているが、マーケットポートフォリオではマーケットライフサイクル、つまりマーケットの年齢を用いる。そのうえで次のように大きく2つの時代に分ける。

- **競争マーケット**……商品ガバナンス～流通ガバナンスまでの3つの時代であり、「変化していくマーケット」を指す。
- **カスタマーマーケット**……買い手中心となった「マーケットの最終形」を指す。

❷指標2
⇒自社のマーケットでの位置づけ⇒シェア

「指標2」は、「自社が当該マーケットでどのような位置にいるか」を表わす指標を用いる。さまざまなものが考えられるが、PPM同様にシェアを用いるのが基本といえる。PPMではこのシェアを「競争の結果」ととらえているが、ここでは自社（売り手）がマーケットでどのような位置づけにあるかを総体的にとらえるものとして用いる。つまり高シェアであれば、商品の多くはマーケットの中でリーダー的な位置づけであり、買い手からブランドロイヤルティを得たものといえる。

このシェアは厳密な数字で表わされる必要はなく、マーケットの中で自社を「どう位置づけるか」というビューであり「意見」と表現してもよい。企業によってはシェアが不適切と考えるなら、「リーダー⇔ニッチ」、自社内の売上構成比といったものでもよい。

❸マーケットポートフォリオ

「指標1」と「指標2」でマーケットを図2-7のように4分類する。

図2-7　マーケットの分類

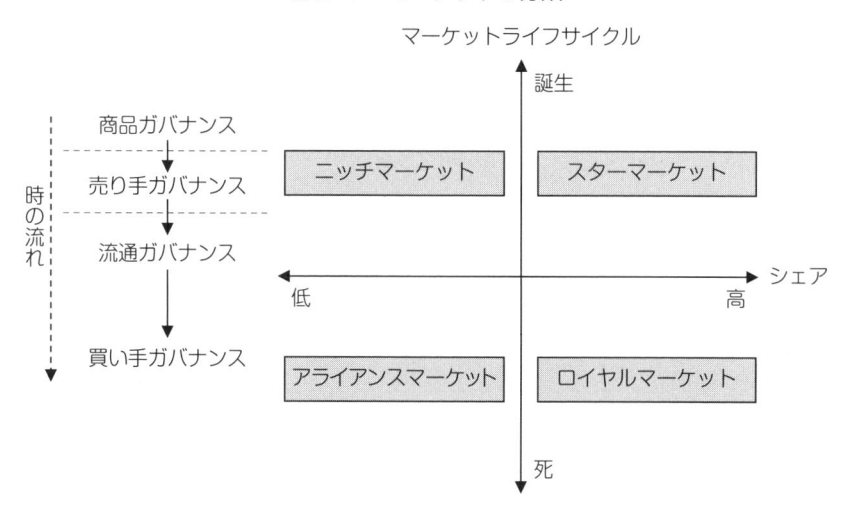

```
                      マーケットライフサイクル
                              ↑
                              誕生
 商品ガバナンス  ┊
時 売り手ガバナンス┊    ニッチマーケット    スターマーケット
の ━━━━━━━━
流 流通ガバナンス  ┊                                   → シェア
れ      ↓       ┊    低                      高
 買い手ガバナンス ┊    アライアンスマーケット  ロイヤルマーケット
                              死
                              ↓
```

　そのうえで指標のとり方によって、4つのポートフォリオにネーミングをする。例えば、図2-7のような"感じ"である。

- **スターマーケット**……マーケットが競争状態にあって、高シェアを取っているもの。戦争中で、自社が有利な状況。
- **ロイヤルマーケット**……マーケットが買い手ガバナンスとなり、最終的に高シェアを取れたもの。終戦し、ロイヤルカスタマーをつかんでいる。
- **ニッチマーケット**……マーケットが競争状態で、シェアを取りきれていないもの。戦争中で、自社が不利な状況。
- **アライアンスマーケット**……マーケットが買い手ガバナンスとなり、シェアを取っていないもの。終戦し、ロイヤルカスタマーをつかみきれていない。高シェアの他社と手を握っていくのが基本。

❹指標3
⇒マーケットポートフォリオの目的

　「指標3」の「円の大きさ」は、マーケットポートフォリオを行う"目的"となるものを用いる。基本的には「マーケティング資源の配分」を第一目

的とする。つまりPPM同様に、どのマーケットへ「ヒト、カネをかけるか」である。マーケットコスト、セールスマンの人数（セールス中心の販売の時）、プロモーションコスト（流通中心の販売の時。テレビコマーシャル、リベートといったMC）などを選択する。

❺ポジショニンググラフの例

　具体的な例として、加工食品、冷凍食品、弁当・パン、飲料、直営レストランを事業領域とする食品メーカーで考えてみよう。この5つの事業のマーケットについて、指標1をマーケットライフサイクル、指標2をシェア、指標3を各マーケットにかかるコストとしてポジショニンググラフを作ってみると、図2-8のようになる。

図2-8　ポジショニンググラフの例

（縦軸：マーケットライフサイクル　誕生／死、横軸：シェア　低／高）

- 左上：ニッチマーケット（弁当・パン、飲料）
- 右上：スターマーケット（加工食品）
- 左下：アライアンスマーケット（レストラン）
- 右下：ロイヤルマーケット（冷凍食品）

円の大きさ…マーケティングコスト

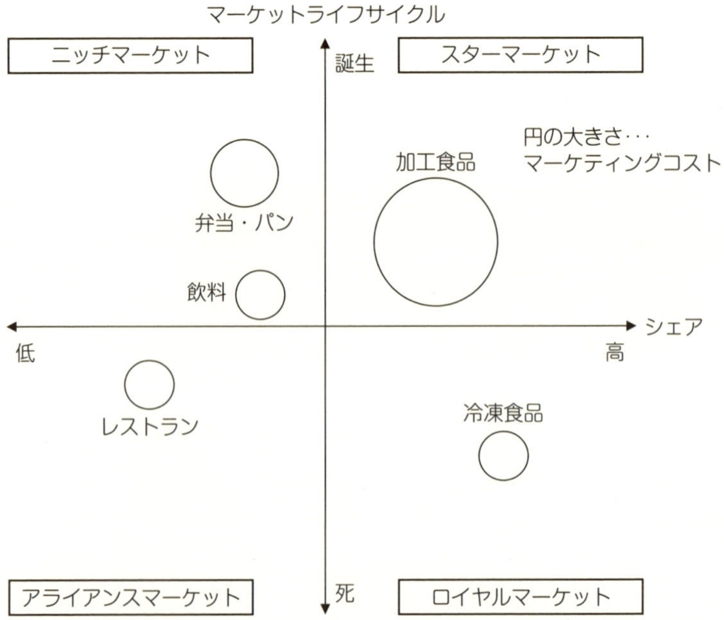

(2) マーケティングベクトル

マーケットポートフォリオでは、ポジショニンググラフを使ってマーケットごとの基本的なマーケティングベクトルを考える。

マーケティングベクトルは、自然ベクトル、マーケット戦略ベクトル、資源戦略ベクトルの3つから成る。

図2-9　マーケティングベクトルの分類

- 自然ベクトル……　マーケットに時とともに、どのような"動き"が生まれるか。
- 戦略ベクトル
  - マーケット戦略ベクトル……　マーケットをどのように動かしたいか。
  - 資源戦略ベクトル……　マーケット戦略ベクトルのために、どのようにマーケティング資源を動かすか。

❶自然ベクトル

例えば、上述の食品メーカーの加工食品マーケットで考えてみよう。ここで時の流れは下へ向かうはずである。つまり誕生⇒商品ガバナンス⇒売り手ガバナンス⇒流通ガバナンス⇒買い手ガバナンス⇒死へと向かっていく。

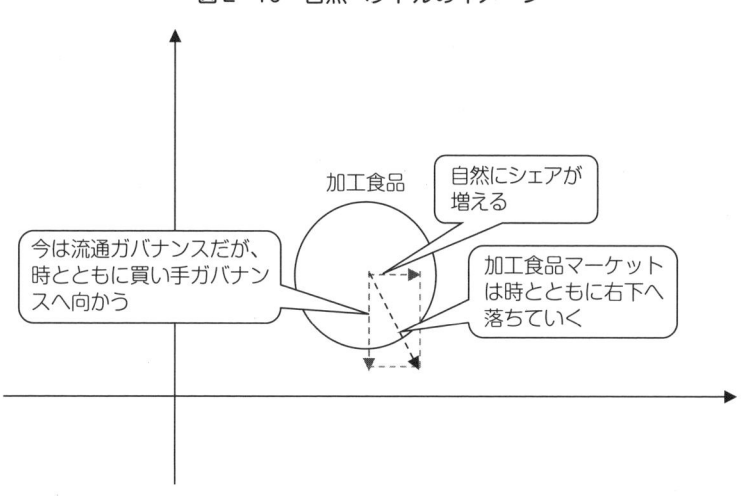

図2-10　自然ベクトルのイメージ

加工食品

- 自然にシェアが増える
- 今は流通ガバナンスだが、時とともに買い手ガバナンスへ向かう
- 加工食品マーケットは時とともに右下へ落ちていく

だから加工食品マーケットには、下向きのベクトルが働く。矢印の長さはそのスピードを表わす。これをマーケットビューから推測する。

また高シェアを取っている加工食品事業は、他社に比べ有利な戦いができるので右方向にもベクトルが働く。

この2つのベクトルが重なって図2-10のように右下方向へ加工食品は動いていくはずである。この動かす力を自然ベクトルという。

全マーケットについて自然ベクトルを入れてみると、図2-11のようになる。

図2-11　自然ベクトルの例

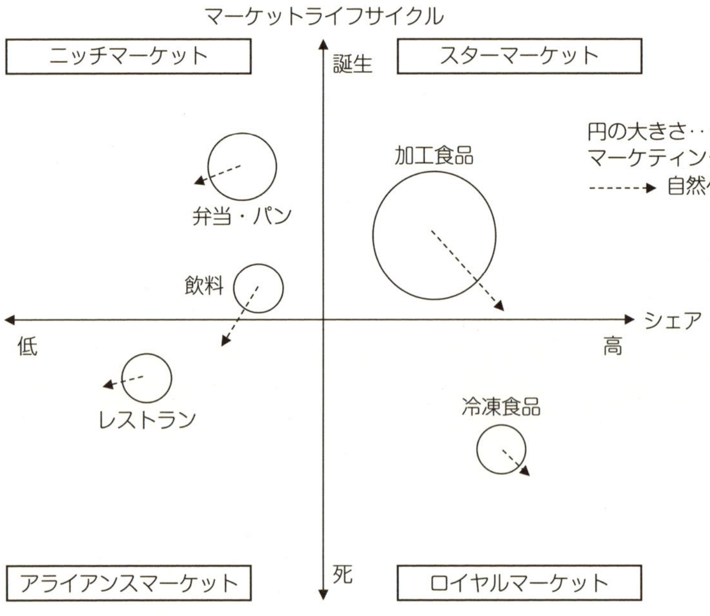

```
                マーケットライフサイクル
                        ↑
  ┌──────────────┐  誕生  ┌──────────────┐
  │ ニッチマーケット │      │ スターマーケット │
  └──────────────┘      └──────────────┘

                                      円の大きさ…
                                      マーケティングコスト
                ○  加工食品           ------→ 自然ベクトル
        弁当・パン
         ○
        飲料
         ○              
  低 ←─────────────┼─────────────→ 高　シェア
         ○
       レストラン
                              ○
                            冷凍食品

  ┌──────────────┐  死   ┌──────────────┐
  │ アライアンスマーケット │  │ ロイヤルマーケット │
  └──────────────┘      └──────────────┘
```

❷ マーケット戦略ベクトル

マーケット戦略ベクトルとは、そのマーケットを「どこへ動かしたいか」という売り手としての"意思"である。

(ⅰ) スターマーケット

　加工食品のようなスターマーケットは、2つの選択肢がある。1つは戦争中なのでこの戦いに勝って、早くさらなる高シェアを獲得することである。この戦略は図2-12のような実線のベクトルで表現される。

図2-12　マーケット戦略ベクトルの例（高シェア獲得）

円の大きさ…マーケティングコスト
------▶ 自然ベクトル
――――▶ マーケット戦略ベクトル

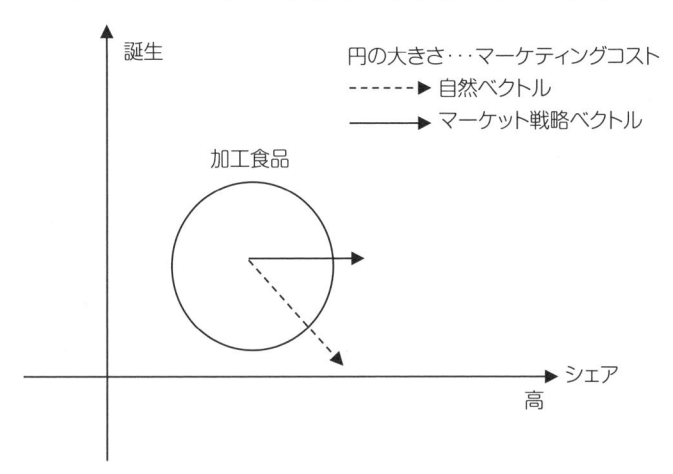

図2-13　マーケット戦略ベクトルの例（戦争終了）

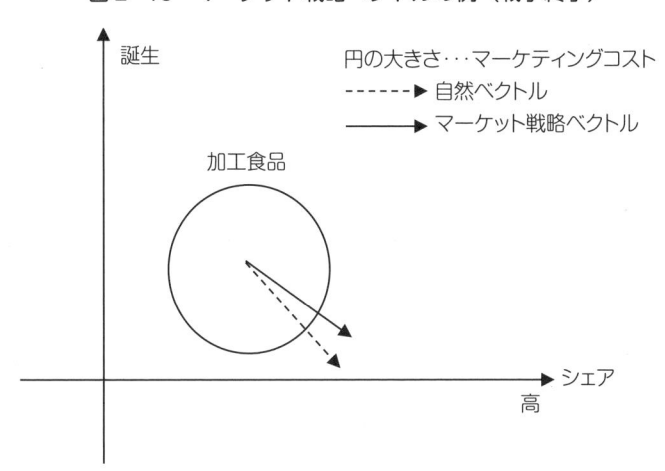

円の大きさ…マーケティングコスト
------▶ 自然ベクトル
――――▶ マーケット戦略ベクトル

もう１つはシェアアップは無論狙うが、それよりも早く戦争を終了させ、買い手ガバナンスマーケットへスピードアップして移行させることである。マーケット飽和、他社との合併、アライアンスといったものである。これは図２-13のようなベクトルで表現される。これによって加工食品マーケットには２つのベクトルが働き、加速度的に斜め下へと向かっていくことになる。

（ⅱ）ロイヤルマーケット

　冷凍食品のようなロイヤルマーケットでは、主に延命策が講じられる。ロイヤルカスタマーをフォローし、彼らの不満、飽きを取り除いていくことである。

　このままでは死へと向かっていくマーケットを維持していくものである。つまり上向きのマーケット戦略ベクトルを働かせることである。

図２-14　マーケット戦略ベクトルの例（延命策）

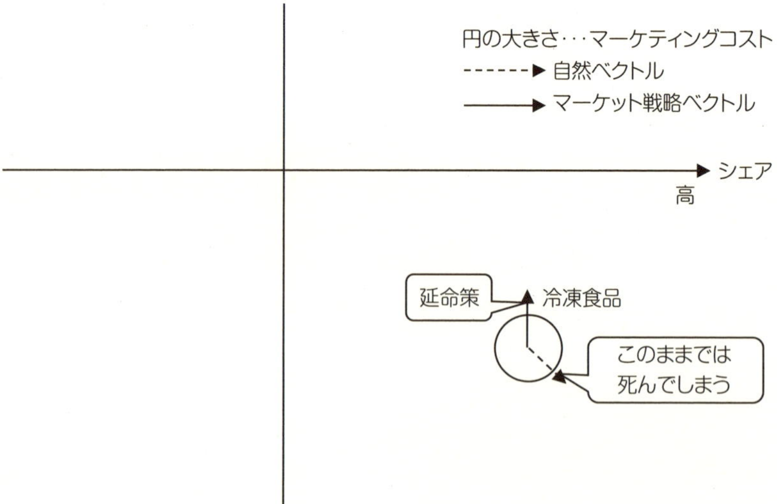

(ⅲ) アライアンスマーケット

レストランのようなアライアンスマーケットでは、主に3つの手が考えられる。1つには高シェアの企業と手を握ること、つまりアライアンスであり、それによってシナジーを受けるものである。

2つ目は事業売却などによる撤退である。

3つ目はこのまま何とかビジネスを安定させることである。

ここでアライアンス戦略をとると、図2-15のようになる。

図2-15　マーケット戦略ベクトルの例（アライアンス戦略）

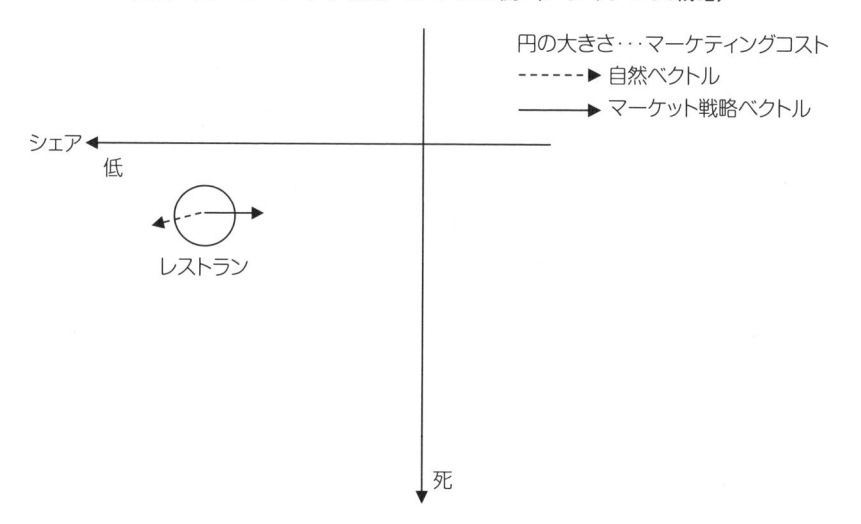

(ⅳ) ニッチマーケット

弁当・パン、飲料のようなニッチマーケットは、2つのベクトルが考えられる。1つはカネをかけて戦い、シェアを獲得することである。

2つ目は早く買い手ガバナンスにして終戦させてしまうことである。そのための典型的スタイルは、アライアンスによる戦争の終結である。

弁当・パンには前者、飲料には後者をとると図2-16のようになる。

図2-16　マーケット戦略ベクトルの例（ニッチマーケット）

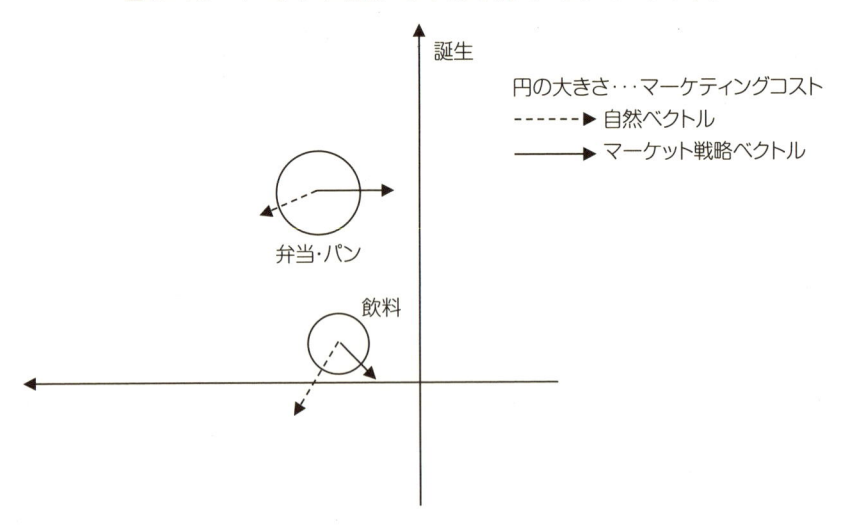

円の大きさ…マーケティングコスト
------▶ 自然ベクトル
――――▶ マーケット戦略ベクトル

弁当・パン
飲料

❸資源戦略ベクトル

　カネやヒトという経営資源（その企業が持っている財産）を、各マーケットにどのように分配していくかを資源戦略という。これはマーケット戦略のパターンによって自ずと決まってくる。この「意思」は、円の大きさ（マーケティングコスト）を動かすベクトルとなる。これを資源戦略ベクトルという。

　例えば加工食品マーケットは終戦を図ることで、マーケティングコストを落としていく（プロモーションをかけない、セールスマンの人数を減らす…）のであれば図2-17のようになる。

図2-17　資源戦略ベクトルのイメージ

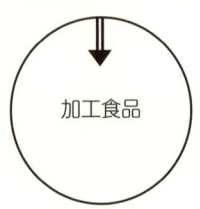

加工食品

これを、各マーケットについて考えて表現すると、図2-18のようになる。

図2-18 マーケットポートフォリオの例

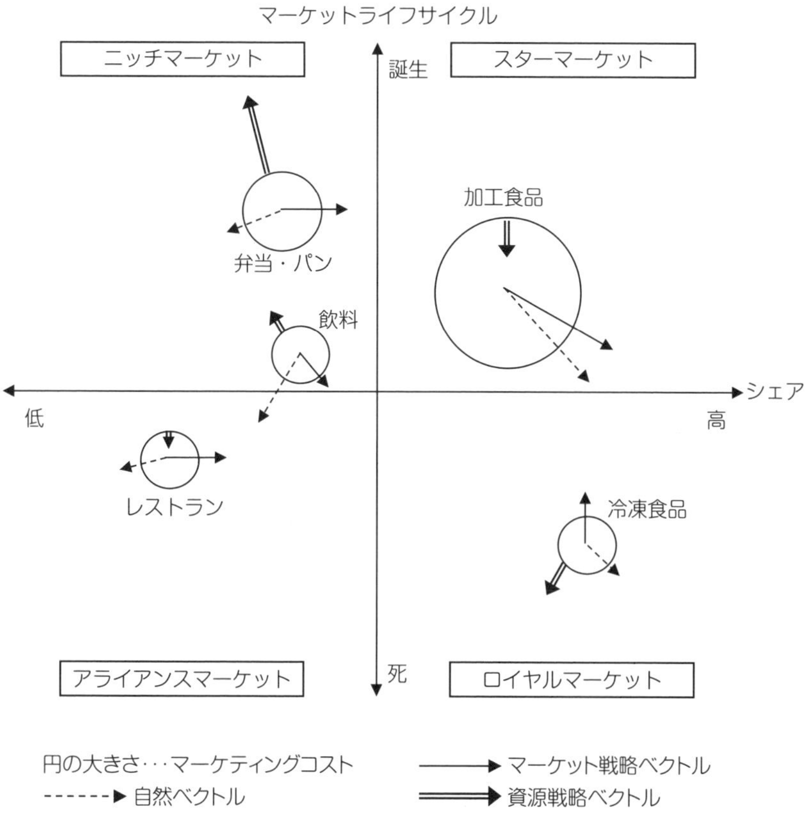

```
                    マーケットライフサイクル
                          ↑誕生
        ニッチマーケット  │  スターマーケット

                          │       加工食品
              弁当・パン   │
                          │
                    飲料  │
  低 ←──────────────────┼──────────────────→ シェア
                          │                    高
           レストラン     │
                          │        冷凍食品
                          │
       アライアンスマーケット │  ロイヤルマーケット
                          ↓死
```

円の大きさ…マーケティングコスト　　──→ マーケット戦略ベクトル
------▶ 自然ベクトル　　　　　　　　⇒ 資源戦略ベクトル

4．マーケットビジョン

ここから先は、自社の各マーケットごとに進めていく。

(1) SWOT分析のカスタマイズ

まずはマーケットにおけるビジョンを考える。

マーケットビジョンとは、マーケット理念に基づいて描かれる「そのマ

ーケットにおける自社の将来展望」である。マーケットビジョンは当該マーケットにおける自社の夢であり、もっともうまくいったシーン、つまりサクセスシーンである。

このビジョン作成には、SWOT分析というものを用いる。

SWOT分析は、かなり以前から使われてきた経営戦略立案ツールであるが、これから述べるような形にカスタマイズして、マーケットビジョン作成に用いる。

マーケットビジョンにおけるSWOT分析とは、図2-19のようなマトリクス図を作ることをいう。自社が当該マーケットに対して用いる経営資源を、「強み」（Strength）と「弱み」（Weakness）に分け、当該マーケットの環境（自社以外の商品、売り手、流通、買い手）を「機会」（Opportunity）と「脅威」（Threat）に分けて記述するものである。

図2-19　SWOT分析のイメージ

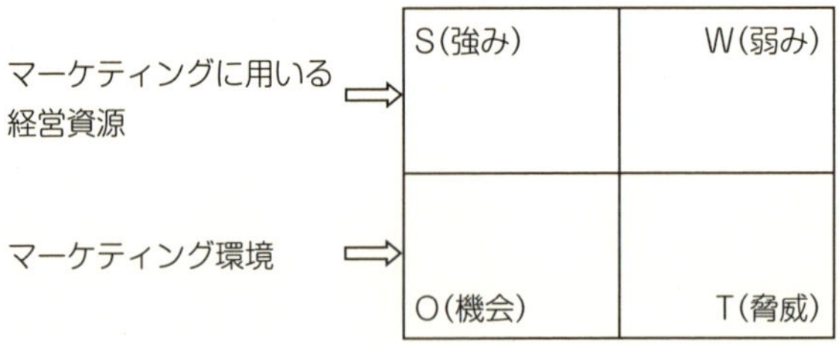

	S（強み）	W（弱み）
マーケティングに用いる経営資源 →		
マーケティング環境 →		
	O（機会）	T（脅威）

(2) CSF

「強み」の中で「他にはまねのできないもの」「自社が胸を張れるもの」、つまり「自社のコアとなる財産」をコアコンピタンスという。一方、「機会」の中で「もっとも夢のある、もっとも期待したいもの」をコアチャンスという。

コアコンピタンスとコアチャンスが結びついたシーンをCSF（Critical Success Factor：主要成功要因）という。つまり「夢が実現するシーン」のことである。

これにCSFという表現を用いるのは必ずしも適切とは思わないが、従来からビジョンのコアとなるものをCSFとよんでいるため、本書もこれに従う。

CSFはCritical Strategic Factor（主要戦略的要因）を表わしていた。「戦争に勝つ要因」という意味であるが、特に買い手ガバナンスマーケットではこれがそぐわないので、StrategicをSuccessと置き換えている。

そのうえで、W（弱み）、T（脅威）をCSFの夢を妨げる要因と見る。CSFを実現するために、自社の経営資源の弱みを補い、リスク（脅威よりこの表現の方がぴったりである）を抑えるというものである。

このS、W、O、Tを要素として、各々、CSFを実現するための戦略を考える。

このSWOTからCSFを導いていくステップをマーケットビジョンという。

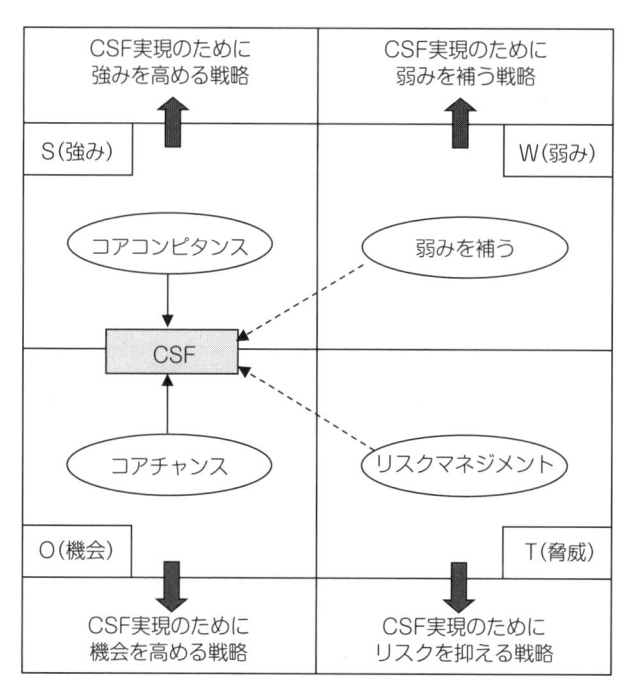

図2-20　CSF

```
┌─────────────────────────┬─────────────────────────┐
│ CSF実現のために         │ CSF実現のために         │
│ 強みを高める戦略        │ 弱みを補う戦略          │
│         ↑               │         ↑               │
│ S(強み)                 │              W(弱み)    │
│                         │                         │
│  (コアコンピタンス)      │   (弱みを補う)          │
│         ↓               │         ╲               │
│        [CSF] ←──────────────────                   │
│         ↑               │         ╱               │
│  (コアチャンス)          │   (リスクマネジメント)  │
│                         │                         │
│ O(機会)                 │              T(脅威)    │
│         ↓               │         ↓               │
│ CSF実現のために         │ CSF実現のために         │
│ 機会を高める戦略        │ リスクを抑える戦略      │
└─────────────────────────┴─────────────────────────┘
```

(3) マーケットビジョンのステップ

　マーケットビジョンの作成は、必ず図2-21のステップにて行う。「強み」⇒「弱み」⇒「機会」⇒「脅威」と進めていってはならない。ライバルに対して自社の資源を分析しているのではなく、そのマーケットにおける夢を創るためにコアコンピタンス、コアチャンスを見つけていくのである。

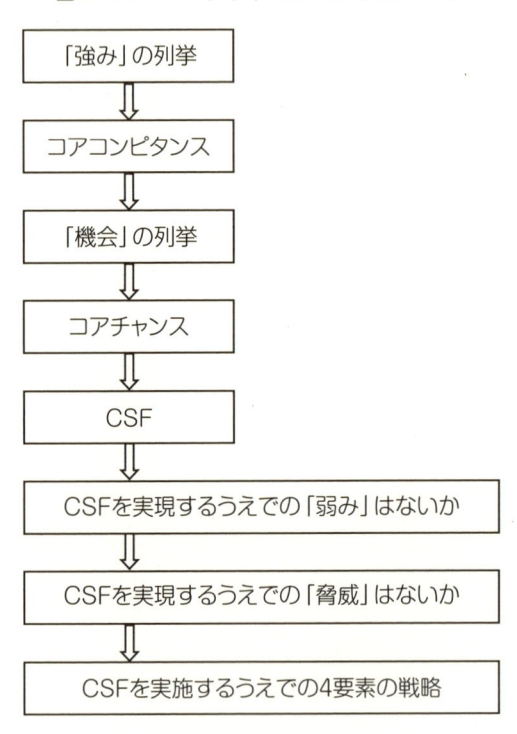

図2-21　マーケットビジョンのステップ

```
┌─────────────────┐
│　「強み」の列挙　│
└────────┬────────┘
　　　　　⇩
┌─────────────────┐
│　コアコンピタンス　│
└────────┬────────┘
　　　　　⇩
┌─────────────────┐
│　「機会」の列挙　│
└────────┬────────┘
　　　　　⇩
┌─────────────────┐
│　コアチャンス　│
└────────┬────────┘
　　　　　⇩
┌─────────────────┐
│　CSF　│
└────────┬────────┘
　　　　　⇩
┌──────────────────────────────┐
│ CSFを実現するうえでの「弱み」はないか │
└────────┬─────────────────────┘
　　　　　⇩
┌──────────────────────────────┐
│ CSFを実現するうえでの「脅威」はないか │
└────────┬─────────────────────┘
　　　　　⇩
┌──────────────────────────────┐
│ CSFを実施するうえでの4要素の戦略 │
└──────────────────────────────┘
```

　先ほどの食品メーカーの加工食品マーケットのビジョンを例として、図2-22に挙げておく。

図2-22 マーケットビジョンの例

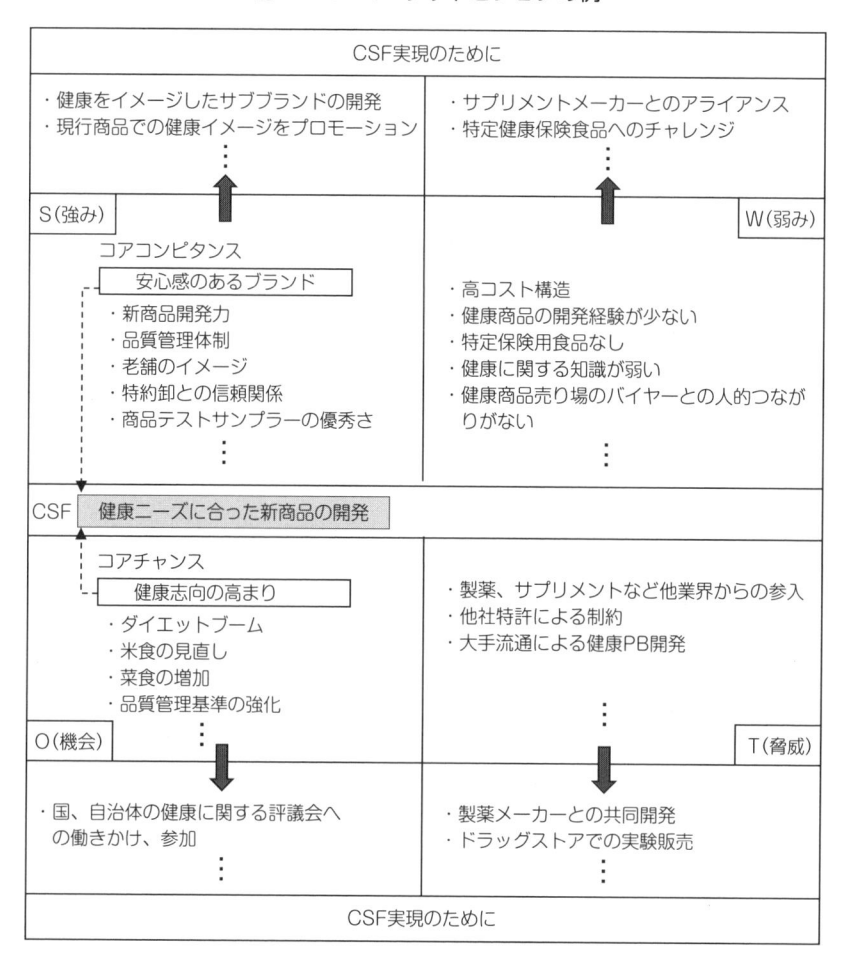

```
┌─────────────────────────────────────────────────────────────┐
│                      CSF実現のために                          │
├──────────────────────────────┬──────────────────────────────┤
│・健康をイメージしたサブブランドの開発 │・サプリメントメーカーとのアライアンス │
│・現行商品での健康イメージをプロモーション│・特定健康保険食品へのチャレンジ    │
│            ↑                 │            ↑                 │
├─S(強み)──────────────────────┼──────────────────────W(弱み)─┤
│   コアコンピタンス              │・高コスト構造                  │
│   ┌安心感のあるブランド┐        │・健康商品の開発経験が少ない      │
│   └─────────────────┘        │・特定保険用食品なし             │
│    ・新商品開発力              │・健康に関する知識が弱い          │
│    ・品質管理体制              │・健康商品売り場のバイヤーとの人的つなが│
│    ・老舗のイメージ             │ りがない                      │
│    ・特約卸との信頼関係         │   ⋮                          │
│    ・商品テストサンプラーの優秀さ │                              │
│      ⋮                        │                              │
├──────────────────────────────┴──────────────────────────────┤
│ CSF  │健康ニーズに合った新商品の開発│                            │
├──────────────────────────────┬──────────────────────────────┤
│   コアチャンス                  │・製薬、サプリメントなど他業界からの参入│
│   ┌健康志向の高まり┐            │・他社特許による制約             │
│   └──────────────┘            │・大手流通による健康PB開発        │
│    ・ダイエットブーム            │                              │
│    ・米食の見直し              │                              │
│    ・菜食の増加                │                              │
│    ・品質管理基準の強化         │                              │
├─O(機会)──────────────────────┼──────────────────────T(脅威)─┤
│            ↓                 │            ↓                 │
│・国、自治体の健康に関する評議会へ │・製薬メーカーとの共同開発       │
│ の働きかけ、参加               │・ドラッグストアでの実験販売      │
│   ⋮                          │   ⋮                          │
├──────────────────────────────┴──────────────────────────────┤
│                      CSF実現のために                          │
└─────────────────────────────────────────────────────────────┘
```

5．マーケットアプローチ

5-1 マーケットアプローチのフロー

　マーケットビジョンを作ったら、次はそのマーケットへの具体的なアプローチ法を考える。マーケットアプローチでは、マーケティング理念マッ

プ⇒マーケットポートフォリオというフローを逆にして、MFポートフォリオ（各マーケット要素ごとのバランスを見る）⇒マーケット戦略マップと進めていく。そのうえでマーケティング理念マップとマーケット戦略マップ、マーケットポートフォリオとMFポートフォリオの整合性を考える。

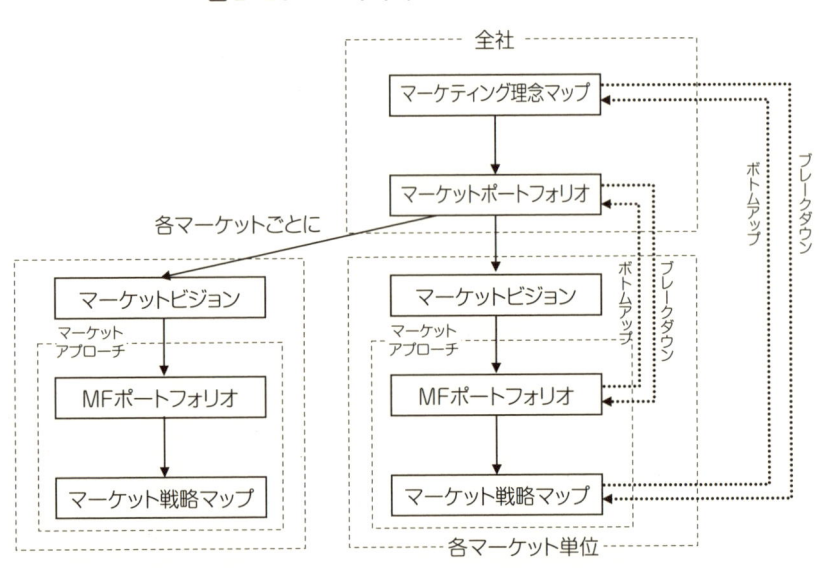

図2-23　マーケットアプローチのフロー

5-2　MFポートフォリオ

　ここではポートフォリオを、商品、売り手、流通、買い手の4つのMF単位に、KMFから順にそれぞれ行っていく。

　たて軸、横軸、円の大きさというポートフォリオのディメンジョンについては、マーケティング理念マップに基づいて決めていく。

　例えば120ページの玩具メーカーで考えてみよう。マーケットはヤング、アダルト、シニア、チャイルドの4つに分類される。ここではヤングマーケットで考える。

　当社のKMFは商品なので、MFポートフォリオは商品からスタートする。

PART Ⅱ：マーケティングフロー

　商品ポートフォリオを作るには、ヤングマーケットにおける商品を3～7くらいに分類する。例えば携帯向け商品、PC向け商品、パーティ商品、ビジネスゲームといったものである。
　ディメンジョンはマーケティング理念マップから、商品価値（斬新さ、ワクワク感）と価格（値頃感より高いか、低いか）、円の大きさは当社の売上とする。

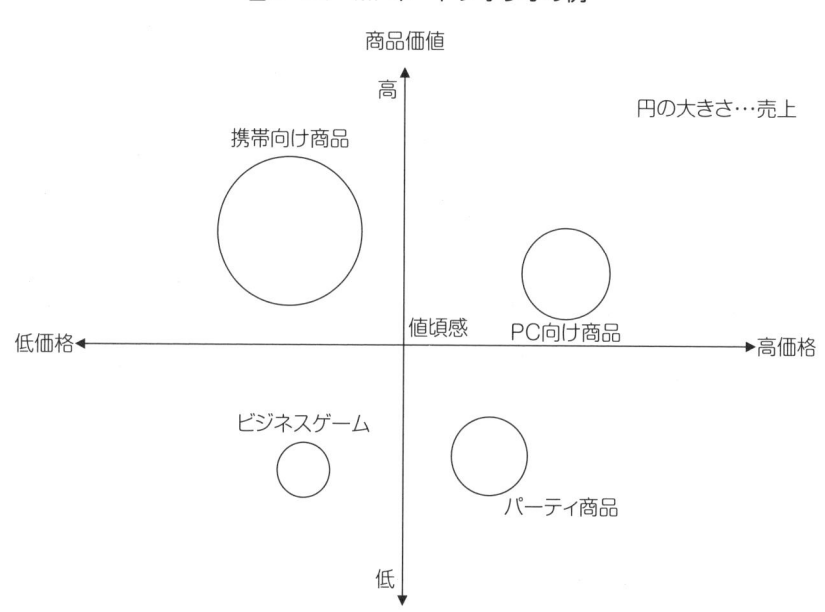

図2-24　MFポートフォリオの例

（ポジショニンググラフ：縦軸「商品価値（高/低）」、横軸「低価格／値頃感／高価格」。円の大きさ…売上。携帯向け商品＝左上・大。PC向け商品＝右上・中。ビジネスゲーム＝左下・小。パーティ商品＝右下・中。）

　図2-24のポジショニンググラフを使って、商品戦略のベクトルを考える。
- **携帯向け商品**……ワクワク感を高めることで、商品価値のさらなる向上を目指し、新バージョンはハイプライス商品とする。
- **PC向け商品**……商品機能を基本とオプションの2つに分け、基本機能は実質的なプライスダウンとし、販売ボリュームのアップを図る。オプション機能は段階的な機能アップを可能とする。
- **パーティ商品**……商品価値は思い切った斬新さを目指し、「えっ」と思う

141

ような商品とする。これをマスメディア、ネットを使ってブームをよぶようにプロモーションを図り、ヒット商品に育てる。
- **ビジネスゲーム**……現行商品はネットビジネスでの売り切りのみとして、新商品開発は行わず、実質的には撤退する。

この商品戦略をベクトルで表わすと、図2-25のようになる。

図2-25　商品戦略のベクトル

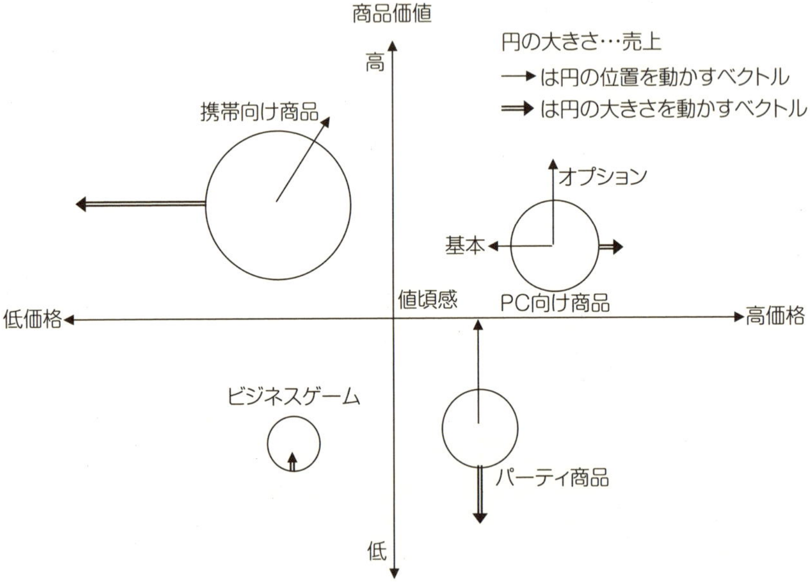

さらには2MF、3MF、4MFについてもポートフォリオを考える。

例えば、この玩具メーカーのヤングマーケットについて、2MFである顧客でもやってみよう。

顧客を学生（16～22歳）とビジネスパーソン（23～30歳）および男女で4つに区分する。そのうえでマーケティング理念の「オピニオンリーダーを意識する」を考慮して、横軸をオピニオンリーダーの影響力、たて軸をマーケット飽和のスピードの2つとし、円の大きさをユーザー数とする。

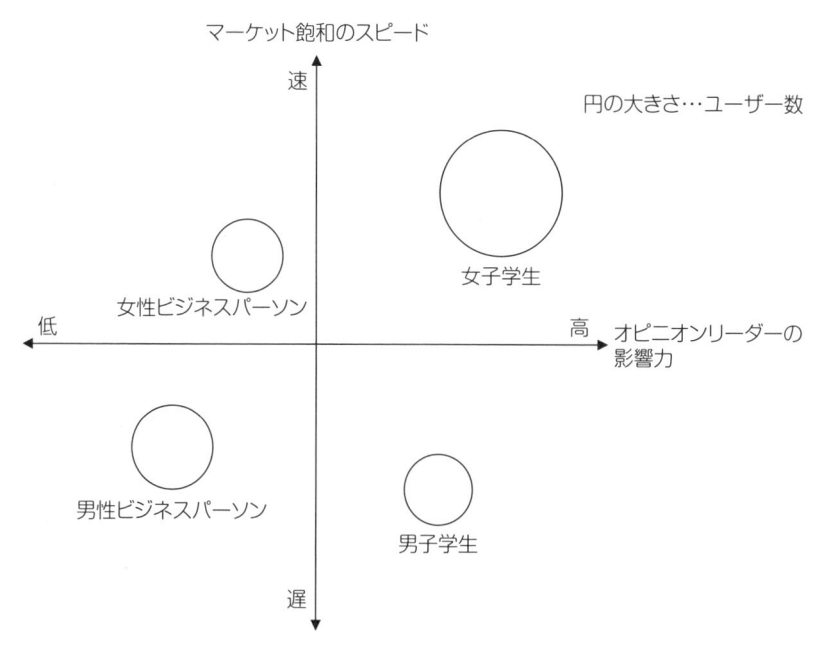

図2-26　MFポートフォリオの例（顧客）

縦軸：マーケット飽和のスピード（速／遅）
横軸：オピニオンリーダーの影響力（低／高）
円の大きさ…ユーザー数

- 女子学生：右上（影響力 高、飽和スピード 速）大きい円
- 女性ビジネスパーソン：左上（影響力 低、飽和スピード 速）
- 男性ビジネスパーソン：左下（影響力 低、飽和スピード 遅）
- 男子学生：右下寄り（影響力 やや高、飽和スピード 遅）

　このポジショニンググラフを見て、顧客戦略のベクトルを考える。

- **女子学生**……携帯ゲームなど試作品をオピニオンリーダーに提供し、改良したうえでリリースする。アーリーユーザー、フォロワーと段階的にリリースしていくことで浸透度を高め、ユーザー数を拡大する。
- **男子学生**……サッカー、プロ野球などスポーツ選手を、スポーツゲームのオピニオンリーダーとし、その影響力を高めるとともに、マーケット飽和のスピードを上げ、参入障壁を作る。
- **女性ビジネスパーソン**……オピニオンリーダーが分散していることが多いので、むしろ影響力を弱め、マーケット飽和のスピードを上げるべく、低価格戦略で浸透させる。
- **男性ビジネスパーソン**……思い切って20代前半をターゲット（入社1～3年目）に絞り、20代後半にはプロモーションしない。ビジネス志向、レジャー志向にセグメント化し、それぞれのオピニオンリーダーを育て

る。出版社などと提携してカリスマを作る。

　これをベースとして顧客戦略のベクトルをグラフに入れてみると、図2-27のようになる。

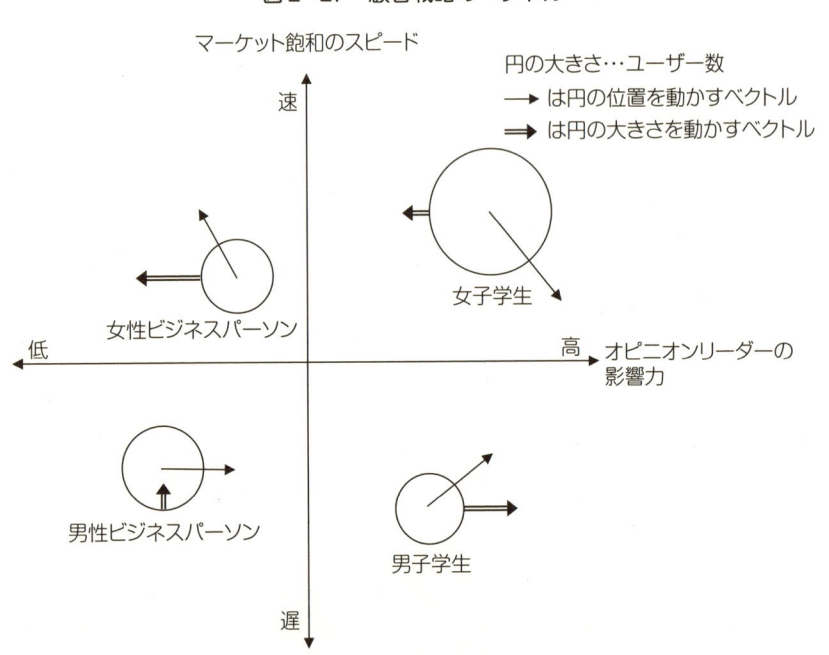

図2-27　顧客戦略のベクトル

マーケット飽和のスピード
速
低　　　　　　　　　　　　　　　　　　　高　オピニオンリーダーの影響力
遅

円の大きさ…ユーザー数
→　は円の位置を動かすベクトル
⇒　は円の大きさを動かすベクトル

女性ビジネスパーソン
女子学生
男性ビジネスパーソン
男子学生

5-3　マーケット戦略マップ

　マーケット戦略マップは、MFポートフォリオでの戦略ベクトルをベースとし、マーケティング理念マップと同一フォーマットで作成する。

　マーケット戦略マップは、マーケティング理念マップをブレークダウンしたものといえる。逆に言えばマーケティング戦略マップを積み上げたものがマーケティング理念マップであり、互いの整合性が求められる。

　先ほどの玩具メーカーのヤングマーケットの例で考えると、図2-28のようなものとなる。

PART Ⅱ：マーケティングフロー

図2-28　ヤングマーケットの戦略マップ

2MF：顧客

- 女子学生…携帯ゲームなど試作品をオピニオンリーダーに提供し、改良したうえでリリースする。アーリーユーザー、フォロワーと段階的にリリースしていくことで浸透度を高め、ユーザー数を拡大する。
- 男子学生…サッカー、プロ野球などスポーツ選手を、スポーツゲームのオピニオンリーダーとし、その影響力を高めるとともに、マーケット飽和のスピードを上げ、参入障壁を作る。
- 女性ビジネスパーソン…オピニオンリーダーが分散していることが多いので、むしろ影響力を弱め、マーケット飽和のスピードを上げるべく、低価格戦略で浸透させる。
- 男性ビジネスパーソン…思い切って20代前半をターゲット（入社1～3年目）に絞り、20代後半にはプロモーションしない。ビジネス志向、レジャー志向にセグメント化し、それぞれのオピニオンリーダーを育てる。出版社などと提携してカリスマを作る。

商品と顧客の関係

- 「女子学生－携帯向け」を第1セグメントとし、これを女性ビジネスパーソンにも拡販していく。
- 「男子学生－PC向け」を第2セグメントとし、これを携帯、男性ビジネスパーソン向けに拡販する。
- 全ビジネスパーソン向けパーティ商品を第3セグメントとし、ネットで販促する。

KMF：商品

- 携帯向け…ワクワク感を高めることで、商品価値のさらなる向上を目指し、新バージョンはハイプライス商品とする。
- PC向け…商品機能を基本とオプションの2つに分け、基本機能は実質的なプライスダウンとし、販売ボリュームのアップを図る。オプション機能は段階的な機能アップを可能とする。
- パーティ商品…商品価値は思い切った斬新さを目指し、「えっ」と思うような商品とする。これをマスメディア、ネットを使ってブームをよぶように、プロモーションを図り、ヒット商品に育てる。
- ビジネスゲーム…現行商品はネットビジネスでの売り切りのみとして、新商品開発は行わず、実質的には撤退する。

顧客と流通の関係

- 女子学生向けのSNSをプロモーションの柱とする
- さらに男子学生、女性ビジネスパーソンのSNSもクロスさせる

顧客と売り手の関係

- 女性雑誌のオピニオンリーダーを採用
- PCベンダーとビジネスパーソン向け共同販促

商品と流通の関係

- 携帯向けはモバイルサイトからの試作品ダウンロードを中心とする
- PC向けは量販店販促
- パーティ商品はネット通販

商品と売り手の関係

- 女性雑誌との共同ブランドを開発
- スポーツゲームでスポーツニュースをシミュレーション

3MF：流通

- モバイルサイト、Webサイトに関するプロモーションコストをアップする
- 量販店に関してはルートセールスからネット取引へ

流通と売り手の関係

- 携帯、PCベンダーと販促をジョイント

4MF：売り手

- 女性雑誌とのコラボ企画
- PCベンダーへのアプローチ
- スポーツニュースサイトへの広告
- ビジネスゲームは他社と提携または売却も検討

6．マーケティングマネジメント＆マーケティングアクション

　マーケティング戦略は組織においてアクションされていく。この戦略遂行の仕組みがマーケティング組織であり、そこでマーケティングはマネジメントされる。

6-1　マーケティング組織

　マーケティング組織は、40ページの戦争組織をベースとする。戦争における「軍事本部」にあたるのが「マーケティング本部」であり、主にマーケティング戦略の立案を担う。「軍隊」に当たるのがマーケティング実行組織であり、商品マーケティングを遂行する商品マーケティング部門、MCを遂行するセールス部門、プロモーション部門がある。また「ロジスティックス」にあたるのが「その他の部門」であり、マーケティングロジスティックス部門とよぶ。マーケティングロジスティックス部門は、マーケティング実行組織をマーケティング情報によってサポートしていく。

　この３つの組織において、マーケティングはマネジメントされ、実行されていく。ここではこの組織単位に、マーケティングマネジメント、マーケティングアクションを考えていく。

6-2　マーケティング実行組織

（1）商品マーケティング部門

　商品マーケティングを大きく２つの仕事に分けて考える。商品開発と商品化である。商品開発は商品のアウトライン、というよりも商品の主に機能面のアイデアを出すまでとし、商品化を「そのアイデアを具体的な商品として実現していく仕事」と考える。組織もこの２つに分けて考える。

❶商品開発部門

　この部門のマネジメントには２つのテーマがある。１つは誰を商品開発部門に配属するかであり、もう１つはそのメンバーでどうやって開発していくかである。

（ⅰ）誰を商品開発部門に配属するか

　商品開発部門に求められる能力は、「創造力」という人間の生まれながらに持っている基本的な力である。創造力とは今までにないモノを生み出す力であり、「アイデアを出す力」という表現がもっともフィットする。

　これは技術力、商品知識といった「仕事をすることで身につけていく力」よりも、先天的な要素が強い。スポーツでいえば運動神経のようなものであり、スポーツのテクニック、練習といったものを超えた「向き、不向き」の世界である。

　私はビジネスコンサルタントとして、さまざまな企業のさまざまな局面で、「アイデア出し」の指導を、さまざまな方法でやってきた。そして「アイデア出し」（創造力）には、次のような特徴があることがわかった。

（ア）アイデアを出せる人と出せない人がいる。

（イ）アイデアを出せる人は、それについて何の知識がなくても出せる。つまりどんなテーマでもアイデアを出せる。出せない人はどんなテーマでも出せない。

（ウ）アイデアを出せない人は、他人のアイデアを否定する。「そんな商品作れるわけがない」「そんな商品、売れっこない」。アイデアを出せる人は、そのアイデアが商品となり、ヒットしたシーンが浮かぶ。出せない人は、商品化ができなかったり、できても売れないシーンが浮かぶ。

（エ）アイデアを出せない人、つまり創造力が低い人は、一般に論理性（物事を整理する力）が高く、逆にアイデアを出せる創造力が高い人は論理性が低いことが多い。

　企業での仕事において、「アイデア出し」を使うチャンスは少なく、論理性を生かす仕事の方が圧倒的に多い。したがって、アイデアを出せな

い人の方が、組織の上位者になっていく（つまり出世していく）ことが多い。

　企業で行う会議などでアイデア出しを行うと、アイデアを出せない上位者が下位者の良いアイデアを消してしまうことが多い。つまり「アイデア出し」という仕事は、一般のマネジメントにはそぐわないものである。

（オ）アイデアは「さあ出そう」と意気込んだ時ではなく、何かの拍子にふっとひらめくことが多い。ブレーンストーミング*2ではアイデアが出ないのに、終わって家に帰ってから良いアイデアが浮かんでくることも多い。しかし、そのアイデアを伝えるチャンスがなかなかないので、いつか忘れてしまう。

（カ）誰かがアイデアの突破口を開くと、それをヒントとして次々とアイデアが出てくる。しかし最初の突破口はなかなか言い出しづらい（こんな突拍子もないことを言ったらバカにされるのでは…）。

　（ア）～（カ）の特徴を考えると、商品開発というアイデア出しの段階では、「アイデアを出せない人」の意見は聞かない方がよいことになる。つまり商品開発部門はアイデアを出せる創造力の高い人だけでチームを組むべきということになる。

　商品開発部門は、商品がKMFの企業にとってはまさに生命線である。それ以外の企業にとっても、マーケティングにおいてもっとも「違い」が出る部分といえる。他のマーケティング戦略、マーケティングアクションでは、エクセレントカンパニーの"まね"が可能だが、この商品開発だけはまねができない。創造力は「まねのできない力」といえる。アップル、Google、日本でいえばリクルート、かつてのシャープ、ソニーなどをイメージすると合意できると思う。

　ではどのようにして「アイデアを出せる人」を選定するかである。これは「創造力を評価するにはどうしたらよいか」というテーマと同意である。

＊2.　頭を柔らかくして、自由にアイデアや意見を出し合う会議スタイル。

これにはその候補者を対象としてセミナーを開いて、グループディスカッションをやってもらえばよい。セミナーテーマは上記（ア）、（イ）の特徴から商品開発やマーケティングに関するものでなくてもよい。新入社員研修、階層別研修（中堅社員研修…）、職種別研修（営業研修、技術研修…）といったものでも構わない。自社に創造力が高いタイプが少ないと思うなら、新卒や中途の採用の時にグループディスカッションを取り入れて、創造力の高い人を採用するとよい。

対象者を全く知らない人（「この人は仕事ができる」「この人は優秀」といった既成概念を持っていない人）が、このディスカッションシーンを見て、次のような特徴を持った人を選ぶ。

- 意見が最初に出る
- 意見がユニークでおもしろい
- 他人の意見を否定せず、ユニークな意見に興味を示す
- 他人の意見をヒントに次々とアイデアを出す
- アイデアがうまくいっているシーンだけを話す
- 話が発散していて、前後の脈絡がない

(ⅱ) どうやって開発していくか

(a) どんな組織スタイルをとるか

商品開発というアイデア出しは、先記のアイデア出しの特徴（エ）、（オ）を考えると固定的な組織や会議で、決められた時間内でやるべきではない。また（カ）の特徴からアイデア出しのメンバーは多い方がよい。

そう考えると、「アイデアを出すこと」を本業にせず、別の本業の仕事も持ちながら、ふっとひらめいたアイデアが出た時にどこかに登録し、かつそれを皆が見えるような形とすべきである。すなわち「創造力の高い人」を本業の仕事はそのままにして、新商品開発委員として任命するのがベストといえる。いわゆるマトリクス組織である。

そのうえで企業内のコミュニケーションネットワーク（企業内の掲示板のようなもの）に彼らのための広場を作り、ここでアイデアを出していく

ようにする。新商品開発委員だけが見られるクローズドな広場である（182ページで述べるSNSを企業内に作るものである）。

　この広場では各委員が自由な話題でフォーラム（ネットワーク上のテーマ別の広場）を立ち上げ、その話題ごとに各人が意見を出していく。この場合、話題・意見（この2つがアイデア）はどんなに抽象的でも、もちろん具体的でもかまわない。

　先ほどの玩具メーカーなら、例えば「ダイエット体重計」を話題とするフォーラムを立ち上げる。そのフォーラムで、「スマートフォンを無線で体重計につないで、ダイエット計画を皆に宣言し、ダイエット状況を公開する」「それならカメラとテレビをつないで将来のやせた姿を見せよう」「スマートフォンはやめて、体重計でカロリー計算して、ダイエットメニューをディスプレイに出力しよう」「いやスマートフォンで将来のやせた姿をシミュレーションして、それを友だちにメールで送って実現できるか投票しよう」「テレビ番組とタイアップして体重計の実況中継をやろう」「体重計はうっとうしいから、スマートフォンにセンサー付けて体重測れないかな」と意見を登録させていく。そして場合によっては、「スマートフォンセンサーゲーム」といった別のフォーラムを分岐して立ち上げるというものである。

（b）マネジメント

　新商品開発委員会には委員長というマネジャーを置き、彼だけはこれを本業とする。各委員は仕事としてアイデア出しをやるのであるから、委員長からアイデアの量（いくつ出したか）と質（良いアイデアか）について人事評価を受ける。委員はその人事評価によって業績給を受けるだけでなく、自らのアイデアから生まれた新商品の売上の一定比率を報酬として受ける形とする。

❷商品化部門

（ⅰ）組織スタイル

　商品化は商品化センターという専任部署が行う。一般の組織と同じ固定部門である。当然のことながら、ここには商品化センター長というマネジャーがいる。

　商品を設計し、これを販売していくのであるから、販売予算を持ち、損益責任を負い、その業績によって評価される人たちがこの仕事を担うべきである。

　商品化センターのメンバーは、全員が新商品開発委員を兼務する。新商品開発委員会、商品化センターは商品開発部に属し、そこには責任者として商品開発部長がいる。

　組織のイメージは、図2-29のようなものである。

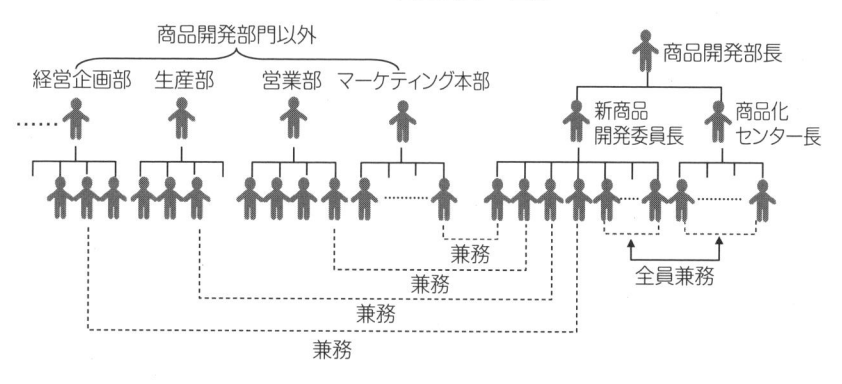

図2-29　商品開発の組織

　商品化部門の適性はその企業が持っているビジネスによって異なるが、一般的にはその商品に関する専門的な技術や知識を持っていることがMUST条件であり、創造力の高さがWANT条件である。

（ⅱ）商品化の進め方

　商品化の進め方はケースバイケースといえるが、典型的な例を以下に挙げておく。

まず商品化を新商品と商品改良の2つに分ける。そのうえで次のようなステップで進めていく。

（a）新商品

- 商品化センターのメンバーは、先ほどの社内SNSの商品開発の広場や後で述べるマーケティング情報などから新商品のヒントをもらい、自らが特定の商品化のリーダーになることを要望し、商品化センター長がこれを承認する。「ダイエット体重計の商品化リーダーをやりたい」というものである。
- 商品化リーダーになったら、1ページ程度に商品コンセプトをまとめ、社内のネット掲示板などに社外秘でこれを貼り出す。そのうえで企業内すべての人から、この商品コンセプトに対しての意見をこの掲示板で募る。
- 商品化センター長はこの意見の状況を見て、自らの判断で「商品化準備完了」を宣言する。
- 商品化リーダーはこの掲示板の意見に基づいて、商品コンセプトをブラッシュアップする。
- この商品コンセプトを、商品会議（商品開発部門、マーケティング本部、セールス部門、工場などのすべての部門の代表者、経営者および担当スタッフなどで構成）に提出し、商品化すべきかをそこで議論する。商品化は最終的には商品開発部長が意思決定する。
- 商品化が決定したものについては、商品化リーダーを中心として商品化センター内に商品化のプロジェクトチームが作られ、最終商品コンセプトをもとに、具体的な商品機能、商品名、パッケージの検討などを詰めていく。
- 商品化チームは試作品を作り、再度商品会議の了承、場合によってはテストマーケティングを行って、商品はマーケットインされる。

（b）商品改良

- 新商品の開発が終わると、原則として商品化チームは解散されるが、商品化リーダーは当該商品の改良担当者となる。無論、改良担当者はこれ

を人事異動などによって、誰かに引継ぎを行うこともある。
- 改良担当者は後述するマーケティング情報や182ページのSNSマーケティングなどによる顧客の声を常にウォッチングしている。
- その情報を見て、自らが改良が必要と思った時は、この改良コンセプトをまとめ、商品会議にかけて了承を得る。了承を得たら、改良担当者が個人、またはプロジェクトを組んでこれを行い、商品会議了承のうえ、マーケットインされる。

(2) セールス部門

消費財（多くの場合、流通を通す間接セールス）、産業財（多くの場合、顧客への直接セールス）を問わず、ほとんどの企業ではセールス部門がマーケティング実行部隊の中心であり、もっとも人数が多い。セールスという仕事はマーケティングの一部でありながら、企業組織においては独立した部門となっていることが多い。

しかしマーケティング・イノベーションにおけるセールスは、マーケティングの一分野であり、セールスという仕事はマーケティング理念をはじめとするマーケティング戦略がフレームワークとなる。このフレームワークの中で次のようにセールス戦略を考え、そのうえでマネジメント、アクションを進めていく。

❶セールス理念

企業として、セールス理念を決めなくてはならない。マーケティング・イノベーションでは、次のようなものがセールス理念として活用できる。

- **セールスは継続的な販売活動**

辞書によればsaleは「販売」と書いてあり、salesはその複数形である。「販売」とは「1回の売買行為」だが、セールスは「継続的な販売活動」である。

セールスの訳は「営業」（辞書によれば「継続的な販売活動」と書いてあ

る）である。セールスマン（セールスを担当する人）は営業員であり、販売員ではない。販売員はゲスト（一見の客）に商品を売る人であり、セールスマン（営業員）はカスタマー（継続的な客）に商品を売る人である。

したがって、セールス、セールスマンの評価は今日いくら売ったかよりも、将来いくら売れる見込みがあるかを重視する必要がある。

セールスのポイントは継続性にある。

- **セールスは組織活動**

トップセールスマンとよばれる人たちの多くは、組織からはずれ、たった1人の力でその商品を売り切っている。そして自らの力で売り切ることを"美"としている。企業は組織的な活動を行い、1つの目標を皆で達成する集団である。セールス力は個々人の売り切る力ではなく、個々人の能力を生かす「組織」にある。

- **セールスはプロセスを評価する**

セールスは結果が受注、売上という形で出る。言い方を変えれば、それまでのマーケティング、生産などすべての企業活動の最後として、セールスという「結果」を生む仕事がある。そのためセールスはどうしても結果ばかりを追いかけるようになる。そして明日よりも今日の成績、もっといえば明日成績が出るとしても自分の成績とならないかもしれないという心理が働く。これによって企業全体として決めたマーケティング戦略を無視してでも、自分の業績を追いかけてしまう。

セールスを組織として考えると、そのプロセスを評価すべきである。セールスは結果よりもプロセスを見つめ、より良いプロセスに変えていくことがセールスマネジメントの基本である。

- **ソリューションセールスが基本**

セールスはどうしてもいわゆるプッシュセールス（何とか売り切る）へと走ってしまう。プッシュセールスにおけるセールス力は、「買いたくない人にでも売ることができる」「普通なら売れない商品でも売ることができる」というものである。プッシュセールスは継続性を無視した"販売"であり、

売った後のことは考えていない。売った後で顧客がその商品に満足しようが、後悔しようが関係なく、次々と新しい顧客を見つければよい。

しかし企業において「顧客が買いたくない」「商品が売れない」ということを前提にしてセールスを考えるのは誤っている。売れない商品は「売れない」のであって、それはセールスマンの責任ではない。何とか売れる商品に変身させるべきであり、それが企業の社会的使命といえる。だから売れない商品を売り切ることは禁じ手である。

セールスの原点は「売れるはずの商品が売れない」「商品の良さや使い方を知らないから売れない」というシーンを見つけ、これを解消していくものである。この考えに則ったものをソリューションセールスという。「顧客がこの商品を使えば、こういう課題がこうやって解決するはずだ」(これがソリューション＝課題解決)という仮説を立て、顧客へ提案し、その課題解決度合で顧客満足度をとらえていく。

例えば事務机を売るとき、パンフレットを作って、1軒1軒のオフィスを訪問し、「机がこわれていませんか」「このすばらしい机を買ってくれませんか」と"御用聞き"をやるのがプッシュセールスである。

一方、顧客のオフィスを自らの目で見て、どういう机を配置し、場合によっては他社商品であるライトやパソコン、コピー機などを組み合わせて、トータルとしてオフィスを機能的に変えていくというものがソリューションセールスである。

❷セールスモデル

セールス戦略の基本は「いかに結果を出すか」ではなく、セールス理念に沿って「どのようなセールスプロセスを取るか」である。これをセールスモデルとよぶ。

セールスモデルはマーケット特性によらず、図2-30のようなフローモデルが基本である。

図2-30　セールスモデルの例

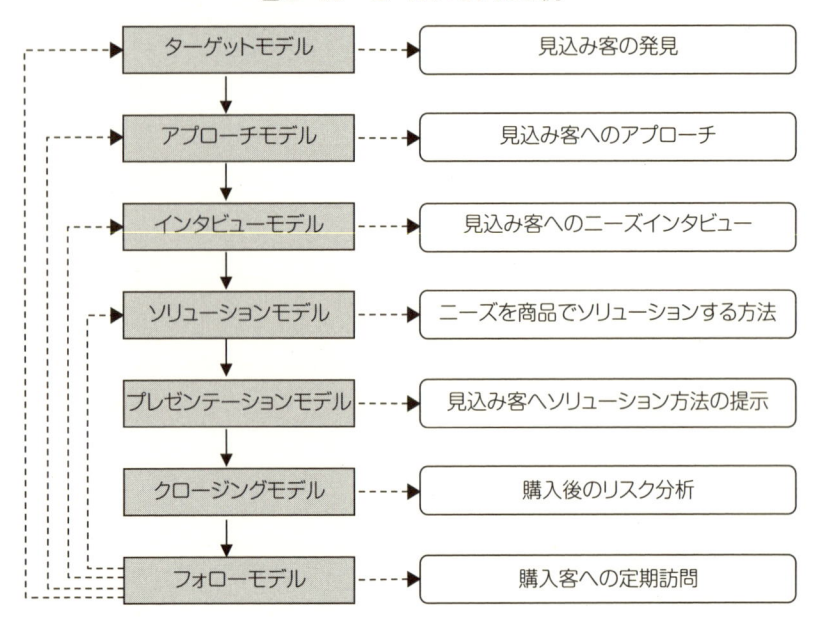

```
ターゲットモデル      ----▶  見込み客の発見
     ↓
アプローチモデル      ----▶  見込み客へのアプローチ
     ↓
インタビューモデル    ----▶  見込み客へのニーズインタビュー
     ↓
ソリューションモデル  ----▶  ニーズを商品でソリューションする方法
     ↓
プレゼンテーションモデル ----▶ 見込み客へソリューション方法の提示
     ↓
クロージングモデル    ----▶  購入後のリスク分析
     ↓
フォローモデル        ----▶  購入客への定期訪問
```

(i) ターゲットモデル

　ソリューションセールスの基本は"顧客と商品のマッチング"に着目することである。顧客が自社商品、他社商品を現在どう使っているかを調べ、「このようなタイプの顧客の、このようなニーズに対し、このようなソリューションで提案する」というセールス仮説を立てることからスタートする。こうして仮説が立てられたターゲット顧客のことを見込み客という。

　例えば「折りたたみ式の新しいタイプの事務机」ならば、その商品にあったオフィスを考える。「50坪以下のオフィス、従業員は50人未満、IT志向の都心オフィスであれば、スペースを有効活用したいはずだ」といった仮説を立てる。この仮説、見込み客を作っていくプロセスをターゲットモデルという。

(ii) アプローチモデル

　次に机上の仮説で生まれた見込み客へのアプローチを考える。基本的に

は、いきなり個別企業のドアをたたくのではなく、まず自らの仮説をセールス以外のMCを使って、見込み客へ伝える手段を考える。広告、イベント、セミナー、DM…といったものである。これらのMCによる顧客の反応を見て、見込み客のプライオリティづけ（どういう順番で訪問していくか）をする。

(ⅲ) インタビューモデル

　プライオリティづけされた見込み客に対して、営業訪問を行う。訪問目的は自社商品の説明ではなく、自らの立てた仮説、つまりニーズを見込み客が本当に持っているかをインタビューで確認することにある。訪問前には、仮説を検証するための質問事項を整理しておく。これがインタビューモデルである。セールスは「話す」ことではなく（伝えることが必要なら紙に書く）、「聞く」ことが仕事である。したがってセールスマンには「話す力」より「聞く力」が求められる。

(ⅳ) ソリューションモデル

　インタビューによって確認、または修正されたニーズに対し、具体的にどのような自社商品、さらには他社商品を組み合わせていくかを考える。例えば飲料メーカーが流通へセールスを行うのであれば、「この○○茶は、こってりラーメン系のカップ麺に合う。夜食メニューとして、とんこつラーメン、サラダ、当社の○○茶を店舗で訴えましょう」と提案する。あわせて金額など販売条件の提案を行う。

(ⅴ) プレゼンテーションモデル

　ソリューションモデルの結果は口で説明せず、必ず提案書という形にまとめる。そのうえで当該見込み客を訪問し、提案書の説明を行う。ここでは商品をプッシュするのではなく、どのようにニーズを解決しようと思っているかを説明する。そのうえで顧客の意見を聞き、提案書の修正を行う。提案書に顧客が合意したら、このステップは終わりである。

(ⅵ) クロージングモデル

　セールスの受注を決めるモデルである。最終段階で顧客は購入しても期

待した効果が上がらないことを考え、ためらう。62ページの認知的不協和である。そこで購入後、ニーズが期待されたとおり解決できない場合を考え、その対応策を顧客と協議する。顧客が「買わない理由」は「ニーズが解決されない」というリスクにあるという仮説を持ち、これが発生した時、自社、顧客がどのようにして対応していくかを考えるのがクロージングモデルである。

（ⅶ）フォローモデル

クロージングでセールスは終わりではない。「顧客が購入後、当該商品が期待どおりニーズを解決しているか」、つまり顧客満足度をセールスマンが訪問してインタビューする。ここでも冷静に「聞く力」が求められる。この結果はセールス部門全体で次のターゲット選定、アプローチ手法、ニーズ解決策、ソリューションアイデアなどに活用していく。

そしてこれが後で述べるマーケティング情報システムに登録され、商品改良などに用いられる。

❸セールスマネジメント＆セールスアクション

ここではセールス組織、セールス評価の２つがコアとなる。

（ⅰ）セールス組織

セールス組織のポイントは「セールスマンの担当をどうするか」であり、「どのようなチーム編成にするか」ということと同意である。具体的には商品別組織、地域別組織、顧客別組織といったものである。

多くの企業はこれに悩み、何度も何度も組織変更をしている。顧客別組織にすると、セールスマンが商品ポートフォリオを無視して売れるものだけを売り、企業が売ってほしいものを売らなくなる。そこで商品別組織に変えて商品ごとの損益を見るマネジャーを作る。しかし今度は同一顧客に何人ものセールスマンが訪問することになり、顧客からクレームが出る。そこでまた顧客別に戻したり、顧客別セールスチームと商品別セールスチームを並存させたり、クロスさせたり…とやっていくうちに組織が大混乱し

てしまう。

　セールスに限らず企業組織においては、どのようなスタイルをとっても問題点はあり、パーフェクトな組織などない。また組織構造のものさしを「どうやったら業績が出るか」にしても、そのようなことは神様しかわからない。

　セールス組織のキーはKMFとするのがセオリーである。KMFが顧客なら顧客別組織、KMFが商品なら商品別組織という形とする。

　顧客別組織で、その顧客が地域ごとにグルーピングできるのなら、地域別組織とする。つまり支店－営業所といったセールス組織である。

　商品別組織にして、商品の中で各セールス担当を分ける必要がある時は2MFを考える。これが顧客なら△△商品営業部ホテル営業課（△△商品をホテルに売る営業チーム）といったものであり、KMF別の組織の下に、2MF別のチームを作る（ここではKMFを第一優先にしてセールスマネジメントを行うことになる）。

(ⅱ) セールス評価

　セールスマンの評価は、業績評価、プロセス評価、能力評価の3項目とする。

　各評価のウエイト（どの評価を大切にするかという重みづけ）は企業によって異なる。このウエイトを加味した評価結果によって、セールスマンの給与（賞与を含め）、キャリアアップ（いわゆる昇格）などを決定する。このセールス評価項目のウエイトを提示することで、セールスマンはセールス理念、セールス戦略を理解し、それに合ったセールスアクションを行うようになる。これがセールスマネジメントの原点である。

(a) 業績評価

セールスマンの今期の業績を評価するものである。

- **個人業績**……セールスマンごとの個人の業績を測るものであり、基本的には予算目標の達成度によって評価される。
- **チーム業績**……セールスマンがチームとして活動している限り、チーム

業績を個人の評価に反映させるべきである。これもチーム予算の達成度で評価する。

- **チームへの貢献度**……チーム業績はチーム全体の評価であるが、これに個人が「個人業績以外」でどれくらい貢献したのかを見ないとチームワークは保てないし、不公平である。この評価はチームリーダーであるセールスマネジャーの仕事であり、一般的には目標管理[*3]という方法が用いられる。

(b) プロセス評価

セールスのプロセスを評価するもので、これも目標管理にて行う。プロセス評価を行うには、セールスをプロセスに分けなくてはならない。これが前述のセールスモデルである。受注、売上というクロージング結果だけではなく、各セールスモデルでの「アウトプット」を評価する。ターゲットモデルで作った顧客データベース、アプローチモデルで実施したプロモーションツール…といった、各プロセスの成果物を評価する。これはセールスマンを評価するとともに、セールスモデルを評価していることにもなる。

このプロセス評価の結果を、マーケティング部門全体に反映させていく。セールスマネジャーのもっとも大切な仕事といってよい。

(c) 能力評価

セールスマンの能力を評価するもの。目標管理をベースとするが、ここではセールスマンの能力を評価する"ものさし"が必要となる。この"ものさし"には一般に能力ランキング表とよばれるものが使われる。セールスを能力でランキングし、ランキングごとに求める能力をはっきりさせるものである。

例えば、図2-31のようなものである。

---

*3. 自らの当期の目標を、上司と相談の上で期初に決定し、期末にこれを「ものさし」として上司とともに評価するもの。

図2-31　セールスマンの能力ランキング表の例

職種	ランク	対象業務	レベル	対象業務	レベル	対象業務	レベル	対象業務	レベル
一般セールスマン	6級	インタビュー	D	フォロー	D				
	5級	インタビュー	C	フォロー	C	見込み客アプローチ	D	ターゲット選定	D
	4級	インタビュー	C	フォロー	B	見込み客アプローチ	C	ターゲット選定	C
	3級	インタビュー	B	フォロー	A	見込み客アプローチ	B	ターゲット選定	B
	2級	ソリューション	C	クロージング	B	……			
	1級	ソリューション	B	クロージング	B				
セールスリーダー	3級	ターゲット選定	A	フォロー	A				
	2級	……							

レベル	定義
A	マネジメントができる。
B	人に教えられる。マニュアルを開発できる。
C	1人でできる。
D	マニュアル、指導下でできる。

　この能力評価は人事評価に用いるだけでなく、セールスマンの人材育成テーマとしても用いる。

　これは人事制度であり、人事部門との調整が必要となる。ただ企業内の職種の中で、能力ランキング表がもっとも強く求められるのは、結果に目が行きすぎるセールスマンであるので、むしろセールス部門が主導してこれを行う。

(3) プロモーション部門

　この部門は2つの機能を持つ。1つはセールス以外のMCを実行することである。広告、DM、販売促進、Webサイト作成…といったもので、その道の専門会社へと発注することが多い。したがって、この機能はマーケ

ティング実行というよりも、マーケティングロジスティックス（スタッフとしてマーケティングを支援する）にあたるものである。

　もう1つはセールスを含めたMC全体をマネジメントする機能である。このマネジメントの本質はマーケティングコストの配分であり、マーケティング予算とよばれる。

　MCとはマーケット情報を顧客へ届けることであり、マーケティング予算はその情報媒体ごとに限られたマーケティングコストを配分していく仕組みである。

　ここでは121ページのポートフォリオが用いられる。MCポートフォリオである。ポートフォリオのディメンジョンは企業によって異なるが、典型的なものは次のとおりである。

　ディメンジョンの基本は、MCの目的とコストを考える。例えばMCの目的を商品認知と購買決定とし、ポートフォリオのたて軸をその媒体の認知力、横軸を決定力とする。円の大きさは今かけているMCコストとする。

　ここではMCの要素をセールス、広告、Webサイト、DM、イベントの5つで考えてみる。

- **セールス**……媒体としての長所は、相手の反応に合わせて持っている情報を選んで伝えることにある。一方、短所はどうしても「売りたい」という気持ちが出て、情報を歪めたり、隠したりするリスクにある。したがって認知力は高く、決定力はやや高い。コストは比較的高く、かつ短期的に変動させる（採用する、退職する）ことが難しい。
- **広告**……認知力は極めて高く（特にテレビコマーシャルのようにメディア使用料が高いほど認知力が高い）、決定力は低い。コストは認知力に比例して高い。
- **Webサイト**……認知力は低く（自社のWebサイトを顧客に見つけてもらうのが難しい）、決定力の方がむしろ高い。コストは比較的安い。
- **DM**……認知力はやや高く、決定力は低い。コストはインターネットの普及で低くなっているが、ジャンクメールとして扱われることが多く、認

知力をさらに落としている。

- **イベント**……認知力は参加者には大きいが、全体として見るとやや低い。決定力も低い。コストは回数、やり方によって異なる。

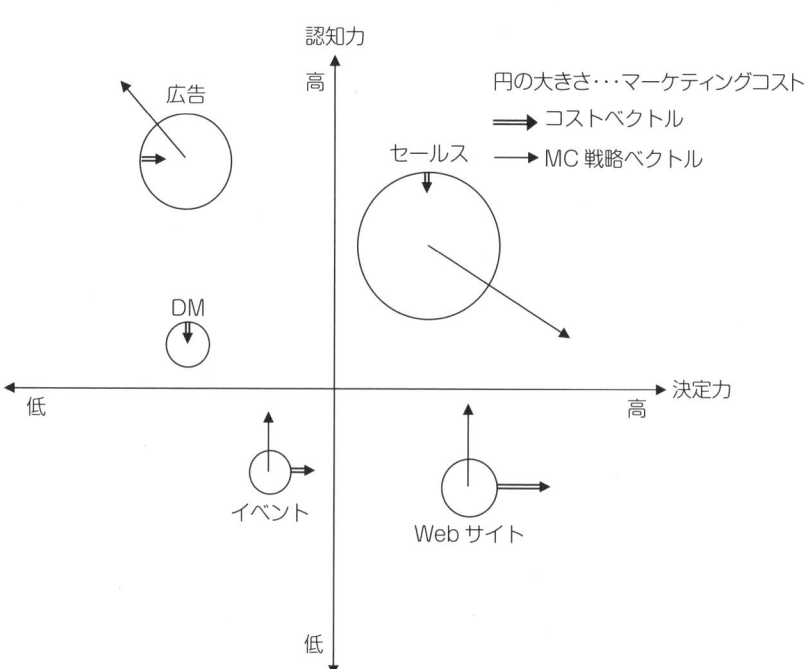

図2-32　MCポートフォリオの例

このポートフォリオを見てMC戦略を立て、それに基づいてコスト配分を行う。

　例えば、「セールスマンは、インタビュー、プレゼンテーション、クロージング、フォローに特化し、それ以外の機能はマーケティング本部が実施する。人数は減員してマーケティング本部へ移す。広告は予算を縮小し、新商品認知を中心とする。WebサイトへMCコストを集中し、あらゆる商品の認知を高める。イベントはWebサイトと連動して行う。DMは予算を縮小してWebサイトと組み合わせる」といったことである。そのうえでこの

戦略を実行して結果を分析していく。

6-3　マーケティング本部＆マーケティングロジスティックス部門

マーケティング本部には、次の2つのテーマがある。

(1) マーケティング戦略の立案

　マーケティング戦略はマーケティング本部にて、108ページのマーケティングフローによって立案される。マーケティング戦略はマーケティングを実行するうえでの基本的な考え方であり、この戦略に反する行動をとることはできない。したがって、マーケティング実行部隊の行動をマーケティング本部がコントロールすることになる。
　組織概念は、図2-33のようなものとなる。

図2-33　マーケティング本部の位置づけ

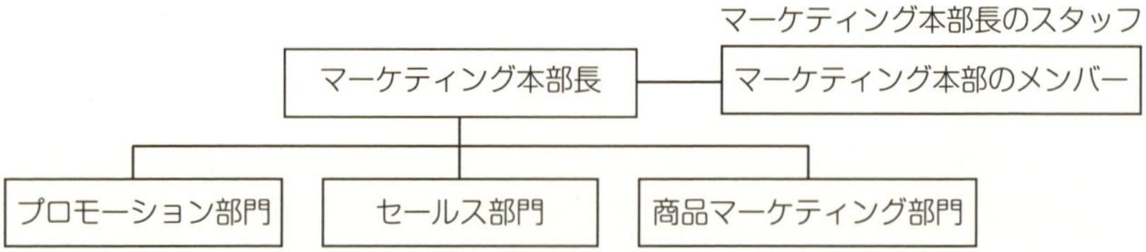

```
                                  マーケティング本部長のスタッフ
         ┌─────────────┐───┌───────────────┐
         │マーケティング本部長│   │マーケティング本部のメンバー│
         └─────────────┘   └───────────────┘
    ┌─────────┼─────────┐
┌─────────┐┌────────┐┌──────────────┐
│プロモーション部門││セールス部門││商品マーケティング部門│
└─────────┘└────────┘└──────────────┘
```

　セールス部門のトップが営業本部長であれば、彼はマーケティング本部長の直属の部下となる。一方、マーケティング本部のメンバーはマーケティング本部長のスタッフであり、もちろん営業本部長の上司ではない。マーケティング戦略はマーケティング本部員が立案し、本部長が決裁する。
　マーケティング戦略は経営戦略の一部、というよりも中核をなすものである。したがって、マーケティング本部長はボートメンバー[4]であること

---

[4]. 経営戦略を決定する機関のことをボートという。経営会議といった名称が多い。

が求められる。マーケティング本部長はCMO（Chief Marketing Officer：マーケティング担当役員）といった肩書きを持つことがノーマルである。

（2）マーケティング情報の収集

　マーケティング情報とは自社のマーケット（将来参入するものを含めて）に関する情報であり、マーケティング戦略立案、マーケティングマネジメント、マーケティングアクションに必要、有効な情報である。

　マーケティングを行う企業は売り手であり、マーケットの主力メンバーである。したがって自身に関する情報（マーケティングアクション結果など）もマーケティング情報となる。

　このマーケティング情報を収集することを、一般にマーケティングリサーチとよび、前述のとおり専門のリサーチ会社に頼むことも多い。しかしマーケティング・イノベーションでは、これを否定し、マーケティングの情報の収集は基本的に自社の手で行う。

　マーケティングリサーチは全社員が行うものとし、この人たちをマーケティングロジスティックス部門と考える。したがって、マーケティング部門もマーケティング情報収集という面では、マーケティングロジスティックス部門の一部となる。

　集められたマーケティング情報は、マーケティング本部がマーケティング情報システムとしてとりまとめるが、これを情報システム部門がサポートする（図2-34参照）。

　マーケティングロジスティックス部門のメンバー、すなわち全社員は本来の職務としてマーケティングリサーチを担当する。現場のチームマネジャーはメンバーのこの「リサーチという仕事」を目標管理によってマネジメントする。すなわち情報収集の目標、プロセスを計画し、実行をサポートし、その結果を人事評価に反映する。

　さらにこのチームマネジャーの中から、マーケティング情報委員を選定する。彼らは前述の新商品開発委員会同様に、現場のマネジャーと兼務す

る。マーケティング情報委員は、マーケティング本部員全員と情報システム部門の担当者もメンバーとなる。そのうえでマーケティング本部員の中から委員長を選定する（図2-35参照）。

図2-34　マーケット情報のフロー

図2-35　マーケティング情報委員会のイメージ

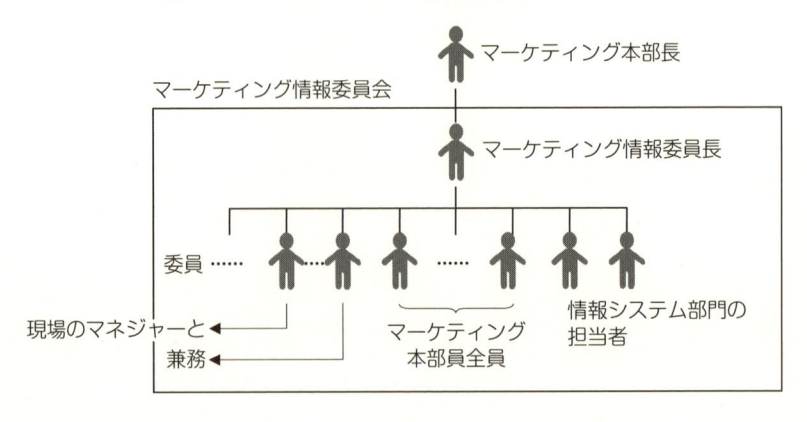

無論、マーケティングリサーチの主力メンバーは、マーケットに近い部門の人たちである。セールス部門、顧客へのサポートをオペレーションする部門、保守部門、カスタマーサービス部門（クレームを受け付ける部門）など、顧客と直に接する部門である。

　そして彼らだけでなく、工場部門、スタッフ部門などマーケットから離れた部門も、自らがリサーチを職務としていることを認識する。食品メーカーであれば、自分が店舗へ買い物に行った時のショッピング情報、自社商品を使った新しいレシピ…といったことを情報収集する。このリサーチの企画、活用方法を考えていくのがマーケティング情報委員会のメンバーである。

　収集された情報は、マーケティング理念マップ、マーケティング戦略マップ同様に次ページの図2-36のようなマップスタイルで整理する。

　情報は構造化されたデータベース（決められた形に整理して入れる）ではなく、データウェアハウス状態で入れる。データウェアハウスとは、情報を入れる棚（フォルダーなど）を決める程度で、基本的には"発生したままの状態"で入れていくものである。そのうえで情報間の関係は「リンクを貼る」という感じにする。競合企業の情報であれば、そのWebサイトのURL（住所）をリンクさせておくといった形である。

　マーケティング情報マップの目的は、「どこにどんな情報があるかわかるようにすること」であり、情報のアドレス帳である。

　各利用者はこのマーケティング情報マップから見たい情報を見つけて、自らが使いたい形に加工して利用する。利用者個々の固有の見方（いつも見る形。これをビューという）はマーケティング情報システムに登録しておく。このマーケティング情報ビューは情報システム部門に依頼して実現してもらうようにする。

　これがマーケティング情報システムの像である。

図2-36 マーケティング情報システムのイメージ

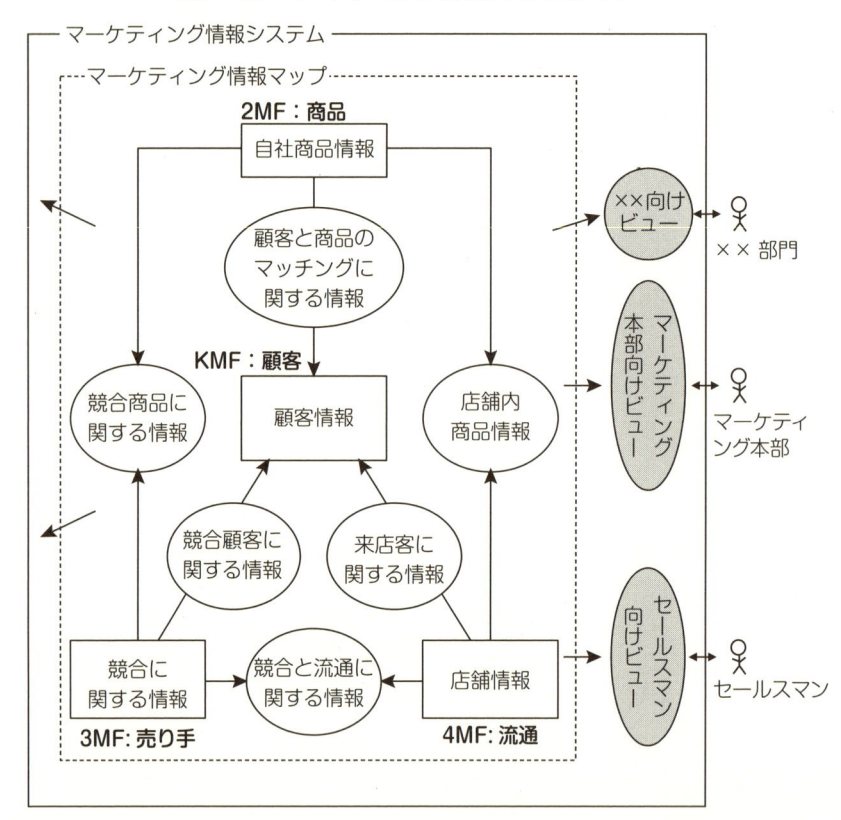

PART III
マーケティングストック

マーケティングストックとは、マーケティングに関するケーススタディである。マーケティングストックは、アイデア、チャレンジの世界であり、さまざまなものが生まれてきた。実際のマーケティングではこれらのアイデアを参考にし、というよりも他社の経験を自らの経験とし、自らの新しいアイデアと組み合わせて立案、実行していく。

　PART Ⅲでは、このマーケティングストックというケースを、商品、売り手、流通、顧客の４つのMFごとにパターン化して挙げていく。

１．KMFが商品のパターン

　このマーケティングストックは、２MFが顧客、流通、売り手という３パターンに分けることができる。顧客、流通、売り手がKMFで、商品が２MFの場合と重なるストックが多い。

1-1　２MFが顧客のケース

　「商品と顧客のマッチング」というのはマーケティングの王道であり、過去さまざまなチャレンジがされてきた。中でも、CSマーケティングとSNSマーケティングの２つがその典型といえる。

（１）CSマーケティング

　顧客満足（CS）を高める商品を、マーケットに投入していくというマーケティングスタイルである。つまりマーケティングの目標を「商品別の顧客満足度」に置くというものである。顧客満足度をマーケティングに利用するためには、その数値化が求められる。

　数字に表わせないという人がいるが、数字に表わせないものはない。「美しさ」も「すごく美しい→５」「美しい→４」「ふつう→３」「あまり美しくない→２」「美しくない→１」とすれば、「数字」となる。無論、実体（美しさ）をその数字が適確に表現しているかは別である。しかしマーケティ

ングに利用するには何とか数字に表わして、その数字が実体に合うように調整していくしかない。

❶顧客満足度の数値化

顧客満足度を「商品機能面の満足度」と「商品価格面の満足度」の2つに因数分解して考えていく。つまり「顧客満足度＝機能満足度×価格満足度」と考える。

（ⅰ）機能満足度

（a）商品機能

商品機能とは、その商品から顧客が受ける価値、効用、メリットを表わす。これには2つの要素がある。

1つは「設計仕様」である。これは売り手が「その商品をこのように作ろうと設計したもの」である。例えば「薄さ3ミリのスマートフォンを作る」といったものである。売り手がその商品に求める機能であり、複数の項目から成る。食品でいえば、おいしさ、香り、成分、健康寄与度、容量…といったものである。これらを数字で表わす。

ここでのポイントは、設計仕様を階層化していくことにある。これについては後述する。

2つ目の商品機能は「品質」である。品質とは「商品の質」という意味であり、幅広い意味で使われている。先ほどの設計仕様にも「品質」という表現が使われることも多い。「薄さ3ミリのスマートフォンは、薄さ5ミリより高品質」という表現である。

ここでは品質を「その商品の機能が、どれくらい設計仕様どおりに作られているか」と定義する。

$$品質 = \frac{商品機能}{設計仕様}$$

したがって、「商品機能＝設計仕様×品質」となる。つまり「商品機能」

は、「設計仕様」と「品質」の2つの項目に因数分解することができる。

(b) 絶対満足

顧客満足「度」というくらいなので、顧客一人ひとりにこの商品機能なら（価格を除けば）「100点満点」という状態があるはずである。この状態を絶対満足と表現する。

「度」というのは割合であり、分数である。分数は分母（絶対満足）がないと計算できない。真の値はわからなくても、何とか少しでもそれに近いものを得ようと考えるしかない。

絶対満足は1つの項目ではない。食品では、やはり、おいしさ、香り、成分、健康寄与度、容量といった複数の項目から成る。それが絶対満足項目である。

売り手は満足してもらう商品を作るのであるから、設計仕様項目は絶対満足項目に合わせるはずである。つまり2つの項目は一致する。

絶対満足項目ごとに、その「絶対」を表わす「内容」があるはずである。「おいしい」なら「おいしくて十分満足」（例えば、数字で10点と表わす）といったものである。

(c) 商品の機能満足度

特定の商品に対する各顧客の機能満足度は、絶対満足の各項目について、商品機能を絶対満足内容で割ったものの総和となる。

$$各顧客の機能満足度 = \sum \frac{商品機能}{絶対満足内容} \left(\begin{array}{c} 各顧客の絶対満足 \\ 項目の評価点の和 \end{array} \right)$$

ここで「商品機能＝設計仕様×品質」であったので、次のように表現できる。

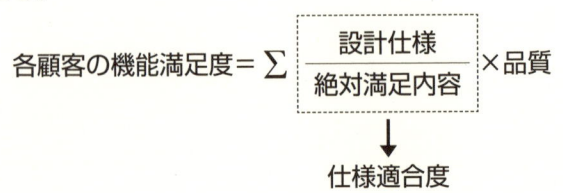

$$各顧客の機能満足度 = \sum \boxed{\frac{設計仕様}{絶対満足内容}} \times 品質$$

$$\downarrow$$
$$仕様適合度$$

この「設計仕様／絶対満足内容」を仕様適合度という。仕様適合度には、ランキング（大変満足＝5、満足＝4、普通＝3、不満＝2、大変不満＝1）、達成割合などが用いられる。188ページを参照してほしい。

さらにこの商品としての機能満足度は、各顧客の平均値（アンケートなどでサンプリングした結果の平均値）とする。同じ商品であっても、機能満足度は顧客一人ひとりによって異なる。もちろん全部の顧客を調べることはできないので、一部の標本で全体の顧客を推定していく（193ページ参照）。

$$各商品の機能満足度 = \frac{\sum 各顧客の機能満足度}{顧客数}$$

(ⅱ) 価格満足度

ここでは「どのくらいの価格ならこの商品機能に満足するか」というものを考える。ここでの絶対満足は、顧客が「この商品をいくらの価格なら買いたいか」というものであり、「値頃感（プライスライン）」という表現がこれにあたる。

各顧客の価格満足度は値頃感を販売価格で割って求める（値頃感が高く、販売価格が低いと満足度は上がる）。

値頃感を絶対満足状態に対してつけるか、その商品機能に対してつけるかであるが、当然のことながら後者である。したがって、商品機能を上げれば値頃感も上がるので、同一価格で売れば顧客満足度は加速度的に上がる（機能満足度、価格満足度がともに上がる）。値頃感の求め方は後述する。

各商品の価格満足度は、機能満足度同様に各顧客の平均値を出して求める。

$$各顧客の価格満足度 = \frac{値頃感}{販売価格}$$

$$各商品の価格満足度 = \frac{\sum 各顧客の価格満足度}{顧客数}$$

(ⅲ）顧客満足度

したがって、各商品の顧客満足度は次のように表現される。

各商品の顧客満足度＝機能満足度×価格満足度

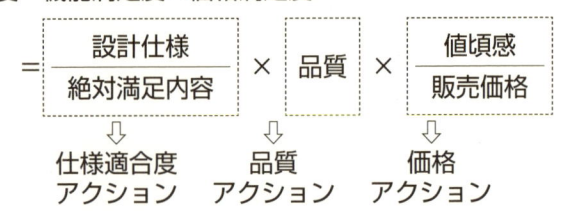

$$= \frac{設計仕様}{絶対満足内容} \times 品質 \times \frac{値頃感}{販売価格}$$

⇩ 　　　　　⇩　　　　　⇩
仕様適合度　　品質　　　価格
アクション　アクション　アクション

　すなわち、顧客満足度を上げるというCSマーケティングのアクションは、仕様適合度アクション、品質アクション、価格アクションの3つのフェーズに分けることができる。

❷品質アクション⇒仕様適合度アクション

　CSマーケティングは、品質アクションから仕様適合度アクションへフローしていく形でなされる。

　企業内で品質に関する仕事を品質管理という。一般に品質管理は、工場などの企業内でなされる仕事と考えられているが、これをマーケティングの世界に取り入れようとするものが、CSマーケティングの品質アクションである。これは次のように進めていく。

（ⅰ）不良品の定義

　品質管理は、品質測定（品質という度合を測る）と品質向上という2つの仕事から成る。大切なのは前者であり、品質の度合がわかれば、それを高める方法が自ずと見えてくる。

　品質測定の世界では「不良品」という言葉を使う。不良品とは、直感的には「設計仕様どおりに作られていないもの」と考えられる。例えば「長さ10cm」と設計したら、10cm以外のものはすべて不良品となる。しかし長さを正確に測ることはできず、そもそもちょうど10cmに作ることなどできない（長さは連続数であり、数学的にはちょうど10cmになる確率

はゼロ)。そう考えると、すべてが不良品となってしまう。そこで品質測定の世界では「測定してみて9.9cmから10.1cmなら良品とする」といった考え方が必要となる。これを許容といい、その範囲を許容範囲という。この許容範囲を超えてしまうことを異常という。

こうしてやっと不良品は定義できる。

- **異常**……設計仕様の範囲を超えているもの
- **不良品**……いくつかの設計仕様のうち、1つでも異常のあるもの
- **良品**……1つも異常のないもの

売り手から商品を見ると、常に2つの判断ミスが考えられる。

- **第1種の誤り**……良品を不良品と判断すること
- **第2種の誤り**……不良品を良品と判断すること

「第2種の誤り」によってどんな売り手でも、どんな仕組みをとっても、不良品がマーケットに出る可能性が必ずある。このミスについては、商品が売り手から出てマーケットに入った後(つまり売った後)に、不良品を顧客に見つけてもらうしか対応策はない。つまりマーケティングアクションの範疇となる。

(ⅱ) 不良品の原則

不良品に関しては、次に挙げる4つの原則がある。

(a) **不良品をなくすことはできない**

人間が行う仕事には(機械にも)、ミスは必ずあり、なくすことはできない。例えば食品メーカーで、自社商品の異物混入(設計上入ってはならないものが入ること)を防ぐことはできない。というよりも「異物が入っていないこと」を証明できない。全部開封して調べていたら、売るものがなくなってしまう。だから自社の不良品を見つけても、驚いたり、隠そうとしたりしてはいけない。

(b) **不良品の発生を減らすことはできる**

不良品をなくすことはできなくても、不良品発生の確率を落とすことはできる。これが品質向上(品質を上げる)である。統計学を使えば、一定

の品質水準（逆にいえば一定の確率で不良が起きる可能性）にあることを推定できる。これを品質確保という。しかし不良のない状態には絶対にたどり着かない。

(c) コンティンジェンシープラン

どんなに品質を向上させても不良品は出るのだから、出た時のことを考えなくてはならない。出ないことを願っても仕方がない。「出すな」と経営者が命令するのはもっと意味がない。「出た時どうするのか」を「出ないうちに決めておく」ことである。これをコンティンジェンシープラン（緊急事態計画、不測事態計画と訳される）という。

例えば顧客からクレームが入ったら、重要なクレームであればあるほど、その原因分析が終わってから公表するのではなく、まずは「当社に○○というクレームがあり現在調査中」と事実を速やかに公表する。この不良品がマスコミで報道された場合、タイミング（公表が先か、報道が先か）が運命の分かれ道となる。33ページで述べたゲームの理論にあるマキシミニである。つまり「最悪のケースでのダメージを最小にする」というもの。これがコンティンジェンシープラン、つまり「不測のリスクが発生した時の基本的方針を、あらかじめ冷静な時に決めておく」というものである。

(d) 不良を減らす仕組みが大切

不良というリスクに対しては減らすこと（予防）の他に、発生してもダメージを減らすこと（発生時対策）がある。この発生時対策の1つが先ほどのコンティンジェンシープランである。しかし、これよりも効果が大きい発生時対策が「予防」である。予防という「不良を減らす仕組み」を持っていることが、不良が発生してもそのダメージを減らしてくれる。

もちろん「不良を減らす仕組み」を持っていても不良は出る。不良が出た時、売り手にとってもっとも恐いのは「こんな対策もとっていなかったのか」「ずさんな管理体制」といったマスコミをはじめとする社会からの批判である。予防はこれをプロテクトする。ISO9000、ISO14000などの意味はここにある。ISOを取ったから安心なのではなく、ISOを取らないで

何か起きたら大変なことになる。

(ⅲ) 不良品を発見する仕組み

CSマーケティングにおける品質アクションは、このマーケットにある不良品を見つける努力がほとんどすべてといってよい。これさえ見つければ、その原因、今後の対策を考えることで品質は向上する。

しかし売り手の従業員の多くは、これができない。商品を製造した人は「不良品ではない」と思って出荷し、それを売ったセールスマンは「不良品ではない」として売っている。もっといえば、仮に不良品だとしても、「顧客には気づいてほしくない」、さらには「不良品とはいい切れない」（「許される範囲内だろう」）と考えてしまう。

CSマーケティングの品質アクションでは、まず企業内に「不良品を見つけること」が「本職の人」を作ることである。これが103ページで述べた顧客対応窓口などといわれるチームである。このチームはクレーム（顧客からの不良品という指摘）をただ受けるだけでなく、「不良品は必ずある。ただ見つからないだけ」という仮説を持って、「不良品をがんばって見つけること」を使命とする。このチームのメンバーは「不良品を見つけた結果」で評価され、給与をもらう。

さらにはこの顧客対応窓口だけでなく、マーケティング本部の指揮の下、すべてのマーケティングロジスティックスメンバーが、マーケティング情報の中心としてこれを"がんばって"集める努力をしていく。

(ⅳ) 仕様適合度アクションへ

この顧客対応窓口を中心とするマーケティング情報収集では、大きく2つのものが集まってくる。「ヘルプ」と「クレーム」である。

ヘルプとは「商品の使い方がよくわからない」というものである。本来は操作説明書などをしっかり読めばわかるはずのものである。

クレームはさらに3つのパターンに分かれる。

1つは先ほどの不良品である。設計仕様とは異なる商品が、顧客の手元に届いているものである。無論、この時は不良原因を調査し、その改善を図

るだけでなく、特にフロントエンドのセールスマンやサービスオペレーターの行動をコントロールする。具体的には日頃から「不良品が出た時は冷静に対応すること」「企業のダメージがもっとも小さくなる方向で対処すること」「1つの不良があるということは、多くの潜在的不良（発見されてない不良）があること」といったセオリーを教育しておく。そして不良はいち早く見つけ、公表することが効果的だということを納得させ、この隠れた不良をもっと発見すべく、セールスマン、オペレーターなどが積極的に調査し、さらには自社のすべての顧客へ不良情報を積極的に提供していく。

　クレームの2つ目は使用トラブルである。"故障"（「商品がこわれた」）のような不良品に近いものだけでなく、「水がもれる」といった使用時の「ちょっとしたトラブル」についてもこれに含めて考える。「ちょっとしたトラブル」は多くの場合、売り手の想定しないような、あるいは取扱説明書で禁止しているような使い方（「激しく振った」など）を、顧客がした時に起こったものである。

　3つ目は売り手が「ご意見」「ご指摘」と表現するもので、顧客の商品使用時の"不満"である。「ボタンの位置がわかりづらい」「キャップがあけづらい」…。

　多くの売り手は、使用トラブルにおいては、「その原因が顧客にあること」を理解してもらうように対応していく。そしてそれが終わったら、その情報をあっさりと捨ててしまう（「うちに非がなくてよかった」）。

　「ご意見」について、多くの企業は「まあこういう人もいるが、そう思わない人だっているのだから」と気にも留めない。これを激しく訴える顧客は、クレーマーとして敵視してしまう。

　こうやって書いていけばお気づきと思う。「ヘルプ」「ちょっとしたトラブル」「ご意見」は設計仕様どおり作られているので、品質的には問題はない。しかし顧客満足度が低いのである。つまり設計仕様を変更すべきものかもしれない。「ヘルプ」だって、その顧客は「なんて使い勝手が悪いんだ」と不満を持っている。

「ヘルプ」「トラブル」「ご意見」を積極的に集めて、その対策を打ち、不満足度を解消していけば、顧客満足度は上がっていくことはおわかりと思う。これが仕様適合度アクションである。

　「ヘルプ」「ご意見」によって、売り手が考えてもいなかった機能満足度の項目（＝設計仕様）がわかる。「ちょっとしたトラブル」の解消で、その対象顧客の機能満足度を上げるだけでなく、それをヒントに他の顧客の機能満足度も上げていくことができる。

　セールスマンやサービスオペレーターが、この「ちょっとしたトラブル」「ご意見」「ヘルプ」を使って、「他のお客様は当社の商品にこんな不満をお持ちだとおっしゃっていますが、お客様はどう思われますか」といった質問をして、「私もそうだった」「私もチェックしてみよう」、さらには「それなら私はこちらの方が不満」といった「声」を聞くことがCSマーケティングの基本である。

❸価格アクション

　価格満足度は値頃感を販売価格で割る。販売価格はわかっているので、価格アクションは値頃感をどうやってつかむかにある。

　これについては、顧客へ「あなたはこの商品をいくらまでなら買いますか」というアンケートを取る方法がすぐに浮かぶ。しかしアンケートされる側から考えればおわかりのとおり、難しい質問である。「安ければ安いに越したことはない」が答えであろう。そしてこれを追いかければ価格競争となってしまう。

　しかしCSマーケティングでは「値頃感はある」という仮説を持って進めるしかない。そうでないと価格満足度を計算できない。

　気持ちを聞けないとすれば、値頃感は顧客の行動から推定していくしかない。一般的には同じ商品や同じような機能を持つ商品を、いろいろな価格で売ってみて、その結果を見て、顧客の反応をとらえる。無論、自社商品と同等のライバル商品の価格、その販売結果なども参考にしていく。

高額商品であれば、見積書を出すなどして「実際に価格折衝したセールス結果」を使って、「値頃感の仮説」を作ったり、それを顧客に訴えて反応を見るというのがノーマルなやり方である。「値頃感の仮説」というのは、例えば「企業の情報システム費用は粗利の1％」「マンションの販売価格は年収の5倍」「婚約指輪は月給の3ヶ月分」といったものである。

　一方、くり返し購買する最寄品の世界で比較的広く使われているのが、27ページで述べた「価格弾力性」である。価格弾力性は、価格の変化に対して、販売数量がどう変化するかを見るもので、次のような式で計算するのが一般的である。

価格弾力性＝販売数量の変化の割合÷価格の変化の割合

$$= \frac{\frac{Q_1 - Q_2}{Q_1 + Q_2}}{2} \div \frac{\frac{P_1 - P_2}{P_1 + P_2}}{2} \quad \begin{array}{l} P_1：旧価格…その時の一定期間の販売数量Q_1 \\ P_2：新価格…その時の一定期間の販売数量Q_2 \end{array}$$

$$= \frac{Q_1 - Q_2}{Q_1 + Q_2} \times \frac{P_1 + P_2}{P_1 - P_2} \quad （マイナスの符号はとる）$$

　値頃感は顧客によってさまざまである。価格弾力性を使った「値頃感の仮説」は、その数が「1」になるあたりに「買う」「買わない」といったぎりぎりの選択をしている顧客が多いと考える。つまり、そのあたりの価格に多くの顧客が値頃感を持っていると考える（「1」になる所はいくつかの価格で見られることが多い）。

価格(円)	販売数量(個)
300	1600
250	2100
200	2400
150	2800

300円から250円の価格弾力性
$$= \frac{1600 - 2100}{1600 + 2100} \times \frac{300 + 250}{300 - 250}$$
$$= 1.49$$

250円から200円の価格弾力性
$$= \frac{2100 - 2400}{2100 + 2400} \times \frac{250 + 200}{250 - 200}$$
$$= 0.60$$

200円から150円の価格弾力性
$$= \frac{2400 - 2800}{2400 + 2800} \times \frac{200 + 150}{200 - 150}$$
$$= 0.54$$

上の表は、ある店舗である商品を一定期間ごとに300円、250円、200円、150円と引き下げていった場合のものである。

各ゾーンでの価格弾力性は上のように計算できる。

300円〜250円の価格弾力性が1.49、250円〜200円が0.60となるので、250円あたりに、価格弾力性が「1」となる価格がありそうである。つまりこのあたりが値頃感と考えられる。さらに詳しく知りたければ、この近辺でもう少し細かく区切って（260円、255円、250円、245円、240円）販売して、その価格弾力性を見ればよい。

これは特定の商品だけでなく、商品カテゴリー全体で見ることも多い。例えば、カップ麺全体、自動車全体といったものである。

価格弾力性以外にも値頃感を見つける努力はなされている。下図はある店舗でのある商品の1年間の価格別の日販数（1日あたりの販売個数）である。

価格(円)	98	100	110	120	130	140	150	160	170	180	190	200	210	220
日販数	48	40	19	20	19	18	23	22	21	13	11	3	3	2

プライススポット　プライススポット　プライススポット

ここでは販売個数が大きく変化するプライススポット（価格／数量の変化点）がいくつか見られる。100〜110円、170〜180円、190〜200円といった所である。つまり値頃感によって顧客は3つのグループに分けられる。

また110〜170円では数量がほとんど動かないので、100円、170円の2つの値頃感があるとも考えられる。これに合わせて「機能の異なる2つの商品タイプを用意するといったマーケティング戦略を考えていく」と進めていくのがCSマーケティングである。

（2）SNSマーケティング

❶概要

　SNSとは、ソーシャルネットワーキングシステム、またはソーシャルネットワークサイトの略であり、インターネット上にクローズドなユーザーグループ（一種の社会）を作り、コミュニケーションを行うものである。

　従来からあったインターネット・コミュニティとほぼ同じ概念であるが、そのコミュニケーションスタイルがやや異なっている。従来のインターネット・コミュニティはテーマを決めた広場を作って、そこで情報交換していこうというものであった。149ページの「商品開発の広場」のようなものが、その典型的なスタイルである。

　一方、SNSはFacebook、mixiなどが代表的なものであり、チャット（つぶやき）、ブログ（日記風のWebサイト）、写真公開などによって、情報交換というよりも「自らが情報発信していく」というものである。情報発信というコミュニケーションゆえに、発信者は匿名ではなく、「実名（またはニックネーム）公開」を原則とした登録制ネットワークである。つまり話している相手の顔が見えるネットワークである。

　売り手からSNSのマーケティング活用を考えると、2つのパターンが考えられる。プッシュとプルである。

　前者のプッシュとは、そのSNSのメンバーを顧客、見込み客と考え、売り手側から情報発信するものである。つまりMCであり、SNSを162ページで述べたプロモーション媒体の1つとしてとらえるものである。

　マーケティングとして注目されるのは、むしろ後者のプルである。つまりSNSメンバーの「顔の見える声」を聞くというものである。103ページの顧客対応窓口やマーケティングリサーチのインタビューに対しての「声」ではなく、その人が自らの意思で、自由にまわりの人に「思い」を伝えるものであり、情報価値は極めて高い。この「思い」を生かすものは、商品マーケティングであり、その最大のものが商品開発である。

　商品開発というマーケティングは、ニーズとシーズのマッチングである。

ニーズという「顧客の思い」と、シーズという「売り手の力」をマッチさせて、商品を創るものである。

SNSを使った商品開発は大きく2つのパターンに分けることができる。はじめのパターンは、ニーズ収集型である。「こんな商品がほしい」というニーズを受けて、「それを作ることができるか」(シーズ)と考えていくものである。これは商品開発の中の商品改良というパターンで主に見られる。「今ある商品をこう変えたらいいのに」という顧客のアイデアやヒントを使って、商品機能を変更するものである。

もう1つはニーズ検証型である。自社のアイデアを生かし、「全く新しい商品」を考え(シーズ)、これが顧客に受け入れられるか(ニーズ)と考えるものである。

この両パターンでSNSは活用されるが、SNSの力が発揮されるのは、何といってもニーズ収集型である。

❷ニーズ収集型

一般に次のような手順で進めていく。

(i) ニーズの項目

SNSを使って自社商品へのニーズをとらえるのだが、ポイントは何をニーズと考えるかである。このニーズの項目にはCSマーケティングを使う。174ページの式のうち、次の4つをSNSでとらえるように設計する。

- 絶対満足の項目(=設計仕様の項目)……顧客満足を測るために、どういう「ものさし」を使うかというものである。つまり、「顧客はどういう項目でその商品を評価しているのだろうか」ということである。例えば自社の商品がカップ麺であれば、おいしさ、量、パッケージ、手軽さ…といったものである。この項目は171ページで触れたように階層的に考えていく。例えば「おいしさ」は「スープ」「麺」「具」…から成り、「スープ」は「味」「香り」…から成り、「味」は「うまみ」「こってり」「塩分」…から成り、といったものである。

- 仕様適合度（＝設計仕様／絶対満足）……上の各項目について、絶対満足に自社商品がどれくらい近いかということである。「スープ」の「塩分」では「もう少し塩を強く」「ちょうどよい」「塩からい」といったことで、これを各々「1」「2」「3」…といった数字で表わしていく。
- 品質……不良品についての情報を収集する。177ページで述べたクレームとならないようなちょっとしたヘルプ、ご意見、トラブルなどを積極的に収集していく。
- 値頃感……値頃感を知るために、価格についての意見を収集する。

(ⅱ) フレームワーク

　さまざまなスタイルが考えられるが、SNSのコンセプト（実名公開型）からして、売り手がSNSを「そっと見る」というのではなく、堂々と自らの「広場」のようなものをSNSに立ち上げるべきである。そのうえで、この広場へ顧客や見込み客に登録してもらう。小売店舗が発行している「お客様カード」のような感覚である。すなわち登録の際に、氏名、住所、年齢、職業、家族構成、趣味、さらには年収など売り手がほしい顧客情報はできるだけ教えてもらう。無論、個人情報保護法（272ページ参照）を考慮して、「個人情報をどうマーケティングに使うのか、どうやって管理していくのか」といった規約を作り、事前に了承を得る。登録顧客が法人の場合、法人担当者の個人加入という形で受け付ける。「自らのプライバシー情報を売り手のマーケティングに使われることを拒否する人は、参加しなければよい」というものである。

　ここで売り手はSNSメンバーからさまざまなデータを受け取り、マーケティングに活用し、場合によっては大きな利益を得る。SNSメンバーが価値のあるデータを企業に提供するのだから、企業はその対価をきちんとメンバーに払う必要がある。そして対価は量ではなく、その価値に比例して払うべきである。

(ⅲ) メンバー

　SNSのメンバーは、自社のロイヤルカスタマーやその予備軍（将来ロイ

ヤルカスタマーになってくれそうな人）とする。代表性（その人たちが顧客全体を表わしているか）が落ちるように感じられるかもしれないが、そんなことはない。SNSは上のフレームワークから考えて、従来のプロが行うマーケティングリサーチのように無作為抽出（ランダムに選ぶ）された「人」の声を聞くのではなく、顔の見える「お客様」の声を聞くものである。SNSマーケティングでは270ページで述べるロイヤルティ・マーケティングがベースである。売り手にとって大切な顧客満足度は、一般客ではなくロイヤルカスタマーの満足度である。お店でいえば、ふらっと入ってくるお客の声より、常連客の声を大切にする。

　ここでのロイヤルカスタマーは「自社の商品をたくさん、あるいは毎日購入してくれる人」と定義される。すなわち、SNSの登録では、「たくさん購入してくれていること」を何らかの形で証明してもらえばよい。懸賞の要領である。例えば商品にシールを貼って、それを返送してもらい、これによってSNSへの加盟ができるといったものである。

　無論SNSに入れば、さまざまなプレミアムサービスが受けられるようにする。ロイヤルカスタマーというヘビーなファンなので、このプレミアムは自社商品に関するものが最適といえる。クーポン券を渡したり、新商品を無料で提供したり、イベントに参加できたり、さらには後で述べるようにSNSで意見を出せば、対価が得られるといったものである。

　もう1つのメンバー対象は、ロイヤルカスタマー予備軍である。これについてどんな人を集めるかは、売り手の意思で決める。登録顧客をランク分け（ゴールド会員＝ロイヤルカスタマー、一般会員＝予備軍）したり、ロイヤルカスタマーからの紹介によって予備軍を受け付けたり、といったものである。またSNSに人数がほしいと思う時はロイヤルカスタマーに紹介料（自社の商品のようなものでも可）を払い、人数よりも真のロイヤルカスタマー予備軍がほしければ、逆に予備軍の中から少額の加盟料や一定量の商品購入を条件とする。

(ⅳ) SNSの構成

　無論さまざまなものが考えられるが、一般的には次のようなページをSNSに用意する。

- **SNSルール**……このSNSは何に使うものか（自社の商品を改良し、お客様の満足度を上げるなど）、個人情報保護法、「やってはいけないこと」（やったら退会）、「やってほしいこと」…。
- **売り手のページ**……売り手からの発信情報を書いておく所。
- **掲示板**……メンバーが何を書いてもOKな掲示板であり、SNSの主力ページである。本人のSNSサイト、ツィッターサイトとリンクする形でもOKである。

　従来のWebサイト上の「企業の掲示板」や「2ちゃんねる」のように、デマ、誹謗中傷、いたずら書きをされる心配はない。このSNSは主催者である売り手にデータ消去、リンク解除、退会などの権利がある。さらに149ページの社内掲示板同様に、特定のテーマについてメンバー（売り手も含めて）が自由にフォーラムのようなものを作れるようにしておく。

- **ご意見コーナー**……177ページのご意見、ヘルプ、トラブル、クレームをここで受け付ける。そしてこれをすべてオープンにして、その「不満」について、他のメンバーの意見を聞けるようにする。これは掲示板に書いてもよいことだが、このページを作ることでメンバーが不満を書きやすいようにしておく。
- **商品評価コーナー**……掲示板やご意見コーナーに書かれる新商品やリニューアル商品、既存商品などについての意見を多く集めたい時は、キャンペーン期間を設けるなどして、メンバーに意見を聞く。有効な意見には賞金、賞品、ポイントなどのプレミアムを付ける。
- **商品使い方コーナー**……商品のユニークな使い方に関して、やはりキャンペーン期間などを設けてコンテストを行う。カップ麺であれば、新しい食べ方に関してのアイデア（「パンと牛乳を入れて食べたらおいしい」

など）を募集し、それを他のメンバー、売り手などが評価して、やはり売り手が賞品、賞金、ポイントなどを提供する。
- **新商品のアイデアコーナー**……SNSメンバーから新商品に関するアイデアを募集するコーナー。これについてはニーズ検証型で述べる。

(ⅴ) 意見の整理

集めたニーズをどのように整理していくかは、やはりケースバイケースであるが、標準的な方法は次のようなものである。

意見の概要を表形式にまとめ、その表から個別の意見のページへ飛ぶようにリンクを貼っておく。表で整理する第一のキーは、当然のことだが商品となる。多くの企業では、図3-1のように商品が階層性を持っている。

図3-1　商品階層

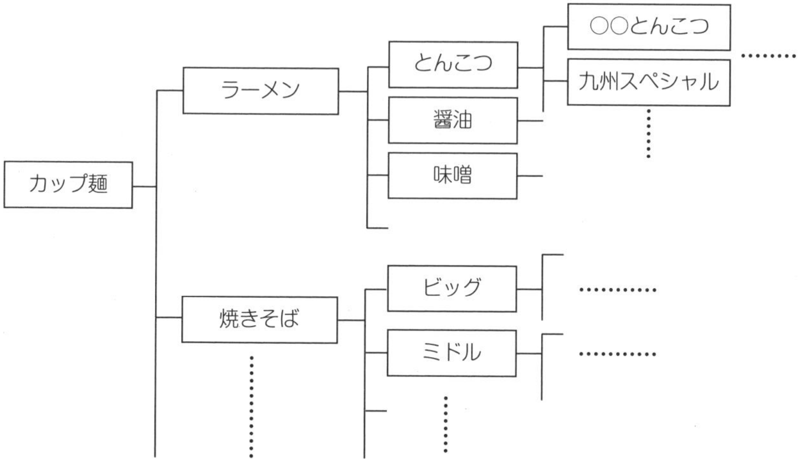

```
カップ麺 ─┬─ ラーメン ─┬─ とんこつ ─┬─ ○○とんこつ  ……
         │           │          └─ 九州スペシャル
         │           │                  ⋮
         │           ├─ 醤油
         │           └─ 味噌
         │
         └─ 焼きそば ─┬─ ビッグ  ……
                     └─ ミドル  ……
                         ⋮
```

SNSで挙がった意見を、「どこかの箱に入れていく」ような感じで整理する。カップ麺全体に対する意見ならカップ麺の箱に、「とんこつラーメン」の意見なら「とんこつ」の箱に、「○○とんこつ」の意見は「○○とんこつ」の箱に…という感じである。

次に商品（商品群）ごとに集まった意見を、項目ごとに分ける。「おいし

さ」に関すること、「量」に関すること…といったものである。これが絶対満足の項目となる。

　これも階層的に考え、図3-2のように整理する。

図3-2　意見階層

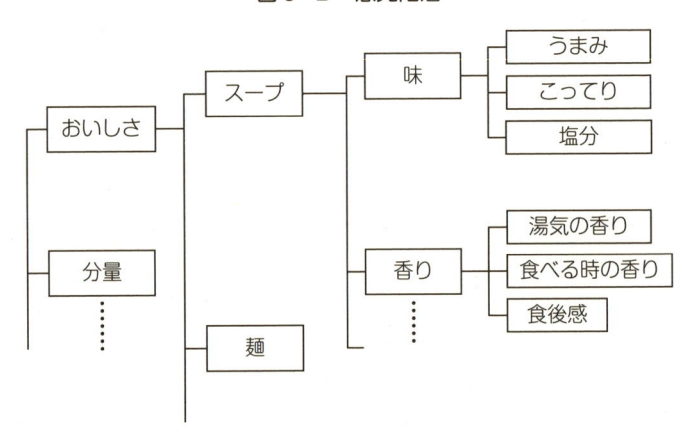

```
おいしさ ─┬─ スープ ─┬─ 味 ─┬─ うまみ
          │          │      ├─ こってり
          │          │      └─ 塩分
          │          │
          │          └─ 香り ─┬─ 湯気の香り
          │                   ├─ 食べる時の香り
          │                   └─ 食後感
          │
          ├─ 分量
          │   ⋮
          └─ 麺
```

あわせて品質、価格についての項目も作っておく。

（ⅵ）意見の評価

次に各項目について評価点を考える。例えば「こってり感」でいえば、右のように「ちょうどよい」を「真中」(5) として、上下にランキングしていくといったものである。

これによってSNSに書かれた意見を、売り手が見て数字にしていく。前述のキャンペーンなどでは、SNSメンバーに意見だけでなく、点数を付けてもらってもよい。

評価点	評価内容
0	あっさりしすぎて食べたくない
1	かなりあっさりしている
2	あっさりしている
3	少しあっさりしている
4	気持ちだけこってりさせた方がいい
5	ちょうどよい
6	気持ちだけあっさりさせた方がいい
7	少しこってりしている
8	こってりしている
9	かなりこってりしている
10	こってりしすぎて食べられない

この評価点が仕様適合度を表現するものといえる。この仕様適合度を表にしたり、グラフで表したりする。グラフのスタイルはケースバイケースだが、意見の数がそれほど多くない時は散布図（プロット図ともいう）、多い時はヒストグラムなどを使う。

散布図とは、図3-3のようなものである。絶対満足の項目ごとに、たて軸に評価点、横軸に時間（こうすると発生順になる）などを取り、一つひとつの意見が該当する位置に点を打っていく。そのうえで各点から元の実際の意見に、いつでも飛べるように関連づけておく。

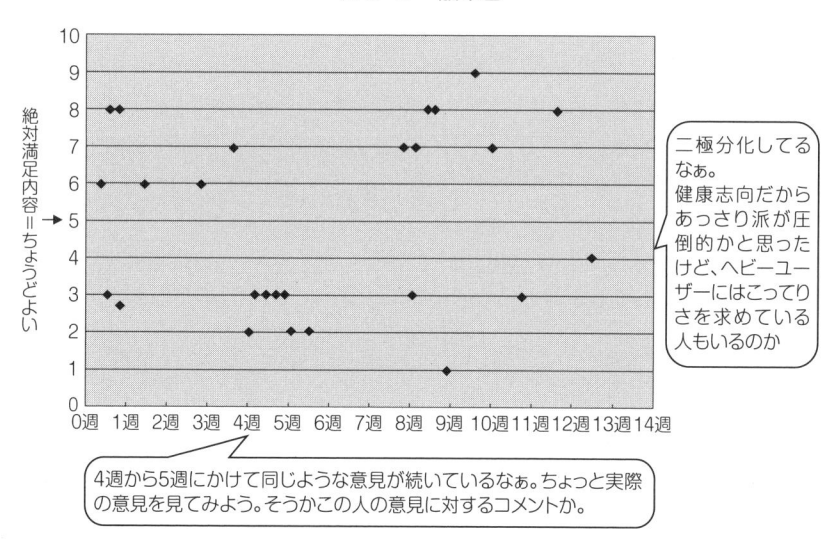

図3-3　散布図

（縦軸：絶対満足内容＝ちょうどよい　0〜10、横軸：0週〜14週）

二極分化してるなぁ。健康志向だからあっさり派が圧倒的かと思ったけど、ヘビーユーザーにはこってりさを求めている人もいるのか

4週から5週にかけて同じような意見が続いているなぁ。ちょっと実際の意見を見てみよう。そうかこの人の意見に対するコメントか。

末端の箱の整理が終わったら、上の階層の整理をする。187ページの図3-1でいう「とんこつ」、「醤油」、「味噌」の整理が終わったら、これをすべて1つにする。そのうえでラーメンの箱に貼りついている意見も足して、同じように散布図か、図3-4のようなヒストグラムにする。

これらのニーズから商品改良、さらには新商品開発を行っていく。ここから先は151ページで述べた商品化のステップを進めていく。

図3-4　ヒストグラム

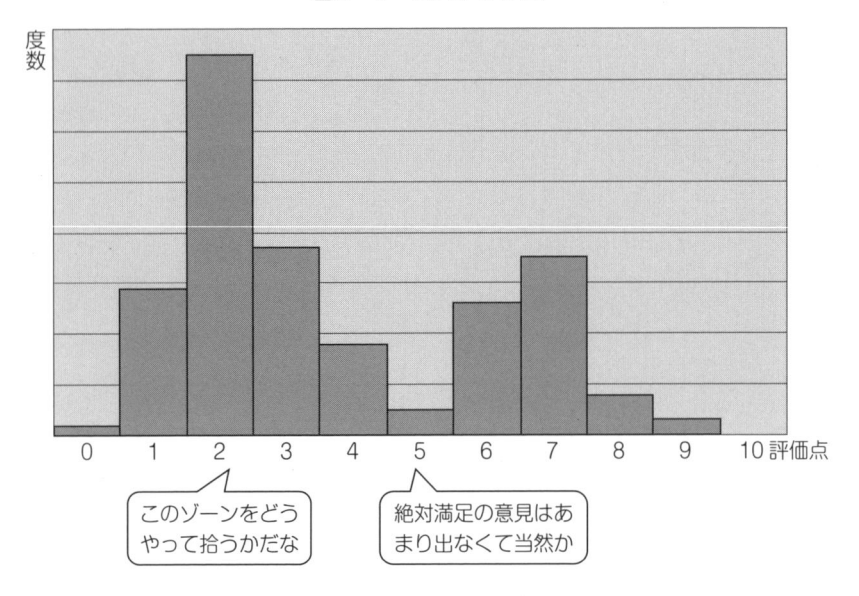

（グラフ内の吹き出し）
- このゾーンをどうやって拾うかだな
- 絶対満足の意見はあまり出なくて当然か

❸ニーズ検証型

　売り手側が考えている新商品について、マーケットインの前に顧客の声を聞くというパターンである。もう1つ「新商品のアイデアをSNSで求める」というパターンも考えられるが、SNSマーケティングではかなりレアである。

　今、マーケットにない全く新しい商品のアイデアを顧客に求めるというのは、さすがに無理がある。せいぜい「顧客にそのヒントをもらう」という程度であろう。例えば前記のSNSの新商品アイデアコーナーを使い、それを149ページの社内の新商品開発広場のアイデア突破口に使うといったものである。

　一般的に新商品の骨子が固まってからが、ニーズ検証型のSNSマーケティングのスタートである。この時点ではすでに商品化リーダーがいて、商品コンセプトが大体固まっている。

　まずは商品化リーダーが新商品に関するコーナーなどをSNS内に立ち

上げる。場合によっては、これを機に新メンバー（新商品のロイヤルカスタマーになりそうな人たち）の募集も行う。

　このコーナーの立ち上げ時期は、その商品の参入障壁にもよるが、もっとも早い時（特許などで高い参入障壁が確保されている時）で「ラフな商品コンセプトが固まった時」であり、もっとも遅い時で「技術的な検討事項がすべて終了し、試作品ができた時」である。

　SNSのメンバーには商品コンセプトを公開し（場合によっては試作品を提供し）、自身および周囲の人（家族、友人、仕事仲間などへ紹介してもらう）の反応、主な見込み客の像、商品改良のアイデアといった意見を募る。そして良い意見に対しては対価を支払う。従来のテストマーケティングをSNSで行うものである。

　ただSNSマーケティングでは、SNSの特徴から考えて（情報発信）、このニーズ検証型は"おまけ"であり、ニーズ収集のために立ち上げたSNSの有効活用という位置づけとなる。

1-2 予測マーケティング（「商品がKMF、流通が2MF」または「流通がKMF、商品が2MF」のケース）

(1) 概　要

　商品と流通に関するマーケティングストックにもさまざまなものがあるが、その代表的なものは予測マーケティングである。

　これは商品の機能ではなく「商品の販売量」に着目するマーケティングであり、顧客のニーズを「機能」ではなく、「販売量」でとらえるものである。

　売り手から見ると、「売れる商品を売れる量だけ作り、ロスをなくす」というものであり、一般にはマーケティングというよりも生産管理の世界と考えられ、231ページで述べるカンバンというキーワードで表現されるものである。

　しかし現代では、マーケティングストックとしても注目されている（ア

メリカでは、従来から41ページで述べたJITというキーワードでマーケティングに活用されていた)。

　売り手から見れば、商品ガバナンスマーケットにおいて需要にタイムリーに応じることであり、売り手ガバナンスマーケットにおいてロスをなくして勝ち抜くことであり、流通ガバナンスマーケットにおいて流通とのパワーバランスを変えていくことであり、買い手ガバナンスマーケットにおいて商品と顧客のマッチングを販売量でとらえていくものである。

　マーケティングストックとして注目された原点は、この中の「売り手と流通とのパワーバランスを変えること」にある。消費財などの売り手が、店舗（流通）での"売れ行き"を正確にあて、店舗在庫（売れ残り）を減らすことで、その店舗での自社商品の取り扱いを図るというものである。流通に「きっと売れるから、うちの商品を置いてくれ」ではなく、「うちの商品はロスが少ないから、置いた方が店舗として効率が良い」というものである。これを流通自身がやると、コンビニという業態となる。というよりも、コンビニはトヨタなどが作ったカンバンシステム（＝予測マーケティング）を店舗に取り入れたものである。「売れる量を予測して、その量をタイムリーに店舗へ届けること」を売り手に要求するものである。だからコンビニの配送スタイルをカンバン配送とよんでいる。

　予測マーケティングは大ヒット商品を狙うのではなく、「顧客が買いたいと思う量を、売り手と流通が共同で供給する」というもので、228ページで述べるSCMの1つのスタイルとも考えられる。売れない時代の"キレのあるマーケティング"として注目を集めており、流通ガバナンスマーケットにいた花王などがその代表選手といえる。

　この予測マーケティングを理解するには、「統計」⇒「予測」⇒「在庫」というステップでその考え方を理解する必要がある。統計は数学の世界であり、この数学を取り入れたものを総称して科学的マーケティングという。極めてキレの良いマーケティングストックである。とっつきづらい面もあるが、数学が苦手な人も、がんばってこの科学的マーケティングのアウト

ラインだけでも理解してほしい。

(2) 統　計
❶母集団と標本

　統計では「知りたいデータ全体」のことを母集団という。一般に母集団についてはすべてのデータはわかっていないことが多い。ここに統計というテクニックが使われる。

　例えば、カップ麺を作っているＡ社で、「カップ１個あたりに麺が何本入っているのか」を知りたいとする。この時、母集団は出荷するカップ１個１個に入っている麺の数である。まさか全部開けて調べるわけにはいかないので、何個かを開けて本数を数えてみることにした。

　このように母集団のデータがすべて手に入らない時は、一部の手に入るデータを頼りに、母集団の状況を推定する。この「一部の手に入るデータ」を標本（サンプル）、母集団から標本を抽出することをサンプリングという。

　サンプリングしたカップ麺の本数は、「96、92、84、88」であった。それぞれの値を標本値という。この４つの数字のデータでは使いづらいので、標本値を何らかの形に加工する。この加工された数字を統計量という。

　統計量の代表は平均値である。先ほどの４つのデータの平均値は90本であり、これが統計量である。この90本という数値は、標本を加工したものであり、本当に知りたいのは母集団の平均値である。この母集団の平均値を期待値（きっとそうであろうという意味）という。つまり標本の平均値で母集団の期待値を推定するもので「おそらくＡ社のカップ麺全体の平均も90本くらいだろう」ということである。

　Ｂ社で同じタイプのカップ麺を作っており、同様にサンプリングしてみると「76、108、82、94」で同じく平均90本であった。このＡ社とＢ社で作るカップ麺は平均が同じでもバラツキが違っていることはおわかりと思う。このバラツキを表わす統計量が標準偏差である。これは各データがどれくらい平均値から離れているか（これを偏差という）を平均したも

のである。エクセルなどの表計算ソフト（以降エクセルと表現する）を使えば簡単に計算できる。

計算してみると、A社は4.5、B社では12.2となり、B社の標本の本数はA社の標本の本数の3倍弱のバラツキがある。そこでB社のカップ麺の本数（母集団B）はA社のカップ麺の本数（母集団A）の約3倍のバラツキがあると推定する。

❷確率と正規分布

次は確率であるが、これは直感的な概念である。

確率はよくサイコロの例で説明される。サイコロの目は1,2,3,4,5,6という6つの数字をとる。サイコロの目のように「数字が変化するもの」を変数（一定のものは定数、円周率は定数）という。サイコロを振って「目が1」と出る確率は1/6である。サイコロの目のように取りうる目が限られていて、それぞれの値（1〜6）となる確率（この場合はすべて1/6）が決まっている時、この変数を離散確率変数という。また、この「1と1/6」「2と1/6」…という変数と確率の組み合わせを離散確率分布という。

一方、変数が連続数（長さのように連続している数値）で確率が計算できるものを連続確率変数、この変数と確率の関係を連続確率分布という。

ある子供服メーカーで、小学生の身長を知りたいと思っている。しかし日本中の小学生の身長（母集団）を調べるわけにはいかないので、100人の小学生の身長（標本）を調べた。結果は、下の図3-5の左図のとおりであり、これをエクセルを使って図3-5の右のようなヒストグラム（190ページ）に表してみる。

この100人中、身長160〜170cmの間に9人いる。全体の9%である。したがって全国の小学生も160〜170cmの身長の人が9%と推定する。だから全国の小学生の中から1人を選んで、その人の身長が160〜170cmの間に入っている確率も9%と考えるのがノーマルである。つまり上のヒストグラムの棒の高さ（9）は確率（%）を表しているともいえる。

図3-5　ランク表をヒストグラムにする

ランク	身長	人数
1	120cm 以下	5
2	120〜130cm	14
3	130〜140cm	18
4	140〜150cm	30
5	150〜160cm	20
6	160〜170cm	9
7	170cm 以上	4
	合計	100

仮にもっと多くの小学生に身体測定を行い（標本を増やし）、データのランク（伸長を切る幅）をどんどん細かくしていくと、図3-6のようになる。

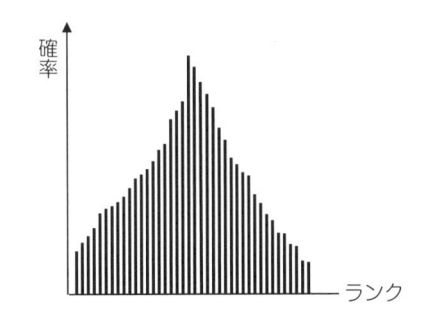

図3-6　ヒストグラムのランクを細かくする

標本をどんどんふやし（つまり日本中の小学生を対象に近づけていく＝母集団に近づく）、ランクをどんどん細かくしていくと、これらの棒がつながって、図3-7の左図のようになり、この頂点をつないでいくと1つの線が現れてくる。ここではこの身長が連続した状態となり、棒の意味がないのでこれを取ってしまうと図3-7の右図のような曲線になる。

図3-7 ヒストグラムから曲線へ

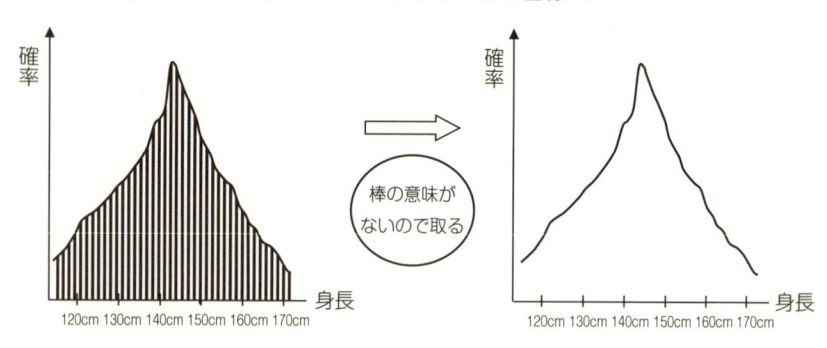

棒の意味がないので取る

　図3-7の右の曲線を使って今回の小学生の中から1人選んで、身長が160〜170cmに入っている確率を考えてみよう。
　棒の高さは確率なので、「この細い棒をすべて足したもの」（図3-8の左図）が160〜170cmに入っている確率になる（このような細い棒を積み上げていくことを積分という）。つまり、図3-8の右図の斜線部分の面積がその確率といえる。

図3-8 積分して確率を求める

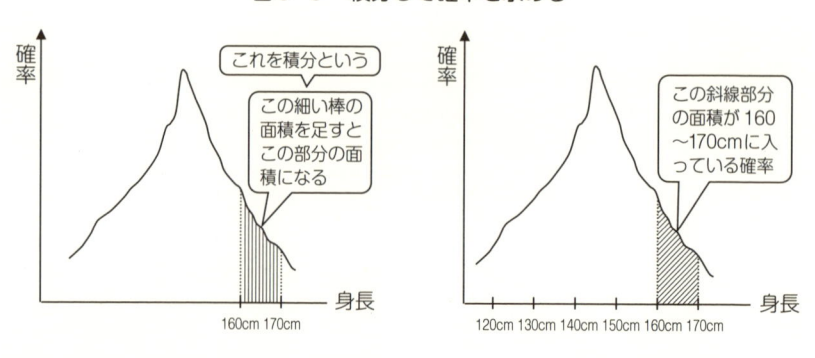

これを積分という
この細い棒の面積を足すとこの部分の面積になる

この斜線部分の面積が160〜170cmに入っている確率

　このように変数の「ある値」から「ある値」を取る確率が面積で表される線（図3-7の山の形をした曲線）が、先ほどいった連続確率分布である。
　連続確率分布には正規分布という「山の形」がよく使われる。それは次

のような特徴を持ち、現実の世界（例えば、先ほどの小学生の身長）に比較的フィットしていて、かつ使い勝手がよいからである。

- **中心ほど高い**……「山の形」なので、中心（これが平均値）にいくほど高い。つまり平均値付近ほどその値を取る確率が高い。
- **左右対称**……平均値より大きい値を取る確率と、小さい値を取る確率が50％ずつ。
- **平均値と標準偏差で決まる**……この２つの値によって山の形が決まる。
- **確率計算が楽**……平均値と標準偏差がわかれば、範囲（150〜160cm）、以上（160cm以上）、以下（150cm以下）など、さまざまな確率が計算できる（エクセルで簡単に計算できる）。

ここまでのことは、ざっと大枠をつかめばOKである。標準偏差（バラツキ）、正規分布（山形曲線）といった言葉にアレルギーを起こさなければ、マーケティングを考えるうえで支障はない。これらのことは基本的にはエクセルなどのITが処理してくれる。もっと詳しく知りたければ、拙著『微分・積分を知らずに経営を語るな』（PHP新書）を参照にしてほしい。

(3) 予　測
❶予測のモデル化
予測は統計の中核をなすものであり、図３-９のようにモデル化される。

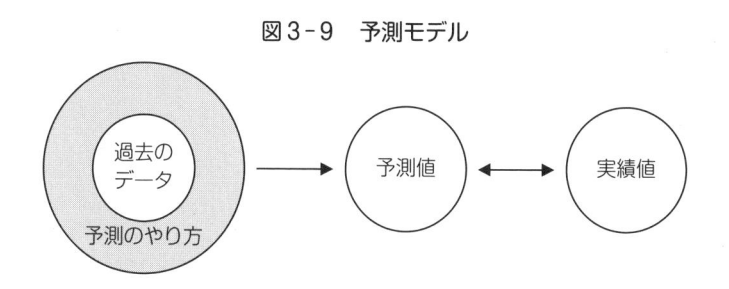

図３-９　予測モデル

「過去のデータ」から特定の「予測のやり方」を使って、「予測値」を出

すというものである。

予測の最大の特徴は、いずれ実績値が出るということである。予測をやりたがらない多くの理由は、当たらない、つまり予測値≠実績値となることを恐れていることにある。しかし冷静に考えれば、実績値が出た後で、次はなるべく当たるように、つまり「実績値－予測値」ができるだけ小さくなるように、「予測のやり方を変えて」いけばよいことはおわかりだと思う。この考え方を使うものを回帰分析といい、予測について過去の賢い人たちが出した結論である。

❷ トレンド

例えば、ある商品が毎期、下表のように売れたとする。

期	販売個数	期	販売個数	期	販売個数
1期	120	14期	246	27期	282
2期	126	15期	233	28期	306
3期	142	16期	211	29期	264
4期	130	17期	240	30期	312
5期	128	18期	222	31期	288
6期	146	19期	213	32期	319
7期	205	20期	255	33期	346
8期	182	21期	231	34期	298
9期	224	22期	278	35期	307
10期	206	23期	229	36期	358
11期	188	24期	266	37期	388
12期	201	25期	225	38期	372
13期	198	26期	235	39期	?

(今は38期が終わったところ)

この時、来期（39期）は、何個売れると予測したらよいだろうか。

1期～38期までの平均値を出してみると240個となる。39期は240個と予測すべきだろうか。38期が372個なのにいくらなんでも小さすぎる。つまりこの販売個数に対して「平均を取る」というのは「予測のやり

方」としては不適切といえる。

そこで、たて軸を販売個数、横軸を期として、図3-10のような散布図をエクセルで書いてみる。

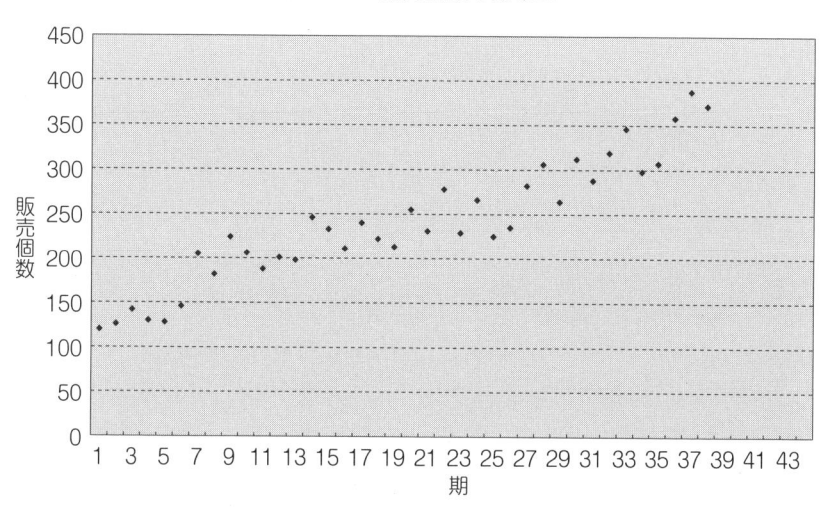

図3-10 販売個数の散布図

明らかにこの商品の販売個数には「傾向」がある。点を離れて見ると、増加していく1本の線が見えると思う。この線を使えば39期以降も予測できそうである。しかし、この線をどう引くかを決めなくてはならない。これが先ほどの「予測のやり方」である。

これについても過去の賢い人たちが考えて、結論を出した。それは「各点からの距離の和がもっとも小さくなるように線を引く」ということである。これが先ほどの「『実績値－予測値』をできるだけ小さくなるように」ということである。

これには最小2乗法（各点からの距離を2乗して、その和が最小になるようにする）が用いられる。この最小2乗法を使った線は、エクセルで簡単に引くことができ、あわせてこの直線の「横軸（期）とたて軸（販売個数）の関係」を「式」で表わしてくれる。

図3-11　回帰分析

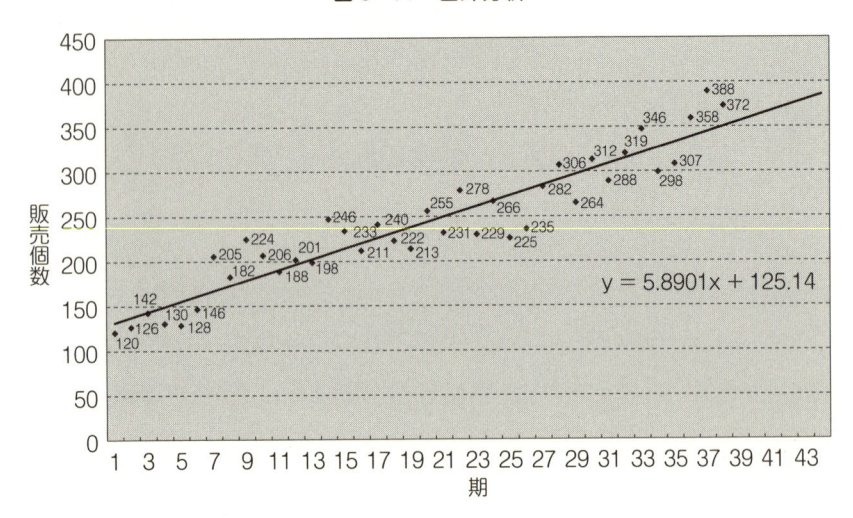

$y = 5.8901x + 125.14$

　この式を使えば、39期は355個と予測される（上の式でxを39とするとyは355となる）。さらに39期の実績値が出たら、この点を増やして、また新しい線を引けば、式は少し変わり、この式で40期が予測できる。これが先ほどの「予測のやり方を変える」ということである。回帰分析とはこういう意味である。

　この販売量の「傾向」を、マーケティングの世界では「トレンド」と表現する。この商品は「上昇トレンドにある」ということであり、この「トレンド」をはっきりと表現したものが図3-11の直線であり、トレンドを数字で表わせば直線の「傾き」となる（図3-11にある式のxの係数である5.8…にあたる）。つまり期に「6個（≒5.8）ずつ増える」という上昇トレンドである。

　122ページの商品ライフサイクルカーブをトレンドに注目して見てほしい。導入期はトレンド（直線の傾き）が小さなプラス（右肩上がり）であり、ここからトレンドは大きなプラスとなり（成長期）、0近辺となって（成熟期）、マイナス（右肩下がり）となっていくのがおわかりと思う。

(4) 在 庫
❶母集団は過去と未来の需要

　予測マーケティングがもっともよく使われるのは「在庫」の世界である。

　在庫とは、顧客の「需要量」というニーズを、販売結果から予測するものである。つまり「売れた量」から将来の「売れる量」を予測して、「売れる量」だけを在庫として持つことである。この在庫を考える仕事を在庫管理という。

　需要を長い目で見た時は、(3)で述べた「トレンド」をとらえることが大切である。しかし日々の在庫管理では、需要の傾向よりも「ブレ」というものに着目する。

　需要は平均値を持っているが、不規則に（偶発的に）ブレると考える。つまり毎日の需要は同じ性質を持っているが、その時の状況で「たまたま」違う数字となる。統計を使っていえば、日々の需要量は1つの母集団にあって、毎日1つずつそこからサンプリングされて販売量（標本値）となっていく。先ほどの全国の小学生から1人の標本を選ぶのと同じことである。だから今日までの「過去の需要」（販売量）と明日以降の「未来の需要」は同一の母集団である。そこで「昨日までの需要の結果＝販売量」を母集団からの標本とし、それから母集団を推定し、明日の需要もこれに従うと考える。つまり昨日まで1日平均10個売れていたら、明日以降も10個売れる（毎日10個ぴったり売れるわけではなく、ブレもあるが）と考える。

　この時、需要には正規分布が用いられる。

❷安全在庫

　弁当メーカー（売り手）が食品スーパー（流通）に納入している例で考えてみよう。

　ここでは昼食の弁当を毎日午前11時までにスーパーに納入し、14時になると売れ残りをすべて廃棄している。前月の30日間の販売量の結果は、1日平均100、標準偏差が20であった。これまでは食品スーパー（流通）

からの強い要求もあって、多めに弁当を作っており、毎日売れ残りが出ていて、これを弁当メーカー側で処分していた。そこで適正な納入量（＝店舗の在庫）を考えたいと思っている。

　需要を正規分布で考え、平均値100個を午前11時の在庫量とすると、需要がこれより大きい確率が50％、小さい確率が50％で、2日に1回品切れ（欠品ともいう）を起こしてしまう。これでは食品スーパー（流通）が納得しないので、在庫量を増やしていくしかない。

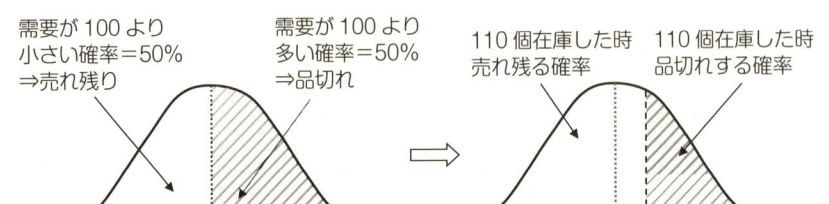

図3-12　在庫量を正規分布で考える

需要が100より小さい確率＝50％⇒売れ残り
需要が100より多い確率＝50％⇒品切れ
平均値100

110個在庫した時売れ残る確率
110個在庫した時品切れする確率
110

　図3-12のように在庫量を増やしていくと品切れの確率が減るが、一方で売れ残りの確率が増えていく。そして正規分布の右端は下の線につかない。つまり品切れは起こさないようにはできない（1日平均100個売れていても、突然500個ほしいという人が来る可能性は0ではない。東日本大震災の時のミネラルウォーターなどを考えればおわかりと思う）。

　そう考えれば、売り手と流通で話し合って、どれくらいの品切れを許すか（許容品切れ率という。175ページの「許容」と同じ意味）を決めることがポイントとなる。そして品切れの確率を下げれば、売れ残りの確率は上がり、廃棄コストが増大する。この品切れ確率が流通の在庫量（＝売り手の納入量）、そして売り手と流通の取引価格（廃棄が多い分だけ価格を高くするしかない）を決めることになる。こうして売り手が廃棄を押し付けられた時と比べると、売り手と流通のパワーバランスが大きく変化する。

多くの場合、許容品切れ率は10%、5%、1%といった"切れ"のよい数字が使われる。10%とは「10日に1回品切れを許す」ということである。しかし需要は正確な正規分布ではなく、この確率は"大き目"に出る。10%では「あまり品切れがない」くらいの状態、5%では「ほとんど品切れがない」、1%では「普通なら品切れはほとんどあり得ない」という状態となると思ってよい。

許容品切れ率10%で考えてみよう。10%ということは、先ほどの、図3-12の右側の面積が10%になる在庫量を決めればよいことになる。この在庫量は「平均値＋安全係数×標準偏差」という式で求められる。安全係数は許容品切れ率によって決まる。10%の場合は1.28である。

したがって、

「10％の品切れを許す在庫量＝100＋1.28×20＝100＋26＝126」

となる。この26個のことを安全在庫（平均値より26個分「安全を見ている」という意味）という。

❸コンスタントに売れる商品

上の式でわかるとおり、日販量（1日の平均値）が同じでも標準偏差が小さいと、店舗の在庫量は減ることになる。

「標準偏差が小さい」ということは、コンスタントに売れる商品という意味である。流通から見れば、「同じ日販量の競合商品が2種類あって、どちらを店舗に置くか悩んでいる時」は、コンスタントに売れる商品を選べば、在庫が削減できることになる。つまり商品力には単なる「売れる量」だけでなく、「コンスタントさ」もその要素となる。

店舗で特売などをやってまとめ買いをされてしまうと、日々の販売量の標準偏差は大きくなる。そのため世界一の小売業であるウォルマートではEDLP（エブリディ・ロープライス）という戦略を掲げ、「毎日安売りなので、まとめ買いをする必要はないこと」を消費者に訴え、在庫を削減している。

在庫量の削減は、店舗（流通）側に大きなメリットをもたらす。「店舗オ

ペレーション（納入、陳列といった作業）が減る」というよりも、陳列スペースの削減ができる。そして空いたスペースに別の商品を置くことで品揃えを豊富にできる。これを徹底的に行ったのがコンビニであり、「30坪（100㎡）の標準店舗に3000アイテム（一般の店の10倍以上）を超える品揃えを誇る」というものである。

また同一商品のデータでも、パターンごとに分ける（雨の日と晴れの日）ことで、標準偏差は小さくなる。そして同一パターンであればデータ量は多いほど標準偏差は小さくなる。

売り手と流通の関係で考えてみよう。各商品単位に考えれば、売り手の方が流通よりも多くの販売データを持っている。一方、流通はそのパターンデータ（どうやって売れているか）を持っている。このデータの質と量を組み合わせていくことが、売り手と流通による予測マーケティングの基本であり、SCM（228ページ）の原点といえる。

1-3 ブランドマーケティング
（KMFが商品、2MFが売り手）

ブランドとは、「ある売り手の商品を他の商品と識別する名称」である。つまりブランドは商品と売り手（ライバルを含め）を組み合わせて考えることである。

このブランドを中心に考えるものをブランドマーケティングという。とはいうものの、ブランドについてのマーケティングストックはあまりない。ほとんどが、かつて売り手たちが作ったブランドやブランド体系を分析しただけのものである。この中で、マーケティングストックと何とかよべるのは、次のようなものだけである。

(1) ブランドポートフォリオ

次のようなブランドポートフォリオで、マーケティングを考えるものである。アンゾフモデルのブランド版である。

図3-13　ブランドポートフォリオ

	既存ブランド	新規ブランド
既存分野	ブランド浸透	セカンドブランド
新規分野	ブランド流用	ブランド開発

- **ブランド浸透**……ブランドマーケティングの基本であり、ブランドロイヤルティ（そのブランドしか買わない）を持った顧客が1人でも増えるよう、主にブランドイメージを高める努力をする。このブランドイメージに合わせて、すべてのマーケティングを考える。「高級ブランド」をコンセプトとしたら、高機能、高級デザイン、万全のアフターサービス、高価格、直販の限定チャネル、一流タレントを使ったテレビコマーシャル…といったものである。

- **ブランド流用**……大きなブランドロイヤルティを獲得した売り手は、そのロイヤルティを生かして、新規分野へ進出する。バッグの高級ブランドでロイヤルティを受けたら、靴、ベルト、洋服、めがね…にそのブランドで進出するというものである。

- **セカンドブランド**……セグメント化された特定層にブランドが浸透し切った時、これを使って他のセグメントを攻める時によく使う。ブランドのコンセプトを変え、かつそのブランドの兄弟のようなイメージを打ち出していく。カニバリ（新ブランドが旧ブランドの顧客を取ること）を避け、むしろシナジーを生むようにする。「バーバリー（中高年向け）の高級感を生かしつつ、ヤング向けにバーバリー・ブルーレーベルというセカンドブランドを出し、これまでバーバリーブランドを購入しなかったヤングにロイヤルカスタマーを作る。このヤングが中高年になった時、バーバリーへとブランドスイッチする」というようなもの。ブランドに

高級感が浸透した時、それを傷つけず、別の顧客を狙って低価格商品を出す時などにもよく使われる。
- **ブランド開発**……ブランド開発は全く新しいブランドを作るものである。ブランドロイヤルティを受けている企業をブランドごと買収してしまうことも多くなっている。味の素のカルピス買収、花王のカネボウ化粧品買収など挙げれば切りがない。

(2) ブランドの体系化

　企業はいくつかの商品種に、何種類かのブランドをつけていくことも多い。そしてその中で顧客にもっとも強いブランドロイヤルティを持ったものをマスターブランドとして、すべての商品につけていく。

　このマスターブランドの下に、個別の商品ブランドを位置づける。これをサブブランドという。「Sonyウォークマン」といったものである。

　ここではマスターブランドを社名にすることも多い。ソニーがトランジスタラジオの時代にSonyをマスターブランドとしてすべての商品につけ、これを社名にする（当時は東京通信工業）といったものである。この社名になっていくマスターブランドがコーポレートブランド（113ページ）であり、これを高めていくものがCI（115ページ）と位置づけられる。

(3) ブランドの数値化

　ブランドというファジーなものを数字で表現していくものである。以下のようなものがあるが、予測マーケティングと比べ、今ひとつ数学的に整理されておらず、切れが悪い。難しいのでリサーチ会社に委託してしまうことも多い。そのため数値化するプロセスがブラックボックス化しており、売り手から見れば「使いこなせない数字」となっている。
- **ブランド力**……ブランド力をブランド浸透とブランドロイヤルティの積と定義し、前者をトライアル率（試用してくれる率という意味。つまり新商品を手に取ってくれる確率）、後者をリピート率（くり返し購買して

くれる率）で数値化する。このブランド力によって長期的なシェアが決まると考える。これを新商品のPOSデータで追いかけていくことをトラッキング・サーベイという（しかし、どこを調べてもこれらの数学的バックボーンが見当たらない）。

- **ブランドスイッチング率**……消費者パネルデータ（特定の消費者の購買行動を継続的に追いかけていくデータベース）を用いて、競合ブランド間でのスイッチング率（何％の人がAブランドからBブランドへ移るか）を出していくものである。ブランドロイヤルティと"逆のデータ"を取ることで、その強さを見ようというものである。売り手は同一商品カテゴリーに複数のブランドを持っていることも多い。自社ブランド間のスイッチング率によりカニバリの状況をとらえることもできる。例えば自社のビールブランドから発泡酒ブランドへのスイッチング率といったものである。

ブランド力、ブランドスイッチング率については、むしろ流通で行われているインストアマーチャンダイジング（253ページ）の方が、マーケティングストックとしてはすっきり感がある。

2. KMFが売り手のパターン

これは大きく競争マーケティング（ライバルと戦う）と非競争マーケティング（戦いを避ける）の2つに分けることができる。

2-1 競争マーケティング

ライバルの売り手と戦争をしていくもので、戦争王国アメリカで多くのマーケティングストックが見られる。これをパターン化すると次のようになる。

（1）サチュレーション戦略

いち早くマーケットに参入し（というよりも創造し）、競合が参入する前にマーケットを一気に飽和させてしまうものである。次のようなパターンがある。

❶商圏飽和

ウォルマートは世界一の小売業、というよりも売上高30兆円を超える世界一の売上を誇る企業である。

ウォルマートは、現在はさまざまな業態を展開しているが、スタートは大型ディスカウントストアである。その出店戦略は、「人口1万人程度の地方都市の商圏に、店舗面積10,000㎡（平均的コンビニの100店分）を超える巨大店舗を出店する」というものである。従来の「商圏の大きさ（人口＝購買力）で店舗面積を決める」という常識をくつがえす出店戦略である。

それまで全米チャンピオンとなっていた業態であるGMS（General Merchandise Store）は、ある程度の人口を持つ魅力的な商圏に、人口に合わせたサイズの店舗を出店し、加工食品、日用雑貨のナショナルブランドを本部で大量仕入し、ディスカウント販売していくものである。

ウォルマートは人口の少ない田舎の商圏に、GMSより幅広い品揃えを用意し、思い切ったコストカット（人件費など）および利益カット（利幅を小さくする）で、GMSよりもさらに安い価格を実現した。これによって当該商圏において、地域密着型の小売店へプレッシャーをかけただけでなく、競合チェーンの大型店の出店をも押さえ込んだ。後から進出するライバルチェーンから見れば、このウォルマートが出店した地方都市の魅力はぐっと落ちるものとなる。それなら別の商圏に出店した方がよい。37ページの展開型ゲームで考えてほしい。この「ゲームの木」で競合チェーンが「出店」という解をとれないような構造にしてしまえばよい。

つまりウォルマートは小さな商圏を飽和させて、「戦わずして勝つ」という戦略をとった。これがサチュレーション戦略（浸透戦略、飽和戦略と訳

されている)のもっとも有名な例である。

❷リスクマーケティング

　マーケットを誕生させるのは画期的な商品である。一般にその商品が画期的であればあるほど、その認知には商品説明を必要とし、時間がかかり、かつ顧客に「買ってもうまく使えないのでは」「買ってから後悔するのでは」という認知的不協和を生む。そしてがんばって認知させたとしても、その間にライバルに追いつかれてしまう。

　これを逆に考えるのが、リスクマーケティングである。顧客に対して買った後の「後悔」というリスクではなく、買わなかった時のリスクを訴える。その代表例がIBMがメインフレーム（大型コンピュータ）をマーケットインした時のマーケティングである。

　まずIBMはマスコミを活用して、次のようなことを訴える。

　「これからコンピュータの時代という第3の波（第1の波は産業革命、第2の波は第二次世界大戦）が来る。そしてコンピュータをうまく活用した企業が生き残り、コンピュータを活用できない企業は敗者として退散していく」。

　これを各業界でチャンピオンとなった企業にあらゆるMCを使って訴える。「コンピュータがパラダイムチェンジを起こす。今勝っていても、明日はライバルにやられる。リーダーなら、まずコンピュータにチャレンジすべし」というMCである。これがリスクマーケティングとよばれるものである。この後、ITマーケットなどでは、常識となるやり方となる。

❸商品飽和＝バラマク

　他社がマーケット参入しないうちに購入意欲が少しでもある顧客へ、一気に自社商品を届けて、マーケットを飽和させてしまうものである。先ほどの商圏飽和と近い発想である。

　これには2つのパターンがある。

1つは思い切ったディスカウント価格とするもので、17ページのペネトレーションプライスである。これもITマーケットなどでよく見られる。任天堂がファミコンをマーケットインする時、当時同性能のコンピュータの価格ラインが20万円であったものを、一気に14,800円にした。富士通がFMVというパソコンでプライスラインを40万円から一気に10万円台に、ネットスケープがブラウザを無料でバラマイて、しばらくしてから有料に…といったものである。

　もう1つのパターンは購入障壁を取り払おうとするものである。「画期的な商品を買わない理由」を取り払うというものである。多くの場合、その理由は認知的不協和である。先ほどのIBMのメインフレームのマーケットインでいえば、レンタルという手法をとった。買うと10億円のコンピュータを1ヶ月3000万円で貸し出し、「いつ返してもよい」という形にする。10億円のコンピュータを買って失敗すれば、10億円の認知的不協和を生む。しかしレンタルにして、使えないと思って1ヶ月で返却すれば3000万円のダメージで済む。それでも、そのレンタル料が購入障壁となるので「3ヶ月間無料レンタル」で一気にバラマク。

　ゼロックスはコピー機をマーケットインする時、「コピーした枚数による課金」として、初期導入費用を思い切って安くし、「とりあえず導入して使ってみてほしい」という形で、コピーをオフィスにバラマいていった。

(2) 囲い込み戦略

　自らがつかんだ顧客を囲い込んで、ライバルへのブランドスイッチ、リプレースを避けるマーケティングである。これには次のようなものがある。

❶ブラックボックス化＆バージョンアップ

　サチュレーション戦略により、1回目の戦いに勝利しても、顧客はその商品を永遠に使うわけではないので、「取り替え需要」を狙って、すぐに次の戦争が起きてしまう。この「次の戦争」に勝つために、「つかんだ顧客は離

さない」という極めて強烈な手法がとられる。この中でもっとも有名なのが、次のようなマーケティング戦略である。

「圧勝した自社商品の技術をブラックボックス化して、これを参入障壁とし、相手がそのコピー商品を作るまでに時間がかかるようにする。自社は、その間に次の"少しだけ性能の良い商品"を開発していく」。

先ほどのメインフレームにおけるIBM、パソコンにおけるマイクロソフトなどが有名であり、IT業界に多く、そして何度も見られるパターンである。これに成功すると、まさに「Winner-take-all」つまり「一人勝ち」になる。

自らの商品の中核技術（IBMやマイクロソフトでは基本ソフトとよばれる技術）は特許を取らない。特許はこの技術を発明者に独占化させるため「これを使ってはならない」という意味で、その発明が公開される。

ライバルはその発明をよく分析し、特許に触れない形で同機能の商品を作ればよい。逆に特許を取らず、これをできる限りブラックボックス化（その商品全体を分析しても、中身がわからないようにしておくこと）しておけば、その分析、同機能の商品開発に時間がかかる。

しかもこの商品は、「他の商品」や「この商品を使用した結果」を組み合わせることで使用するように設計し、これらのものが他の同機能商品では使えないようにする。IBMのメインフレームでは、「この基本ソフトを使って作成したプログラム」が他社のコンピュータでは簡単には動かないようにする。マイクロソフトのWindowsでは、他のソフトウェア（Word、Excel…）と組み合わせて利用できるようにし、他の環境ではその利用結果が使えないようにする。近年大ヒットした「iPhoneとアプリ」の関係も同様である。そしてこの商品をサチュレーション戦略によってマーケットに一気に浸透させ、他商品を組み合わせて多くの使用者を生む。

これによってその商品は業界のディファクトスタンダード[*1]となり、こ

---

*1. 実質的標準。公的機関が決めた標準ではなく、皆が使っているのでいつの間にか標準になるもの。

れに合わせて、これがあることを前提に、他社（ライバルではなく組み合わせの商品を作る企業。無論自社もそれを担当する）は、商品（Windowsであればここで動くソフトウェア）を作っていく。

　ライバルは何とか先行商品と同じように動く環境を作ろうとする。しかしそのためには、すべての機能を同じにしなくてはならない（そこで動く商品がどの機能を使っているかわからないので）。これをクローン商品という。

　先行した売り手はクローン商品をバージョンアップで叩く。つまり旧バージョンの機能をすべて残して（これまでの他の商品が動くようにして）、新バージョンには新しい機能を追加していく。新バージョンの追加機能は、顧客が旧商品を使用して不満に思った点についてである。つまり178ページの"ご意見"である。これによって自社商品に他社が追いついてコピー商品ができた頃に、クローン商品より機能の高い「新しいバージョンの商品」をぶつけて再び勝つ。

❷フルラインナップ＆ブランドプッシュ

　❶とは対照的なもので、同一マーケットに存在するすべての商品と同じ機能の商品を、すべて自社で用意するものである。これが92ページで述べたフルラインナップ戦略である。つまり他社のすべての商品についてクローン商品を用意し、すべての顧客ニーズに自社だけで対応する。そのうえで、この商品のブランド力を前面に出して売り切る。商品を機能ではなく、ブランドだけで選択してもらう。つまりブランドロイヤルティによって顧客を囲い込むものである。

　日本の電機業界、自動車業界などでリーダー企業がとった戦略として有名である。他社と全く同じ商品でも、パナソニック、トヨタというブランドで売り切るというものである。そして世界に存在するすべての家電パターン、すべての自動車パターンを用意し、どんな顧客にも自社の家電、自動車でそのニーズを満たす。そのためブランドロイヤルティを持った顧客は他メーカーの商品を比較して購買する必要はなくなる。これが65ペー

ジのVMSと組み合わせて力を発揮する。ナショナルショップ、トヨタディーラーであり、そこに行けば必ずほしい家電、自動車はある。つまり販売店を囲い込み、顧客をブランドで囲い込んで、メーカーから顧客までの一本道を作るものである。

❸ネットワークによる囲い込み

182ページのSNSマーケティングもこの一種ともいえるが、ネットワークを使って顧客を囲い込むというものである。コンピュータネットワーク（初期の頃はオンラインとよんでいた）が普及した頃から、よく使われてきたマーケティングストックである。

インターネットなき時代の「ネットワークによる囲い込み」は、SIS（Strategic Information System：戦略情報システム）というものが典型的なマーケティングストックである。このSISの事例として有名なのがアメリカン航空である。

1970年代初めのアメリカでは、運輸省が航空規制を行い、航空路線の各社への割り振り、料金やサービスの一律化を図り、無競争マーケットとなっていた。31ページの公共財マーケットである。また航空券の発券は旅行代理店が1／3程度、残りは各航空会社のカウンターで行っていた。

1973年のオイルショックとともに、航空客数が大幅ダウンし、マーケットが縮小していく中で、航空会社は料金のダンピング競争を始め、ますます経営を圧迫していった。この時アメリカン航空は、販売価格が落ちていく中で売上を伸ばしていくには、他社顧客をリプレースするしかないと思った。そこで着目したのが旅行代理店であり、その囲い込みである。当時の旅行代理店の店頭には航空会社個々の座席予約システムのオンライン端末のみが配置され、その他の予約は電話などによって行われていた。

アメリカン航空は自社で旅行代理店向けのトータルネットワークシステムを開発した。旅行代理店に1台の端末を置けば、アメリカン航空を含む航空券、ホテル、レンタカー、レジャー施設などの予約が可能となる。

そしてこれに2つの仕掛けを取り入れた。1つはフライトスケジュールを航空会社ごととし（路線単位の方が便利だが）、その画面表示を略称のアルファベット順とする。これにより常にアメリカン航空（略称AA）が最初に表示され、アメリカン航空から座席が埋まっていく。2つ目はライバル航空の予約情報の表示を遅らせることである。そうなると、代理店は表示スピードの速いアメリカン航空から優先して予約するようになる（ただし、この仕掛けは後に法律で是正された）。

　この結果、旅行客は便利となった旅行代理店へ流れ、発券に占める割合は8割に上った。そしてアメリカン航空があっという間にシェアを伸ばし、一人勝ちとなった。さらにアメリカン航空は他社のフライトスケジュールを先に手に入れること（システムに登録するために）で戦略上優位に立ち、かつ仮に他社に予約が流れても、その手数料を取ることで収益を上げることができる。

　他社も当然のように追随したが、それによってシェアが拡大するのではなく、「減少したシェアをキープするのがやっと」という効果しか得られなかった。またこうした情報システムを自社で作れない航空会社は強者に飲み込まれていった。

　（しかしインターネットの登場でこのシステムは無意味なものとなり、航空会社は再び戦争を始め、それがグローバルな戦いとなる。そして多くの航空会社は、この戦争で経営不振に陥っていく。近年、アメリカン航空そしてこの時の戦争相手のユナイテッド航空、デルタ航空は、すべて倒産状態となった。日本でも同様の戦争でJALが倒産状態となり、戦争の恐ろしさをまざまざと見せつけた）

　このSISタイプは、日本でもEOS[*2]というネットワークでよく見られた。特定のメーカーや卸売業が単独で、取引先の小売店との間のEOSを開発し、これを無料で提供し、かつさまざまなデータサービス（「売れ筋商品を教え

---

*2.　Electronic Ordering System：ネットワークによる受発注システム。

てくれる」など）を付加していく。そのうえでこの小売店に自社商品の優先取引や100%取引を求めるものである。これをさらに強烈にしたタイプが、コンビニチェーンにおける本部と加盟店といえる。

(3) パワーマーケティング

　自社の強大な力をライバルに見せつけて、その力で圧勝していくものである。もう少し広い意味で、競争マーケティングすべてをパワーマーケティングということも多い。いくつかのパターンがあるが、次の2つがその典型である。

❶ライバルの戦闘意欲を失わせる

　ウォルマートの価格戦略がこの典型といえる。ウォルマートは地方都市商圏で圧勝し、全米チャンピオンとなる。その後、いよいよライバルがすでに出店している魅力的な商圏にも出店を始め、戦争体制に入る。

　ここでの戦略はEDLP&ロープライス保証というものである。203ページで述べたとおりEDLP（エブリディ・ロープライス）とは「毎日安売り」という意味であり、特売などのテンポラリープライスではなく、正規の値札で堂々とライバルと価格勝負するという意味である。

　ロープライス保証は「同一商品で自店の価格が他店より高ければ、その差額を返金する」というものである。アメリカでは71ページでの不公正取引の規制は、日本よりも厳しい。この中の「同一条件、同一取引」を売り手に要求する。ウォルマートの売上は全米NO.1であり、売れ筋商品であればアメリカの流通業の中で一番多く売れているはずであり、その売り手から一番多く買っているはずである。つまり売れている人気商品であれば、ウォルマートが一番安く手に入れることができ、一番安く売ることができるはずである。

　ウォルマートは自らの力を、まざまざとEDLP&ロープライス保証で見せつけ、ライバルの戦闘意欲を失わせる。これに対しライバルは価格競争

を避け、自店のみで使えるクーポンなどを発行することで、単純な価格比較をさせないようにする（どちらが安いかを顧客が判断することを難しくする）。ウォルマートはこれに対し「他店クーポンも自店で使える」という戦略をとり、積極的にこれをプロモーションする。

これによってライバルをその商圏から撤退に追い込むだけでなく、ライバルの戦闘意欲自体を失わせる。37ページの展開型ゲームで考えてほしい。ここでウォルマートが「とことん戦う」という姿勢（ロープライス保証）をとることを実行すれば、ライバルは「撤退」という解をとらざるを得なくなる。こうなると生き残るにはウォルマートと全く違う戦略をとらざるを得ない。つまり「競争しない」ということである（これによってライバルだったKマートは倒産に追い込まれていった）。

このパターンは「中小のパチンコ店の前に大型チェーン店が出店」「顧客の集まっている中規模店舗の前に全く同じ品揃えで巨大ディスカウント店舗を出店」など大手流通のマーケティングストックで多く見られる。

❷ライバルの参入意欲を失わせる

自分の力を何らかの形で見せて、「参入障壁を作る」というよりも、参入する意欲を失わせるものである。アマゾン・ドットコムがその代表といえる。

アマゾンはインターネットの商用利用が認められた1995年に、真っ先にインターネットでの書籍販売を開始した。アマゾンはサービス開始当初から100万タイトル（本のアイテムのこと）を超える書籍を品揃えし（最大書店でも20万タイトル弱）、これをインターネット上で最大4割引というディスカウント販売とした。これによって倍々ゲームで売上を伸ばした。

しかし、ビジネス開始時点では、売上高を超えてしまうほどの驚くべき赤字を出す。つまり入ってくるカネ以上の投資をしていく。そしてこのカネを証券市場に求める。当時のアメリカは好景気であり、株高であった。この株高の波に乗って上場し、エクイティファイナンス[*3]を行い、このカネ

をすべて事業へ先行投資した。同じことを考える企業があっても、アマゾンと同じことを求めて同じように証券市場からカネを獲得することは難しい（それなら投資家はアマゾンに投資する）。そして仮にカネを調達できても、マーケティング環境はアマゾンがマーケットインした時と異なり、アマゾンという巨大ライバルによって悪化しており、ここで戦争すればアマゾンとともにもっと大きな赤字となることがわかる。ゲームの理論で考えても「GO」という解にはならない。つまり「誰にもマネのできない経営」である。できるのはアマゾンのマーケットとぶつからない全く異なるマーケットを作っていくことである。

　これは大赤字によって２番手の進出を拒む戦略であり、当時のNASDAQ*4では「First mover is top share, Not-me-too」（最初の企業がトップシェア。マネしてもダメ）がネットビジネスの鉄則であった。

　赤字とエクイティ資金がライバルの参入意欲を妨げ、アマゾンは快進撃を続け、やがて赤字も解消する。そして、もうこの時には戦える相手がいない。

　これと同タイプのマーケティングストックは、かつての日本でも多く見られた。VMSによるオールジャパンの販売網を作ることや、びっくりするくらい多人数の販売員などを持つことである。化粧品メーカーの美容部員*5、ヤクルトのヤクルトレディ（パート主婦による販売網）、生命保険のセールスレディ、宅配便のヤマト運輸の配送員…といったものである。

2-2　非競争マーケティング

　これには２つのパターンがある。１つは「戦いを避ける」ことであり、もう１つは戦いをやめて「手を握る」（アライアンス）ということである。

---

*3.　新株を発行することによって資金を調達すること。
*4.　ベンチャー企業が上場できるアメリカの証券市場。
*5.　店舗で化粧のコンサルティング、販促を行う。

（１）戦いを避ける
これは次の２つのパターンに分かれる。

❶強者との戦いから逃げる
強者であってもマーケットのすべてのパイを取ることはできない（これを禁止しているのが、日本の独禁法、アメリカの反トラスト法）。この残されたパイを取っていくものである。14ページのニッチャー戦略である。

先ほどのメインフレームにおけるIBMは70〜80％のシェアを取ったが、逆にいえば20〜30％のパイは残っている。メインフレームのいらない中堅、中小企業向けの中型、小型のコンピュータである。パソコンにおけるマイクロソフトという強者でいえば、皆が使うものでは満足しない顧客であり、アップル社のMac（マッキントッシュ）などが典型である。

ウォルマートは各カテゴリーのトップブランドを大量購入することでロープライスを作り上げ、商圏内のマジョリティ顧客（トップブランドを買う顧客）を独占する。しかしトップブランド商品だけで商圏内のすべての顧客が満足するわけではない。このマイノリティ顧客をターゲットとして店舗を作ることで、ウォルマートとは戦わずして生き残ることができる。高額所得者向けの高級スーパー、ヒスパニック系住民向けの店舗、オーガニック専門店といったものである。

❷戦いのないマーケットを作る
これを前面に打ち出したのが、ブルーオーシャン戦略である。「強者が狙わない小さなマーケットを狙う」というよりも、「強者が気づかないマーケットを築き上げる」というものである。

（ⅰ）ブルーオーシャン戦略の概要
「ブルー・オーシャン戦略」は、INSEAD[6]というビジネススクールで教

---
[6]. 欧州経営大学院の略であったが、シンガポールを拠点としてアジア進出したので、これを学校の正式名称としている。

えるW・チャン・キムとレネ・モボルニュの共著本のタイトルである。これはPARTIで述べたマーケットビュー（マーケットの見方）というよりも、マーケティングストック（ケーススタディ）の分野である。『ブルー・オーシャン戦略』という本には「これは過去、マーケティング戦略に成功したいくつかの企業のケーススタディから生まれたもの」と書かれており、まさに本書でいうマーケティングストックである。

ここではマーケットをレッドオーシャンとブルーオーシャンに分けている。

- **レッドオーシャン**……マーケットには境界があり、その中で一定の競争ルールに基づいて売り手各社が競争をしている。境界内のパイは限られているので、ライバルが増えていく中で、戦いは激しくなり、厳しい消耗戦となっていく血の海。
- **ブルーオーシャン**……新しいマーケットであり、売り手は需要の掘り起こしをしている。従来とは異なる新しいマーケットを創造することもあるが、多くはレッドオーシャンマーケットの延長線上にある「青い海」である。

この本のタイトルからして、無論レッドオーシャンマーケットを離れ、ブルーオーシャンマーケットを創ることを提案している。ポーターの競争戦略のアンチテーゼといえる。

ブルーオーシャン戦略の基本はバリューイノベーションとし、バリュー（顧客価値）をイノベーションの1つのスタイルとして考えている。これは「バリューを高める」というイノベーションを起こすことだとし、このバリューによってポーターのいうコストリーダーシップと差別化というトレードオフの目標を両立させるとしている（ただポーターはブルーオーシャン戦略は差別化の1パターンと反論すると思うが）。

(ⅱ) **戦略キャンパス**

ブルーオーシャンを見つけるために、戦略キャンパスというマーケティ

ングストックを提案している。

　これは横軸に競争要因（何で競争しているか）を、たて軸にその要因ごとに買い手がどの程度の価値を得ているかをとったものである。これをプロットしてつないだものを価値曲線（バリューカーブ）という。

　例えばホテルマーケットでは、シティホテルとビジネスホテルというマーケットが並立している。これを価値曲線で表わすと、図3-14のような感じである。

　シティホテルマーケットとビジネスホテルマーケットは境を持ち、各々その中で競合している。このような中で競争しないために、単に2つの間を行く中途半端なホテルスタイルを考えても無駄である。また顧客のアンケート調査を見ても何も生まれてこない。顧客ニーズは「より安く、より良いものを」しか求めていない。

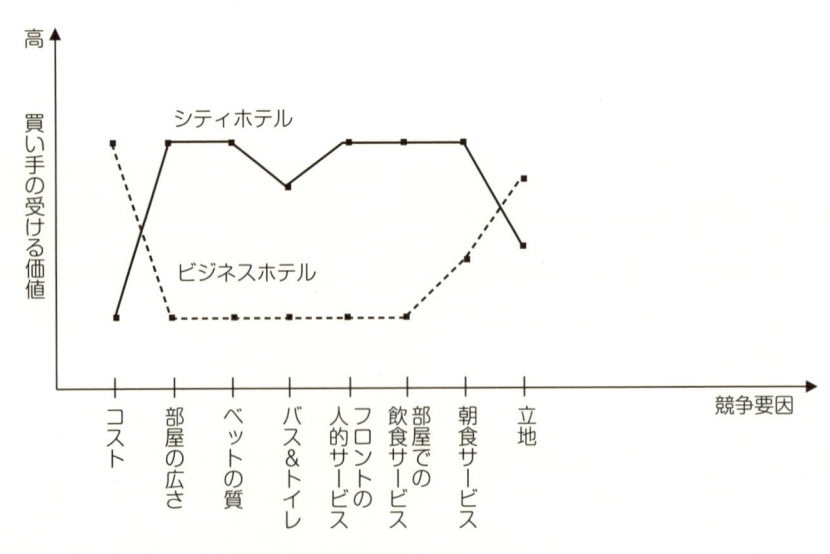

図3-14　ホテルマーケットの価値曲線

（縦軸：買い手の受ける価値（高）／横軸：競争要因）
競争要因：コスト、部屋の広さ、ベッドの質、バス＆トイレ、フロントの人的サービス、部屋での飲食サービス、朝食サービス、立地

（ⅲ）4つのアクション

　ブルーオーシャン戦略とは、新しい価値曲線を描くことである。そのヒ

ントとして「4つのアクション」というものを提案している。
(a) 業界常識から取り除くべきもの
(b) 業界標準から思い切り減らすもの
(c) 業界標準と比べて大胆に増やすべき要素
(d) 業界でこれまで提供されていないが、今後付け加える要素

　筆者が近年よく利用しているホテルはリッチモンドというホテルチェーンである。このホテルを、上の4つのアクションで考えてみる。「⇒」の右側が、リッチモンドのとったマーケティングアクションである。

(a) について
- 部屋での飲食サービス⇒ルームサービス、冷蔵庫の飲料が一切ない。

(b) について
- フロントの人的サービス⇒チェックイン、チェックアウトは機械で利用者自身が行う。
- 朝食サービス……簡単な軽食のみとする。

(c) について
- ビジネスパーソン向けサービス⇒インターネット無料、ズボンプレス常備、新聞無料。
- ベッド⇒枕を快適なものにする。
- 立地⇒駅前立地を目指す。

(d) について
- 空間サービス⇒空気清浄機常備。
- 価格プランサービス⇒ビジネス用途に応じて、さまざまな料金プランを用意。
- 女性向けサービス⇒女性向けアメニティ、女性向けフロアを用意。

　これを元に戦略キャンパスを引くと、図3-15のようになる。

図3-15　戦略キャンパス

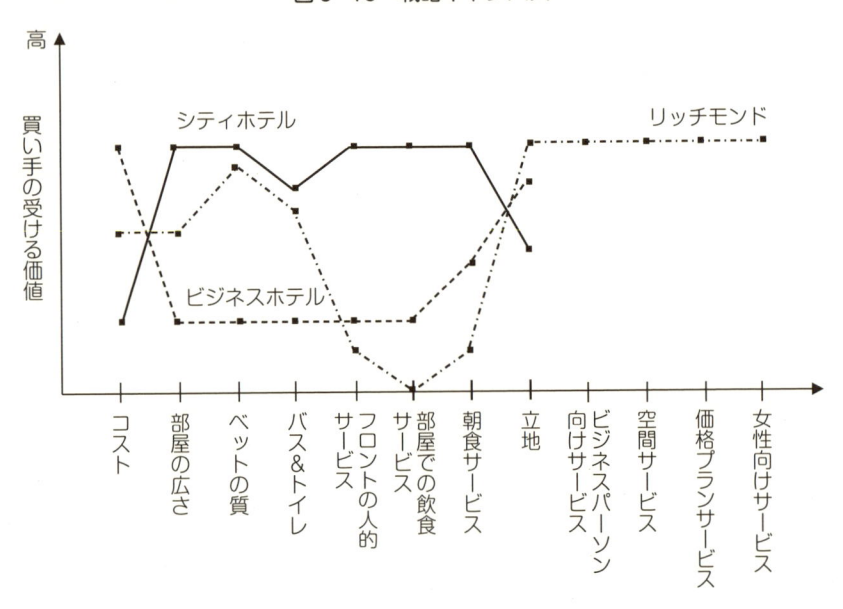

（縦軸：買い手の受ける価値　高／横軸の項目：コスト、部屋の広さ、ベットの質、バス&トイレ、フロントの人的サービス、部屋での飲食サービス、朝食サービス、立地、ビジネスパーソン向けサービス、空間サービス、価格プランサービス、女性向けサービス）

線：シティホテル、ビジネスホテル、リッチモンド

　ブルーオーシャン戦略は「戦いを避ける」というよりも、「戦いの項目」を変えることで、既存業者が対抗できない（商品改良にカネがかかる）ようにするというものである。❶のニッチャー戦略と極めて近い発想といえる。

(2) 手を握る（アライアンス）

　ライバルとの戦争をやめて、互いに手を握るものである。アライアンスとは、M&Aのように1つの企業となったり、企業グループを作ったりするのではなく、独立した複数の企業が共通の目的を持って強く結びつくことをいう（すでに本書では何度も使ってしまっているが）。日本語では協業（コラボレート）よりも、「同盟」という"強い表現"があてはまる。

❶アライアンスシナジー

　同業のA社とB社がアライアンスする目的は、単独で事業を行うよりも

何らかのシナジーが得られることにある。これには次のようなものがある。
（ⅰ）競争
　競争関係にあるＡ社とＢ社がアライアンスすることで、互いの競争ロスがなくなっていき、かつ共通のライバルに対する競争力が高まる。しかしこの競争ロスが目的でアライアンスを組んだ場合は、非アライアンスのライバルとも戦うことをやめ、買い手ガバナンスマーケットに向かっていくのが一般的である。
（ⅱ）資源共有
　一方にあって一方にないマーケティング資源（セールス、商品、カネ、ブランド、マーケティング情報、チャネル…）が相互に補完できる。
（ⅲ）新規資源の開発
　Ａ社、Ｂ社がともに持っていない新しいマーケティング資源を開発した時、その投資金額が減少する。特にブランド開発、商品開発、マーケティングノウハウ、マーケティング情報システムなどのように、両社で同時に利用できてコピー性が高いものは、アライアンスメンバーが増えることで、その分担は割り算的に下がる。

❷アライアンスの課題

　これだけのシナジーがあるのに、アライアンスの成功例は意外と少ない。それはアライアンスが以下のような課題を抱えているからである。
（ⅰ）意思決定ルール
　Ａ社とＢ社は独立した企業であり、別々の意思決定システムを持っている。この独立性をキープしたまま、新しい意思決定ルールを作らなくてはならない。
（ⅱ）個別企業の目的
　Ａ社とＢ社がアライアンスを組む時、必ず共通の目的がある。この目的は共通の顧客獲得であったり、新商品開発であったり、とさまざまである。独立した２つの企業に共通の目的があれば当然のことであるが、「共通では

ない個別企業としての目的」が存在している。しかも両社が競合関係にある時は、個別目的が共通目的とはトレードオフの関係になっていることも多い。共同で新商品を開発すれば、自社の商品とカニバリを起こすこともある。

(ⅲ) 時間的継続性

アライアンスはある特定の目的を達成したら、それで終わりというものではなく、時間的継続性を持つものをいう。例えば特定の商品を共同開発したら解消する（再び競合関係になる）というスタイルは、アライアンスではなく、コラボレート（協業）である。

アライアンスは特定の目的のために継続的な同盟を結ぶものであり、共通部分を組織面で見ると、共同プロジェクトチームや委員会的なものではなく、ある程度固定的な組織が要求される。

アライアンスの課題はここにもある。アライアンス相手は、同盟前はライバルであり、「本当に相手は戦いをやめるのか」という相手企業への不安感、さらにはそれに伴う固定組織への投資不安（すぐ解消になったら、カネをドブに捨てるようなもの）といったものが生まれる。

さらに時間的継続性といっても、M&Aとは異なり、解消が可能である。アライアンスの合意は両社の合意であるが、解消をどうするかはあらかじめ決めておく必要がある。これは両社の同意ではなく、基本的にはどちらかが申し出れば解消となるのだろうが、いつでも申し出が可能なのか、解消によって相手先に損失が生まれたら…といったことを考えておかなくてはならない。解消のルールがはっきりしていないと、アライアンスの合意は難しい。

(ⅳ) 共有資源のクロスライセンシング性

A社とB社がアライアンスする時、両社が持っているマーケティング資源を一部共有することになる。この共有方法は一種のクロスライセンシング[*7]といえる。つまり他社資源の使用料を自社資源の使用料で相殺するものである。クロスライセンシングが成立する条件は次の2つである。

- 両社が持っている資源の両方が揃わないと、ある仕事を実行できない
- 互いに共有する資源の価値が等しい

　前者は相互補充性のある特許などに見られるが、アライアンスというよりもクロスライセンシング契約という形で資源共有だけが目的のことも多い。アライアンスではほとんどが後者であり、ここに４つ目の課題がある。資源価値を誰がどうやって判断するのかということである。特にアライアンスを考えている相手がライバルの時は、アライアンス前にその資源内容を相手に見せることが難しいものも多い。これが多くの企業がアライアンスに踏み切れない、相手に踏み切ってもらえない理由となっている。

　さらにこの共有資源は、時間とともに価値が変化していくことが多い。Ａ社とＢ社がアライアンスしてしばらく経ってから、その共有資源を見るともはや価値がなくなっていることも多い。特に共有資源がノウハウ、情報などの場合はそれが顕著である。Ｂ社の供与したノウハウをＡ社はこれを実行することで学習し、Ａ社自身のノウハウになってしまい、ここでＡ社からアライアンスの解消を申し出られることである。ここにも企業がアライアンスに踏み切れない理由がある。

（ⅴ）リターンの分配

　Ａ社とＢ社がこのアライアンスによって大きなリターンを受ける時、つまりアライアンスが成功した時に５つ目の課題が生まれる。このアライアンスで得たリターンを独立企業各社にどういう比率で分配するかということである。成功したアライアンスが解消していく最大の理由がこれであり、「分け前でもめる」というものである。そしてアライアンスがうまくいけばいくほど、リターンが大きければ大きいほど解消されるという悲劇を生んでいる。

＊7．自社の財産を保有したままで、他社に使用権（ライセンス）を与えることをライセンシングという。クロスライセンシングとは２社が互いにライセンシングを行うこと。

❸アライアンスモデル

　アライアンスは水平と垂直の2つのパターンに分けられる。前者はこれまで述べた同業者、つまりライバル同士が手を結ぶものである。後者は売買取引をしている企業がアライアンスを行うものであり、228ページで述べるSCMがその典型である。ここでは水平アライアンスについてのみ考えていく。

　例えば、同業の部品メーカーであるA社とB社が、アライアンスを組んで共同でeマーケットプレイス[*8]を作り、さらには同業他社にもよびかけて、そこで組立メーカーへ販売するという水平アライアンスで考えてみよう。

　eマーケットプレイスは売り手と買い手の出会いの場であり、買い手にとっては売り手を"せり"や"見積合せ"[*9]で簡単に競争させることができ、同じものを安く手にすることができるという大きなメリットがある。経済学の完全競争に近づくマーケットといえる。

　一方A社、B社のような売り手は新たな買い手を見つけるというメリットもあるが、競争させられ、ディスカウントせざるを得なくなるというデメリットも伴うことになる。ポーターの言う「買い手の交渉力」が高まることである。

　eマーケットプレイスをコラボレートではなくアライアンスという強い結びつきで考える時は、「どちらが共通の顧客に売るか」ということが大きな課題となる。

　この解決策は相互補完性の高い商品（商品が競合せず、かといって全く違うというものでもなく、同時購買率が高い）を扱う企業同士でアライアンスするか、一定のルールを作っておいて合意するか（例えばどちらがその顧客に売っても、両社に一定のリターンがある）である。

　後者の場合は無論のこと、前者の場合でも、ここには投資負担とその回

＊8．インターネット上で取引をする場所、システムのことをいう。
＊9．買い手が複数の売り手に見積書を要求し、一番金額の低い売り手を選ぶこと。

収ルールが必要となる。先ほど述べたアライアンス課題の最後の「分け前」のルール化である。そう考えていくと、どうしても一定の会計単位（ルールを決めて、投資や分け前を計算する）が必要であり、そのルールの信頼性から考えて、1つの共同出資会社にて行うことがベストといえる。

この共同出資会社によるアライアンスモデルは、次のように設計される。

まずA社、B社の間で「アライアンスすること」に合意する。そのうえでA社、B社でアライアンスプロジェクトチームを作り、カネ以外の共有資源（ヒト、ノウハウ、ブランド、チャネル…）および共同開発する予定の資源を明確にし、その価値評価（カネに換算）を行う。そのうえで共同出資会社への投資負担のバランスを決める。これは共有する資源の価値を考慮して、共同開発資源の投資分担を決めることと同じである。

この合意が得られたら、共同出資会社を設立する。出資するカネは株式となるが、それ以外の共有資源は事業譲渡[10]、会社分割[11]、現物出資[12]、出向[13]などから選択する。リターン分配を考えると、全体の投資負担バランスと共同会社の資本比率は一致させておくことが求められる。要するに共同出資会社の持分割合である。

ここで共同出資会社は主にA社、B社に対して、何らかの取引を行うはずである。そしてその取引および外部との取引により、共同出資会社としてのリターンが生まれる。一方多くの場合A社、B社自身にも、この取引によるリターンというシナジーが生まれる。

このすべての合計、すなわちアライアンスによるリターンを、一定のルールで分配する。そのルールの原則はROI[14]を一定にすること、つまり先ほどの投資負担バランス（＝資本比率）の比で分配することである。

＊10. ある会社からある会社へ事業を売却すること。
＊11. 会社を2つ以上に分割してしまうこと。
＊12. カネではなく、モノ（建物、設備、…）などを出資すること。
＊13. 従業員が自社に籍を残したまま他社で働くこと。
＊14. ROI：Return On Investment。リターンを投資額（Investment）で割ったもの。投資対効果のこと。

図3-16 アライアンスモデル

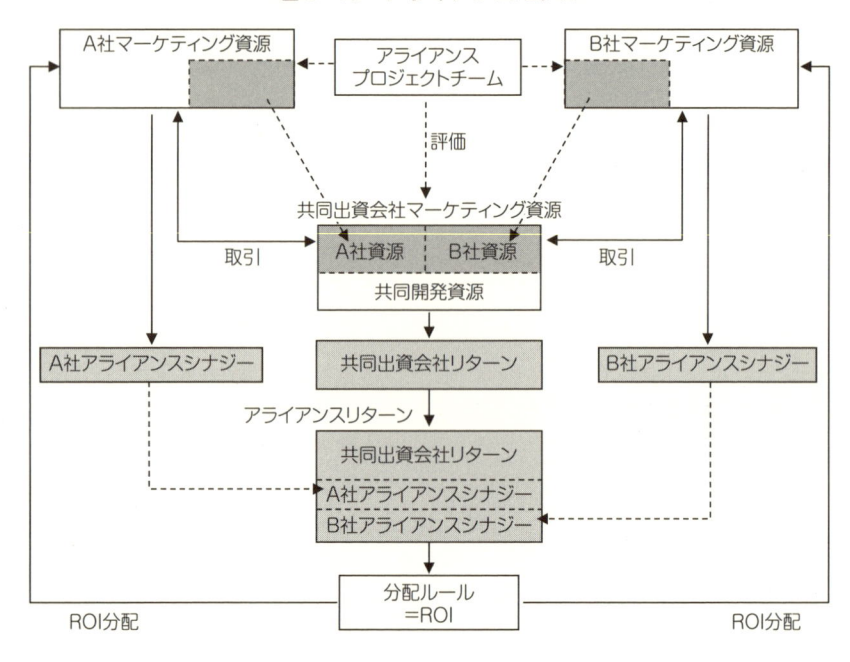

3. KMFが流通のパターン

これには、次のようなマーケティングストックがある。

3-1 SCM

　売り手と流通が手を握っていくものである。これは前項で述べた垂直アライアンスの典型的なスタイルであり、SCM（Supply Chain Management）とよばれる。

　SCMはマーケティングストックとして見ると、売り手の主役といえるメーカーのIT利用のひとつのスタイルとも考えられる。

　メーカーはマーケットライフサイクルに対応して、マーケティング戦略を変化させ、その戦略に合わせてITの利用スタイルを変化させていく。本

項ではまず、IT利用型マーケティングというストックについて整理してみよう。

メーカーのマーケティングへのIT利用は、5つの時代に分けることができる。この時代の最後に位置するものがSCMであり、メーカーのマーケティングへのIT利用の集大成と見ることができる。

(1) 生産管理システム(少品種多量時代)

商品ガバナンスマーケットが誕生した当初は買い手の需要が大きく、売り手メーカーの供給が追いつかない時代である。すなわち「作れば売れる」時代なので、メーカーではいかに「早く大量に」作るかがマーケティングのすべてとなる。

商品を少品種に絞り、生産性向上のために工場内の作業の機械化が進められていく。しかし機械化がいくら進んでも人間の仕事は当然残り、この部分には流れ作業が適用される

流れ作業では、図3-17のように工程ごとに作業時間が異なると、遅い工程に仕事がたまってしまう。これでは生産ライン[15]の効率は、もっとも遅い工程（同図では3分。ボトルネックという）のものとなってしまう。このため、すべての工程を同時間にする必要が生まれてくる。これを同期化という。

この同期化のために、各工程の作業時間が測定されるようになり、これをベースとしてさまざまな作業改善がなされる。こういった技術をIE（インダストリアル・エンジニアリング）という。IEで測定された作業時間は、コンピュータでデータベースとして管理され、生産管理システムといわれるようになる。

この作業時間のデータベースを使って、原価計算がコンピュータで行われるようになる。一般の原価計算は商品ごとに原価を算出するが、これを

---

[15]. 流れ作業は作業者が一列に並ぶので、ラインという表現をとる。

図3-17 同期化

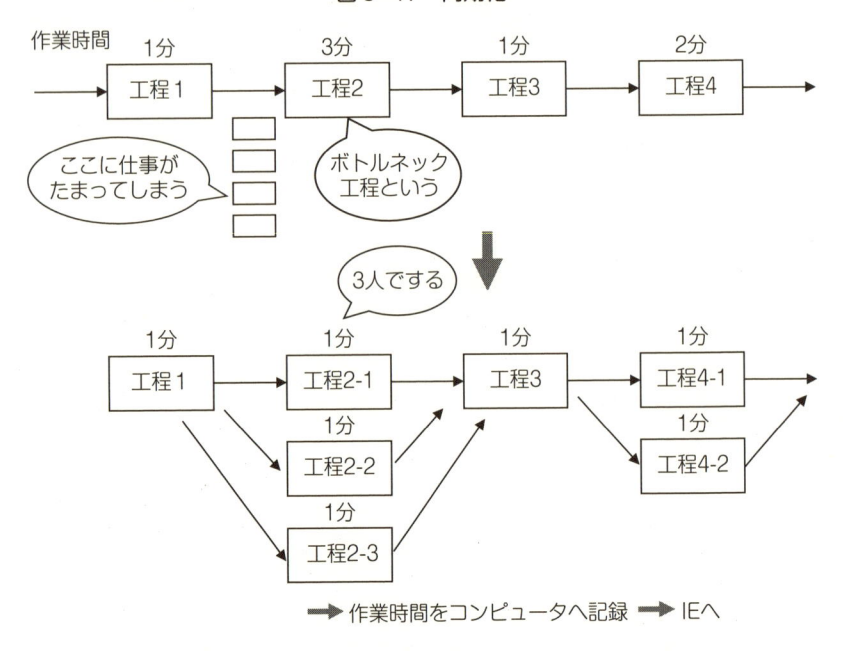

```
作業時間  1分      3分      1分      2分
  →    [工程1] → [工程2] → [工程3] → [工程4] →
```

「ここに仕事がたまってしまう」
「ボトルネック工程という」

「3人でする」

```
      1分       1分       1分       1分
    [工程1] → [工程2-1] → [工程3] → [工程4-1] →
                 1分                  1分
             [工程2-2]            [工程4-2]
                 1分
             [工程2-3]
```

→ 作業時間をコンピュータへ記録 → IEへ

工程単位に計算し、コストダウンなどに利用しようとするものがABC（Activity Based Costing）である。ABCはメーカーだけでなく、物流センターや小売店舗での作業など、マーケティングアクションにも活用されていく。

(2) FMS（多品種少量時代）

　圧倒的な需要も商品の供給と生産力のアップで満たされていき、いつの間にか供給パワーが需要を追い越してしまう。そしてメーカー間の競争が激化していく。売り手ガバナンスマーケットへの進化である。ここで顧客ニーズの多様化が表面化し、商品の多品種化がどんどん進められていく。この時代のメーカーのマーケティングテーマは「いかにニーズの多様化に合わせて、生産を柔軟に行っていくか」であり、FMS（Flexible Manufacturing System：柔軟性のある生産活動）がキーワードとなる。FMSの構

成要素は、NC工作機械[*16]、制御コンピュータ[*17]、産業用ロボット[*18]といった、いわゆるメカトロニクス（メカニズムとエレクトロニクスの合体という意味の造語）機器である。

(3) カンバンシステムの時代

　多品種化は、FMSなどの技術で限りなく進められていく。そして多品種少量の最後として、「売るものを売れる時に売れるだけ作る」というカンバンシステム（JIT：ジャストインタイムもほぼ同意）が生まれる。カンバンはトヨタが編み出したものであり、JITは41ページで述べたようにロジスティクスから生まれた概念である。これを、近年になってアメリカのコンピュータメーカーのデルが行い、SCMとよんだ。いわゆるデル型SCMである。

　カンバンシステムは顧客からの注文が入ってから、部品調達、部品組立てを行うものである。これによって顧客一人ひとりのニーズに合わせて部品の組み合わせを変え、1つの生産ラインですべて違う商品を作ることができる。

　カンバンシステムでは組立工場を中心に、部品工場、および販売店の間でネットワークを作る必要がある。販売店が商品を受注すると「カンバン」とよばれる注文伝票をネットワークで部品工場へ流し、部品工場がそれに必要な部品を組立工場のラインまで届けるというものである。つまり214ページで述べたEOSである。

　このEOSは進化し、受発注データのみならず、部品情報、生産進捗情報、図面など、さまざまな情報がやり取りされるようになり、EDI（Electronic Data Interchange）とよばれる。

　さらにインターネットが普及するようになり、組立工場、部品工場の関

---

*16. Numerical Controlの略。数字を使って工作機械を制御すること。
*17. NCをコンピュータで行うもの。
*18. 制御コンピュータと工作機械をセットにして高度化していくもの。

係はクローズド（取引が固定）なものから、オープン（取引が自由）なものへとシフトし、226ページで述べたeマーケットプレイスへと進化する。つまり「完成品マーケット」が新しい「部品マーケット」を生んだことになる。

(4) CIM（生産とマーケティングが一体化の時代）

　自動車のような高額な耐久消費財は多品種少量時代が長く続くが、日用品のような低額商品は多品種化と生産コストの増大というトレードオフの関係を解消していくのが結局困難となり、「どこまで多品種化していけばよいかわからない」という"先の見えないトンネル"へ入っていく。

　ここに顧客ニーズをなるべく早く、そして正確にキャッチして生産に生かそうという動きが顕著になる。つまり何が何でも多品種化するのではなく、いかに顧客ニーズと生産の同期化をとるかということに目が行き、生産とマーケティングの一体化が図られる。

　組織面でいえば、営業、工場という形で分かれていたメーカーの組織は、商品別の事業部、SBU（Strategic Business Unit：事業部とほぼ同意）となっていく。これがIT利用に変化をもたらし、生産とマーケティングのデータベースが統合され、CIM（Computer Integrated Manufacturing）とよばれる。CIMはマーケティング情報をタイムラグなしに生産側に渡すことによって、顧客ニーズに合った商品を売れる量だけ作るというものである。CIMの統合化の範囲を、商品開発、物流、経営管理などに広げたものをCALS（Continuous Acquisition and Life-cycle Support）という。

(5) SCMの時代
❶SCMの登場

　CIMを進めていくと、メーカーはどうしてもマーケティング情報に物足りなさを感じるようになる。ある商品が売れても、「なぜ売れたのか」「誰

が買ったのか」といった顧客情報がないためである。

　これを受け、顧客情報を持った流通へとメーカーの目が行く。例えばメーカー直営のアンテナショップ、SPA（99ページ。メーカーが流通業になってしまうもの）、チームマーチャンダイジング（流通が主導してメーカーと共同で商品開発）、メーカーPOS（メーカーがPOSシステムを開発し、流通にそれを置いてもらってネットワークでPOSデータを収集する）といったものである。

　そしてここにメーカー、卸売業、小売業という流通経路の3者が1つのチェーンのように活動していくというムードが生まれてくる。いわゆる製配販同盟（生配販同盟）という垂直アライアンスである。

　しかしこのパターンの垂直アライアンスは、98ページで述べたように多くの場合失敗に終わっている。というよりも、成功しているのは2つのパターンしかない。1つは同盟という対等関係ではなく、どちらかがどちらかを支配してしまうものである。メーカーが主導するのがVMSであり、流通が主導するのが先ほどのチームマーチャンダイジングである。しかしこれではアライアンスとはいえない。

　2つ目は完全に一体化してしまうのであり、先ほどのSPAのようなものである。これもアライアンスとはいえない。

　しかしだからといって、アライアンスタイプのSCMがマーケティングストックとして価値がないわけではない。その考え方はマーケティングに活用できるものも多い。ここではこのSCMをサクセスストーリーではなく、マーケティングストックという「他社のマーケティング経験」として見てほしい。

❷流通在庫削減型SCM

　製配販同盟は、初期の頃QR（Quick Response）、ECR（Efficient Consumer Response）とよばれた。後にデルのカンバンがSCMとよばれる頃と時を同じくして、これもSCMとよばれるようになる。つまりメーカー

が上流に向かってネットワークを広げていくもの(カンバンシステム)、メーカーが下流に向かってネットワークを広げていくもの(QR、ECR)などを合わせて、SCMというようになった。

SCMは垂直アライアンスの総称であり、さまざまな目的を持ったものがある。その目的としてはコストダウン、商品安定供給、囲い込み(210ページ)などがあるが、QR、ECRタイプは流通在庫削減をその目的としている。

流通在庫とは68ページで述べたように流通段階にある商品在庫のことである。

消費財で考えれば、流通在庫は図3-18のようにメーカーが生産してから消費者の手に渡るまでのリードタイムを短縮することで削減できる。

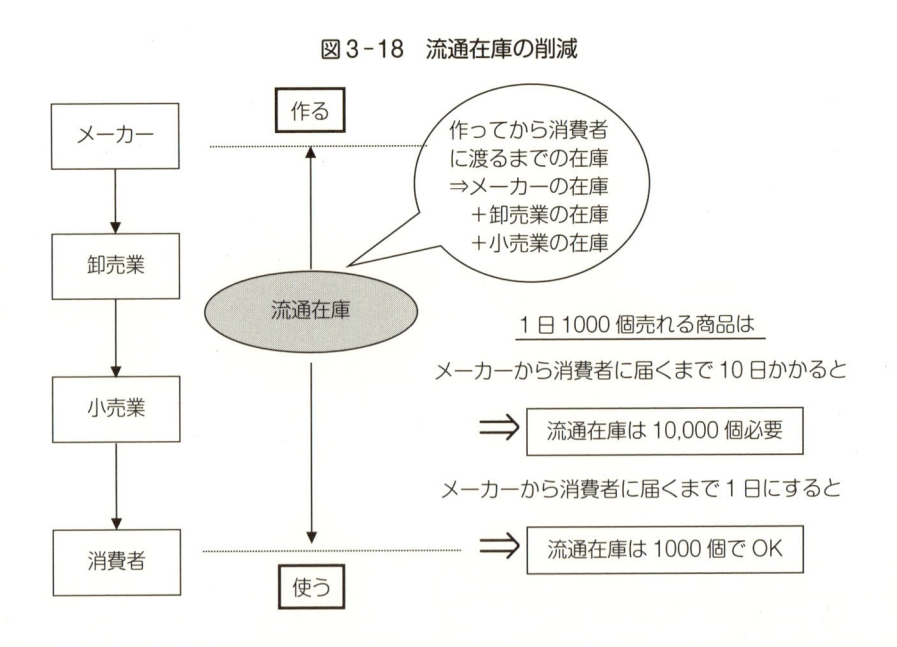

図3-18 流通在庫の削減

```
メーカー ──┐   作る
           │    ↑
卸売業 ────┤    │   作ってから消費者
           │    │   に渡るまでの在庫
小売業 ────┤  流通在庫  ⇒メーカーの在庫
           │    │   +卸売業の在庫
消費者 ────┘    ↓   +小売業の在庫
                使う
```

1日1000個売れる商品は

メーカーから消費者に届くまで10日かかると
⇒ 流通在庫は10,000個必要

メーカーから消費者に届くまで1日にすると
⇒ 流通在庫は1000個でOK

このSCMでは、リードタイム圧縮を、次のような形で実現する。

（ⅰ）連続補充

一般的なスタイルではメーカー、卸売業、小売業の各段階で商品在庫を持ち、それぞれが「少なくなったら、発注する」という形をとっている。

図3-19　一般の取引スタイル

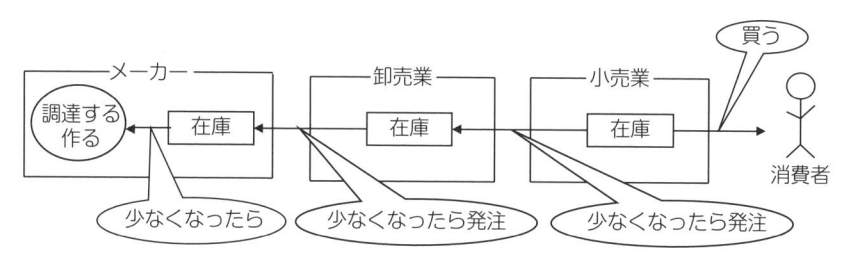

SCMはまず、3者の役割を明確にする。メーカーは「生産」、卸売業は「物流」、小売業が「販売」である。図3-20のように、商品在庫は消費者へ販売する小売業にだけ置き、消費者の購買動向であるPOSデータおよび店舗在庫をメーカー、卸売業にも公開する。

メーカーはこのPOSデータ、店舗在庫を監視し、消費者の購買量を予測して生産量を決定し、卸売業、小売業の発注なしに届けるという形にする。これを連続補充（CRP：Continuous Replenishment Program）という。

図3-20　連続補充

つまりPOSデータ、店舗在庫という消費動向（これがECR）へ、スピーディー（これがQR）に対応して、生産、納入を行っていくものである。

（ⅱ）インターネットワーキング

　SCM実現には小売側のPOSデータをすばやく、メーカー、卸売業に届けるネットワークが必要となる。つまり小売業のPOSシステム、卸売業の物流システム、メーカーの生産システムというネットワークがインターネットワーキング[19]されてSCMとなる。

　SCMはインターネットなき時代に提案され、失敗した。しかしインターネットワーキングのためのネットワークといえるインターネットの普及は、このSCMを実現しやすくするだけでなく、さまざまなバリエーションを生みやすくしたといえる。

（ⅲ）クロスドッキング

　1つのメーカーで、小売業の店舗の商品を満たすことは難しい。したがってSCMには、複数のメーカーが必要となる。ここでメーカーから小売業へ商品を直送すると、店舗はメーカーからのトラックだらけになってしまう。そこで中間の卸売業の物流センターで、一旦荷物を積み換えてから配送する必要がある。これをクロスドッキングという。

　しかし連続補充、クロスドッキングでは、小売業はどんな商品がくるのかわからず、誤納もチェックできない。そこでメーカーがネットワークを使って、事前に出荷明細（ASN：Advanced Shipping Notice）を小売業に送り、出荷するカートンなどにSCMラベル（Shipping Carton Marking）を貼っておいて、両者を突合して検品を行う。SCMラベルには、さまざまな情報が必要であり、通常のバーコードより情報量が多いものが必要となる。そのためQRコード[20]やICタグ[21]などが用いられる。ICタグを使えば検品だけでなく、商品の流通過程においてトレーサビリティ[22]ができる。

---

*19.　ネットワークとネットワークがつながるという意味。
*20.　情報をバー（棒）ではなく2次元で表すもの。
*21.　ICチップという極小のコンピュータを埋め込んだ荷札のこと。これにはリーダーに触れなくても読める非接触型のものが用いられる。電子マネーに使われているものと同じである。
*22.　商品、荷物を追跡し、どのようなルートで消費者まで届いたかがわかること。

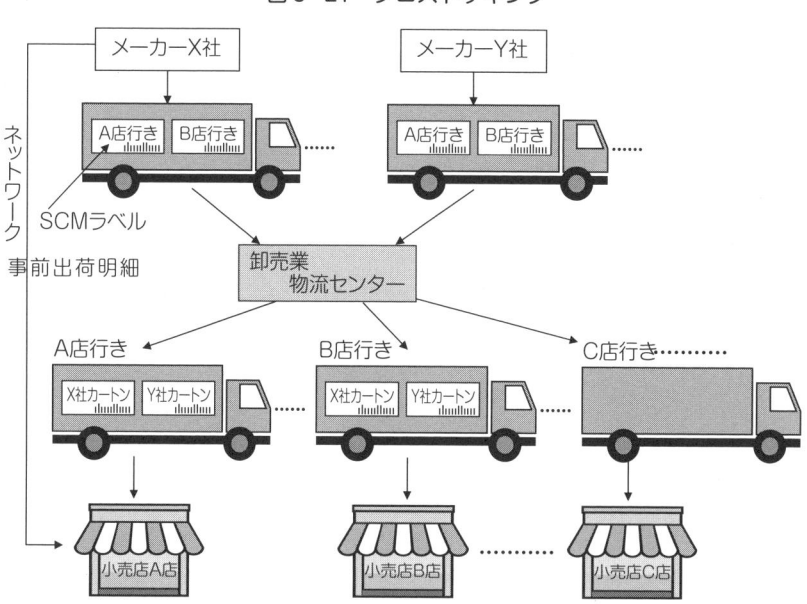

図 3-21　クロスドッキング

(ⅳ) カテゴリーマネジメント

　小売業は複数のメーカーとアライアンスを結ぶ。このアライアンスの単位をカテゴリーと表現する。このカテゴリー単位にスペース対売上高、スペース対粗利を計算し、場合によってはアライアンスの相手を随時変更していく。

　メーカー、卸売業、小売業が共通のSCMシステムを持っていれば、この組み合わせ変更は可能である。そのためにはSCMの標準化が必要となる。この標準化は各国の政府が中心となって進めていくのがノーマルであろう。そしてこの標準化についても、インターネットという標準ネットワークの普及が多くの課題を解消している。つまりSCMは実現しやすい環境が整っているといえる。

3-2　インターネット流通

　流通がKMFの場合の2つ目のマーケティングストックは、売り手がイン

ターネットを流通として使うものである。すなわちインターネット上で買い手に対して商品を販売するものである。これはB to B（Business to Business：買い手が企業）、B to C（Business to Consumer：買い手が消費者）の２つに分けられる。

(1) B to B

　企業同士が商品売買などの取引をしようとした場合、インターネットのような誰でも自由に参加できるというオープンネットワークでは多くの問題がある。ID（本当に本人か）、与信[*23]や契約のルール（法律がネット取引に追いついていない）、インターネットの特徴といえる受信と発信のズレ（いつをもって受注となるか）といったものである。

　そのため従来は取引をしたい企業が集まって、共同でネットワークを作っていくことが多かった（業界VANなどといっていた）。しかし現在ではインターネット上にクローズドな広場（一定企業しか入れない）を作り、このメンバー間で合意した一定のルール（売買ルール、決済ルール、与信ルールなど）で取引を行うことがポピュラーといえる。この広場が226ページで述べたeマーケットプレイスであり、182ページのSNSマーケティングの企業版といってもよい。

　eマーケットプレイスの特徴は、226ページで述べたとおり買い手が有利ということである。買い手が売り手の競争を促すことで、商品が低価格で手に入ることである。

　売り手から見れば「買い手を見つける」という究極のメリットはあるが、簡単に価格競争を起こされ、競争が激しくなり、どうしても利益の出ないマーケットになるというリスクを抱える。eマーケットプレイスは売り場ではなく、買い場であり、まさに売り手から見ると流通といえる。

　eマーケットプレイスは売り手から見て、次の５つのパターンがある。

[*23]. カネをきちんと払ってくれるかをチェックすること。

（ⅰ）売り手単独で作る

売り手が単独で、買い手企業を集めてeマーケットプレイスを作るものである。目的は競争回避である。VMSのインターネット版であり、213ページのSISと同様の囲い込み戦略である。ライバル企業もこれに対抗して自社オリジナルのeマーケットプレイスを作ることも多く、業界内の取引はむしろクローズド（系列といった表現が用いられる）になっていく。

しかし多くの場合、買い手企業が次第に強くなり、その不便さ（複数のeマーケットプレイスで購買）から、複数のeマーケットプレイスがインターネットワーキングされ、オープンなものへと進化していく。

（ⅱ）他の企業が作ったものに参加する

ライバルの売り手が主宰（コストをかけて作った企業のこと）しているものに参加することは少なく、特定の買い手が主宰したものに参加することがほとんどである。参加すれば販路は確保され売上の伸びは期待できるが、売り手の増加によって、買い手側の狙いどおり競争は激化する。

（ⅲ）売り手共同型を作る

同一地域や同一業界の売り手が共同で作るもの。多くの場合、グローバル化など顧客の新規開拓が目的である。コストも共同分担なのであまりかからず、失敗することも少なく、ある程度の売上増大に向かうことが多い。ただそこに力の強い買い手が登場すると、売り手の競争は激しくなっていく。

（ⅳ）買い手共同型に参加する

複数の買い手が共同で作るものに参加するもので、売り手共同型よりも広く見れらる。当然のことであるが買い手は売り手を地域、業界を越えてグローバル、ボーダーレスに求めていく。売り手間の競争は極めて激しい。

（ⅴ）サードパーティー主宰のものに参加

売り手でなく買い手でもない第三者が主宰するeマーケットプレイスに参加するもの。主宰者は、この場で最大のメリットを得る「大企業の買い手」をスポンサーとして数社集め、売り手が参加せざるを得なくしていく。

売り手としてはもっとも厳しい状況での参加である。

(2) B to C

インターネットを、消費者販売（ネット販売という）などへの流通に用いるものである。次のようなビジネスモデルが有名である。

(ⅰ) サーチ＆バイ

1995年にインターネットの商用利用が認められると同時に生まれたものである。216ページで述べた、書籍販売からスタートしたアマゾン・ドットコムというネットショップ（インターネット上の店舗。バーチャルショップ、ネット通販ともいう）がその元祖である。アマゾンは、当初から100万タイトルを超える書籍を登録しており、ここから買い手は1冊の本を探さなくてはならない。このサーチに検索エンジン[24]を使った。このアイデアをコピーし、アマゾンとバッティングしていない分野に次々とサーチ＆バイは生まれる。こうしてCD、玩具、パソコン、さらには食品スーパー（ネットスーパーなど）といったネットショップが生まれた。

しかしサーチ＆バイは一度顧客をつかむと、商品の幅を広げるのが容易であり、アマゾンも、CD、ゲームソフト、家電、日用品などへどんどん幅を広げた。そしてネットショップ間の激しい戦いが生まれていった。

(ⅱ) クリック＆モルタル

アマゾンの進出で、従来は店舗だけで販売していた書店が次々とネット販売にも進出してきた。このように店舗を持ちながらネット販売を行うタイプを、クリック＆モルタル（店舗のことをブリック＆モルタルというので、ブリックの代わりにマウスのクリックを付けたもの）といい、これに対し、ネット販売だけのものをピュアプレイヤーという。

クリック＆モルタルは店舗販売とネット販売を行うものだけでなく、受注をネットワークで、物流や決済を自らの実店舗やコンビニ、駅で行うも

---

[24] キーワードなどを入れて必要な情報を探してくれるもの。

のもある。

　宅配サービスの充実によって定着しつつあるモデルである。
(ⅲ) hard to find
　「なかなか見つからないものだけを置く」というビジネスモデル。「地方の特産品を全国に」といったもので、地域密着型ビジネスを全国、そして全世界へという形でかなり浸透したモデルである。
(ⅳ) バーチャルモール
　インターネット上のショッピングセンターを作り、テナント料、広告料を収益とするもの。楽天が有名。
(ⅴ) パーソナライズ
　インターネット上で注文を受け、消費者の好みに応じて商品を作り上げていくもの。デルなどのパソコン販売がその走り。
(ⅵ) ネットオークション
　商品を売り手がインターネット上のオークションマーケットに出し、買い手がせりを行い、マーケット主催者（これが流通）はこの売買手数料を得るもの。C to Cという新しい取引スタイルを生んだ。さらに「買い手が条件を提示し、売り手がこれに応じて、買い手はもっとも条件のよいものを購入する」という逆オークションなども生まれている。
(ⅶ) ショッピングエージェント
　逆オークションのアイデアを生かして、特定の商品についてもっとも安い店を探してくれたり（価格比較サイトともいう）、自動車や住宅などでもっとも条件の良いものを探してくれるもの。
(ⅷ) インターネットサービス
　インターネットで、通販ではなくサービス業を行うもの。代表的なスタイルには、予約型（インターネット上でホテル、コンサート、交通機関などの予約を行うもの）、金融型（銀行はネットバンキング、証券会社はネット証券という）、教育型（e‐ラーニング、WBT：Web Based Trainingともいう）がある。

(3) インターネットMC

インターネット流通の特徴は、MCを収益と考えることである。つまりインターネット上の広告代理店である。ここでインターネットによるMCモデルを整理しておこう。

(i) ポータルサイト

インターネット萌芽期に誕生したインターネットビジネスモデルである。検索エンジンなどの他、ニュース、地図、天気予報など、さまざまなサービスを付加させたWebサイトを作り、インターネット利用者が最初に開くページ（これがポータル、玄関という意味）にしてもらうものである。そしてそのWebサイトでの広告を収入源とする。テレビがコマーシャルを収入源としたのと同じモデルといえる。テレビの視聴率にあたるものとして、ページビュー数（そのページを見た数）、クリック数（ページの広告に対してアクセスした数）などがある。Yahoo、Googleが有名。

ポータルサイトへの広告の基本型がバナー広告（ポータルサイトなどにプロモーション画像をのせ、そこをクリックするとスポンサーのWebサイトへ飛ぶ）である。(2) で述べたビジネスモデルのほとんどはこれを取り入れ、収入源としている。

(ii) メールマガジン

有料または無料で、メールによる雑誌を発行するもの。自社の商品認知、クーポンサービス、商品アンケートといったMCだけでなく、他社からの広告収入が目的のものもある。

(iii) アフィリエイト

他社のサイトから自社のサイトへ誘導してもらい、その顧客が自社で商品を購買してくれれば、その購買額に応じて誘導してくれたサイトへ手数料を支払うというものである。このアフィリエイト（提携という意味）によって、広告料を固定費から変動費へシフトできる。売り手から見ればまさに流通そのものである。

(ⅳ) 検索エンジン利用型

検索エンジンをベースとするもので、次の2つが有名である。

(a) キーワード連動広告

利用者が検索エンジンに入れたキーワードによって、広告内容を変えるもの。広告主から見ると、特定テーマに関心を持った顧客にのみ広告を打つことができる。掲載するサイトから見ると，広告スペースの有効利用ができる。

(b) SEO (Search Engine Optimization)

GoogleやYahooなどにある検索エンジンはインターネット利用の基本であり、特定の商品、企業、店舗を探す時にごく一般的に使われている。

しかしWebサイトの増加で、1つのキーワードで数多くのページがヒットしてしまう。ここで検索結果の上位に自社のページがヒットすれば、顧客の認知度は高まるといえる。検索エンジンの仕組みから、自社のサイトを検索結果の上位に出すように考えることをSEOという（人気投票で、自らに投票してランキングを上げるようで、インテグリティが低い感じのマーケティングではあるが…）。

(ⅴ) コミュニティマーケティング

SNSのように、インターネット上の情報交換の場をコミュニティサイト、略してコミュニティという。このコミュニティにおいて広告などのプロモーションを行うもの。これを含めコミュニティを使って行うマーケティングを総称してコミュニティマーケティングという。

3-3 ソリューションビジネス

(1) ソリューションビジネスとは

ソリューションビジネスとは、ITマーケットで生まれた概念である。

ITマーケットは大きく3つのマーケットから成り立っている。ハードウェア、ソフトウェア、付加サービス（コンサルティング、保守、ヘルプデスク…）であり、この3つのマーケットは分断されていた。この3つのマ

ーケットが進化し、ボーダーレスになっていき、その結果として生まれたのがソリューションビジネスという新しい商品、新しいマーケットである。

ITマーケットが誕生した時の主力商品は、209ページで述べたメインフレームである。当初、顧客がこれを購入し（レンタルし）、ソフトウェアは自分で作っていた（この作ることを「開発」と表現する）。

ITマーケットが成長していく中で、ハードウェアとオーダーメイドのソフトウェアをセット（71ページで述べたバンドル）で販売するようになる。これが情報システムである。日本ではこの情報システムという商品の販売を、富士通、IBM、日立、NECという4大コンピュータメーカーとそのグループ会社が担った。

ITマーケットは、パソコンの登場で大きく変化していく。そのビジネスモデルの原点は、利用者が使うパソコンを提供するというものである。従来はメインフレームをネットワークで使うための端末を提供するというものであった。利用者のパソコンはつないでいくのが自然であり、ここにサーバー、LAN[25]、インターネットが生まれ、これをベースとしたソフトウェアが商品化された。ここでのソフトウェアは、コンピュータメーカーグループによるオーダーメイド型ではなく、出来合いのパッケージ型（洋服でいえば既製品）であり、マーケットは一変する。

ハードウェア、ソフトウェア、ネットワークという異なるタイプの商品がマーケットに登場し、「多くの売り手が1つのマーケットで競争する」という売り手ガバナンスの時代を迎える。

競争が激しくなっていく中で、ソフトウェア、ネットワークは多様化し、その組み合わせも無限といってよいほど生まれてくる。

こうなると、買い手、特に情報システムとしてこれらを組み合わせて利用する「企業」は、何を買ってよいかわからなくなってくる。売り手ガバナンス時代の末期である。

---

[25]. Local Area Network：同一建物内でつなぐネットワーク。

ここに登場するのがプロの流通であり、これを多くの売り手自身が担うようになる。ITマーケットでは、これをソリューションビジネスとよんだ。ITマーケットにおいて売り手が流通へと変身するものである。

これは顧客のニーズに応えて、世界中のIT商品を組み合わせていくビジネスである。この顧客のニーズに応えようとする行動を「企業が抱えるさまざまな課題をITで解決する」という意味で、ソリューションビジネスとよんだ。そしてこれが、成熟し競争疲れしているITマーケットに浸透していった。

154ページのソリューションセールスは、この考え方をセールスに生かしたものである。ソリューションセールスとは、ソリューションという考え方を使ってセールスを行うもので、売るものは自社の商品である。一方、ソリューションビジネスとは「ソリューション」という商品（サービス）を提供するものである。

(2) ITベンダーのソリューションビジネス

ITベンダーはソリューションビジネスを行うため、以下の2つの点で、マーケティングをイノベーションした。

❶ソリューションSE

1つはヒトの面である。従来ITベンダーが行っていた情報システムという商品では、2つのライン職種があった。セールスマンとSE[26]である。一方、顧客企業は情報システム部門と利用部門の2つに分けられる。情報システム部門は利用部門のITニーズをとりまとめ、ITベンダーのセールスマンに引き合いを出す。セールスマンはSEに対して情報システム開発の見積、工程表作成などを依頼し、セールスマンが情報システム部門と折衝し、カネとトキが合意できると、情報システム部門が発注する。発注されるとSE

---

[26]. システムエンジニアの略。情報システムを開発する人。

側で開発プロジェクトが組まれ、このリーダー（プロジェクトマネジャー）の責任の下、情報システム開発が遂行される。こうしてマーケティングとオペレーション（情報システム開発）がボーダーレスになって進められていく。

　ソリューションビジネスでは、マーケティングとオペレーションをはっきり切り分け、マーケティングをプロモーションと提案という2つに分ける。プロモーションでは見込み客の開拓（156ページのセールスモデルでいえば、ターゲットモデル、アプローチモデルなど）までを行う。具体的にはニーズ仮説の立案、ニーズに関するセミナー、訪問セールス、広告、インターネットプロモーション…などを行うもので、従来のセールス部門がマーケティング部門へと変身して行う。

　一方、以降の「提案」（セールスモデルでいえばインタビューモデル〜フォローモデル）は、ソリューションSEとよばれる職種が担当する。プロモーションで発見された見込み客を訪問して、インタビューし、顧客ニーズを抽出し、それによってITによる解決策を立案し、提案書としてまとめる。解決策を立案するためのIT商品は、自社商品のみならず他社商品も組み合わせて行う。顧客にはこのソリューションビジネスに関する提案書、見積書を提出し、合意すれば受注する。

　受注されればオペレーションへと移行する。プロジェクトマネジャーが中心となってプロジェクトを組んで開発（というよりも商品を組み合わせる感じ）する。プロジェクトマネジャーは、提案時のソリューションSE自身がなることも多い。顧客へ納入後は再びソリューションSEへ引き渡して、以降のフォロー（ニーズが解決されているかのチェック）を行う。

❷ オブジェクト指向

　ソリューションという新しいビジネスモデルを実行していくうえでの基本的考え方として、オブジェクト指向を取り入れた。

　オブジェクト指向は、「顧客にどんなサービスを提供するか」（商品決定）

というマーケティングをスムーズに進め、かつプロジェクトマネジャーが行うオペレーションにそのまま展開できるように考えられている。これはマーケティングから見れば商品開発モデルである。

オブジェクト指向は、ITだけでなく各種技術商品の分野ですでに活用されているが、その他の産業財、各種プロジェクトビジネス、さらには物流、ホテルといったサービス分野でも、その活用が期待されているマーケティングストックである。オブジェクト指向では商品を「作ること」ではなく、「使うこと」に着目している。売り手から買い手へ目を移すことであり、買い手ガバナンスマーケットの商品開発セオリーといえる。

利用者が「情報システムから自分が使いたいデータをもらう」という"サービス"を受けると考える。ここで、それぞれの利用者に対して、サービスをする"元となるもの"をオブジェクト（実体）という。オブジェクトは「データを渡す」というサービスを提供するものなので、「データ」そのものと「そのデータの使い方」という2つが必要となる。オブジェクトではこのデータと使い方がセットになっている。パワーポイントなどを使う時を考えればおわかりと思う。パワーポイントで作ったファイルのアイコン（これがオブジェクト）をクリックすると、データ、使い方が一体となったサービスを受けることができる。

オブジェクトは特定の「プラットフォーム」（何かが乗る所という意味）

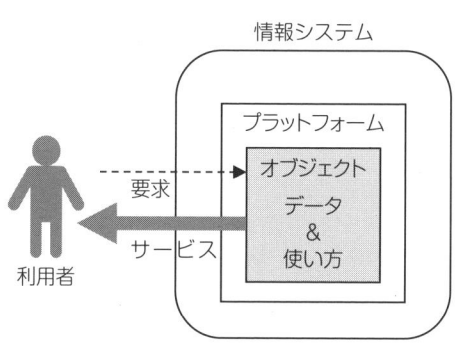

図3-22　オブジェクトとプラットフォーム

に乗っている。利用者はこのプラットフォームを使って自分の求めるサービスを要求し、提供を受ける。プラットフォームはパソコン、携帯電話、プロジェクターなど利用者と接する部分と考えればOKである。オブジェクトを別のプラットフォームに移すことも簡単にできる（パソコンにある写真をCDにコピーして、別のパソコンで見られるようにする）。

　オブジェクトは利用者によって異なるが、当然のことながらオブジェクト同士で共通の「データ」や「使い方」が出てくる。これらは1箇所に集めておいて、そこからオブジェクトに「サービス」した方が都合がよい。これをサーバーという。「データ」をサービスするデータベースサーバー、インターネットの「使い方」などをサービスするWebサーバーなどがある。一方、サービスを受ける側は客なので、「クライアント」とよばれる。

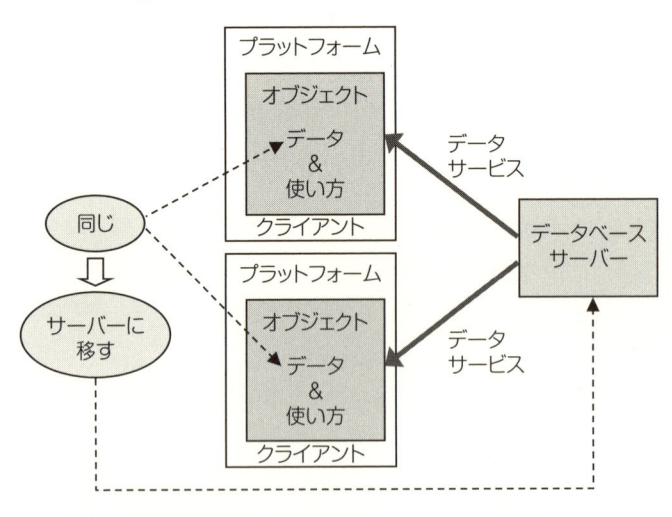

図3-23　クライアント・サーバーモデル

　どうやって商品を開発するかというシーズモデルができたので、これとニーズをマッチングさせるマーケティングモデルを作る。

　「利用者」は一人ひとり微妙に求めるサービスが違うので、本来ソリューションSEは「利用者」一人ひとりにそのニーズ（どんなサービスを受けた

いのか）をインタビューしなくてはならない。これではインタビューだけで膨大な時間、コストがかかってしまう。

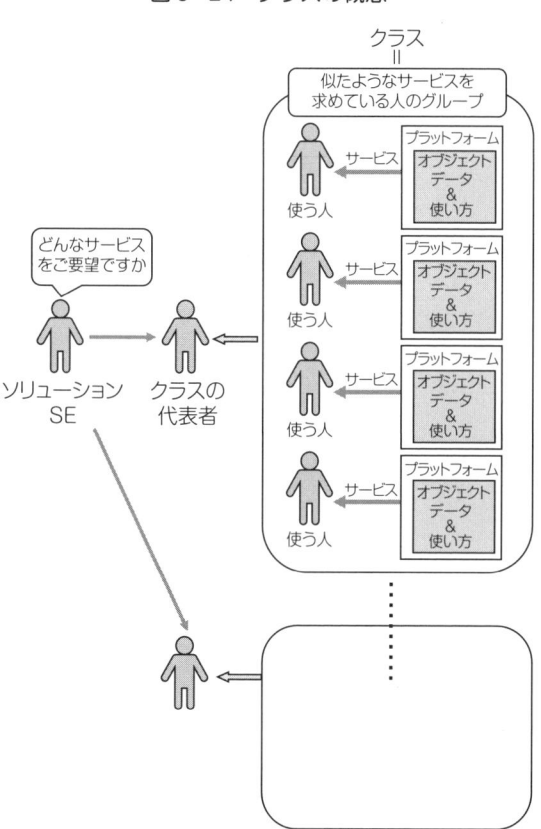

図3-24　クラスの概念

　そこで似たようなサービスを受ける人を1つのグループ（これをクラスという。学校の学級のようなもの）にして、その代表者（学級委員のような感じ）にクラスとしてのニーズをインタビューする。インタビュー項目は従来の「何を作るか」ではなく、「どんなサービスを受けたいか」である。

　このようにクラスの代表者からニーズを聞いて、そのニーズを解決するサービスを考え、サービスを実現するオブジェクト、プラットフォームを

考え、オブジェクトの共通部分をサーバーとして…という手順で作っていく。

3-4 マーチャンダイジング

　本書は主に売り手としてのマーケティングを考えているが、もちろん流通もマーケティングを行っている。売り手がKMFの流通の場合に着目すべきは、その流通が行うマーケティングである。ここでのマーケティングは主に商品マーケティングであり、中でもマーチャンダイジングがその中心といえる。

（1）マーチャンダイジングとは

　この言葉は、さまざまな意味で使われている。merchandiseという英語は、名詞は「商品」、動詞は「商売をする」である。したがってingを付けた言葉の意味からすると、マーチャンダイジングとは商売全体（＝流通のマーケティング全体）を指すと考えられる。しかし一般には「品揃え」（どんな商品を取り扱うか）というマーケティングの一部を指している（全体を指すものはマーチャンダイジングサイクルと表現することが多い。仕入から販売までの一連の活動である）。

　流通でこれを担当する職種はマーチャンダイザーといい、バイヤー（商品購入担当者）が兼ねることもめずらしくない。

　このマーチャンダイジングにあたる仕事を、メーカーではプロダクト・プランニング（商品計画）という表現を使うことが多い。

（2）商品分類

　マーチャンダイジングの基本は、店舗などで扱う商品を階層的に分類することである。つまり大分類、中分類、小分類、細分類といったものである。この考え方を流通マーケティングへ最初に取り入れたのが、デパートメントストア（日本では百貨店、デパートという）という業態[*27]である。departmentとは「部門」という意味である。デパートメントストアでは

1つのフロア（階）が1つの部門となり、婦人雑貨、婦人アパレル、ヤング、紳士といった部門構成をとり、その中の商品分類を階層的にしていく。

　流通では商品分類の階層にさまざまな表現が使われるが、次のようなものが標準的といえる。

- **大分類**……先ほどの「部門」または「売り場」という表現がとられる。大型店舗では、この単位に従業員も組織化されることになる。生鮮部門、生鮮売り場。
- **中分類**……「ライン」「コーナー」（両方あればコーナーの方が大分類）、「商品系列」などという。鮮魚ライン、青果コーナー。
- **小分類**……「カテゴリー」という表現がポピュラー（もう本書で使ってしまっているが）。デパートメントストアが行った部門管理を、後にスーパーマーケットなどが取り入れ、商品管理をもう少し細かくとらえ、カテゴリー単位に行った。これをカテゴリーマネジメントという。
- **細分類**……「アイテム」「単品」という。さんま、いわし。コンビニなどではカテゴリーマネジメントよりも細かい単品でとらえており、これを単品管理とよんだ。

　もう1つ「SKU」（Stock Keeping Unit）という表現も使う。「在庫管理をしている単位」という意味である。一般にコンピュータを導入していれば、アイテム単位に在庫管理しているので「アイテム＝SKU」となる。ただしアイテムは○○シャツ、在庫はサイズ単位（S、M、L）に管理していると「アイテム＞SKU」となる。

(3) 商品ミックス

　さらにファジーなことに「幅」と「奥行き」という表現も使う。商品の

---

*27.　もうすでに本書では使っているが、業態とはその企業のマーケティングモデルを指す。つまり「どう売るか」である。一方、業種は存在しているマーケット、つまり業界を指す。「何を売っているか」である。ディスカウンターは業態であり、家電販売は業種である。

幅（間口ともいう）とは、商品分類の中での「カテゴリーの数」を指す。「幅が広い」とはカテゴリー数が多いことをいう。商品の奥行きとは、幅ごとの（カテゴリー内の）アイテム数のことで「奥行きが深い」とは、カテゴリーごとのアイテム数が多いことをいう。この幅と奥行きでマーチャンダイジングを考えていくことを、商品ミックスという。

　商品ミックスには、次のようなパターンがあり、これによって業態が決まる。ここで店舗には「カテゴリー数×アイテム数×アイテムあたりの数量（＝商品取扱数）」だけの「売り場面積」が必要となる。というよりも、限られた店舗面積の中でカテゴリー数、アイテム数、アイテムあたりの数量を調整していく（どれかを大きくすれば、どれかを小さくしなくてはならない）。

- 「**幅が広く、奥行きが深い**」……カテゴリー数が多く、カテゴリーごとのアイテム数も多いもので、百貨店、総合スーパー（イオン、ダイエー…）など大型店舗がこれにあたる。コンビニは小型店舗であるが、「アイテムあたりの数量」（203ページの在庫にあたる）を減らすことでこれを実現している。

- 「**幅が狭く、奥行きが深い**」……カテゴリーを絞り込み、カテゴリーごとのアイテム数を増やしていくもので、専門店がこれにあたる。酒屋ではなく、ワイン専門店といったものである。

- 「**幅が広く、奥行きが浅い**」……カテゴリーを多くして、カテゴリーごとのアイテム数を絞っていくもので、大型ディスカウンターがこれにあたる。百貨店並みの店舗規模を持っているのに、奥行きを浅くしてコンビニとは逆にアイテムあたりの数量を増やし、大量仕入、大量販売による低価格販売を実現している。

- 「**幅が狭く、奥行きが浅い**」……カテゴリーが少なく、カテゴリーごとのアイテム数も少ないもので、いわゆるパパ・ママ・ストア（家族経営店）がこれにあたる。この店で、アイテムあたりの数量を減らして、幅、奥行きともに広げたのがコンビニである。

（4）インストアマーチャンダイジング

　大手流通業のマーチャンダイジングは、一般に本部とよばれるバックヤード部門（店舗の後側という意味）で行われることが多い。本部のマーチャンダイジングの下、各店舗はオペレーションを行う。店舗が行うオペレーションの中で、商品販売以外のマーケティングアクションにあたるものをインストアマーチャンダイジング（略してISM）という。

　ISMは陳列管理（店舗での商品の並べ方を考えること）、プロモーション（インストアプロモーション、略してISPという）、店舗内行動分析（本部主導で行うことも多いが）の3つが主力テーマといえる。

❶陳列管理

　従来の流通マーケティングでは、商品ブランドごとに「何が売れるか」「何が売れないか」という売れ筋・死に筋分析が主流であった。しかし店舗における販売では、商品ブランド力だけでなく、その商品をどこに置くか、店舗として商品をどうバランスよく配置するかによって、その売上が大きく異なることがわかってきた。つまり店舗での売上に、陳列管理の与える影響は極めて大きいことである。

　一方、来店客の購買スタイルは3つに分類できる。

　1つは価格中心の比較購買であり、ディスカウンターの目指すターゲットである。このタイプの店舗の陳列は、商品を段ボールやパレット[28]のまま陳列し、店舗オペレーションのコストダウンを図ることがテーマである（この方がディスカウントイメージが高いので、それを狙っている面もある）。

　2つ目は、1箇所で、できるだけ短い時間で買い物をする時間節約型であり、ワンストップショッピングという。これを狙ったのが総合スーパー、コンビニなどである。

---

*28．ダンボールなどを載せる荷台のこと。

3つ目が「買い物を楽しむ」というものであり、アミューズメントショッピングという。これを狙ったのが百貨店、大型ショッピングセンターなどである。

ワンストップショッピング、アミューズメントショッピングにおいて、陳列の占めるウェイトは高く、ここでの消費者は「何を買うのか」から「どこで買うのか」という「買い物空間を選択している」と考える。

このタイプの陳列には、次の2つのことが求められる。

- 店舗の顔として消費者に良いイメージを与える
- 来店客の購買意欲を誘うパワーのある陳列

前者は消費者が見た感じが美しく、品揃えが豊富で、買いやすく、「もう一度来店したくなる店舗」という意味である。つまり買う側からの視点である。

後者は取扱商品を戦略的に陳列し、後で述べる衝動買いなどを誘い、販売力をもっとも高くするという意味を持っている。つまり売る側からの視点である。

この陳列による購買という反応結果を表すものがPOSデータであり、陳列はこのPOSデータとのドッキングが強く求められる。

そのためにISMではPOSデータの商品分類と陳列スタイルを一致させる。つまり商品分類の大分類、中分類…といったものに合わせて、陳列にレイアウト、ゾーニング、フェイシングという概念を取り入れる。

(ⅰ) レイアウト

大型店では各フロアを部門(売り場)単位に考え、フロアの中をライン(コーナー)で切っていく。これをレイアウト、この考え方をフロアマネジメントとよぶ。

レイアウトの目標は次の3点である。

(a) 店舗滞留時間

顧客が店舗にいる時間のことである。これには2つの考え方がある。長時間店舗にいてもらって買い物のチャンスを増やすか、短時間で買い物で

きるように効率性を目指すかである。

　（b）回遊性

　顧客が店舗内を自由に、ダイナミックに動けるようにすること。

　（c）生産性

　店舗としての効率であり、家賃との対比で「1坪（3.3㎡）あたりの売上高や粗利（売上総利益）」、人件費との対比で「1人あたりの売上高や粗利」、在庫との対比で「商品回転率（売上／在庫）」などがその指標となる。

（ⅱ）ゾーニング

　レイアウトで決められたライン（コーナー）の中に、各カテゴリーをどのように配置していくか（これがゾーン）というもの。ここでのポイントは、次の2つである。

- どのカテゴリーにどれくらいのゾーンを与えるか（売上構成比などが使われる。売れているものに大きなスペースを）。
- ゾーンの中での位置。例えば、棚の上、中、下段などを決めていく。消費者のもっとも認知しやすい目の高さ（いわゆるゴールデンゾーン）には購買力の高い商品、粗利率の高い商品、戦略的商品（その店のプライベートブランドなど）を置く。

（ⅲ）フェイシング

　ゾーンの中で、各アイテムを何列並べるかをフェイスという。フェイスは消費者から見て、その商品が何個見えるか（顔＝フェイス）というものである。「陳列数＝フェイス数×フェイスあたりの陳列数（顔の商品の奥に何個置くか）」となる。フェイスは日販数（1日に売れる個数）などをベースとして決める。

　ゾーニングとフェイシングを合わせて棚割り、陳列管理全体をスペースマネジメント（空間管理）ということもある。

❷ ISP

　次のようなマーケティングアクションがとられる。

(ⅰ) 特売

　特定商品、全商品の値引きを限定期間だけ行うもの。多くの場合、来店客の増加を狙っているが、チラシなどのコストがかかるだけでなく、特売によって売上が上がっても、特売以外の商品、営業日の販売をカニバリして、効果の上がっていないことも多い。これを否定したのが203ページのEDLP。

(ⅱ) サンプル提供

　商品のサンプル（見本）を配布し、試用、試食してもらうもの。人件費が大きくかかり、かつサンプルを配布すること自体が目標となってしまい、販売増の効果が上がらないことも多い。

(ⅲ) ノベルティ提供

　広告や商品名を記載したティッシュペーパーなどの無料の景品を、購買の有無にかかわらず配布するもの。サンプル同様に配布するだけが目標となってしまい、効果が上がらないことが多い。

(ⅳ) クーポン発行

　特定商品、または全商品を特定の期間だけ値引きする券を発行するもの。携帯電話を使ったタイプが主流となり、さまざまなバリエーションが生まれている。特定商品の場合はそのメーカーに値引分を負担してもらうことも多い。店舗への集客には一定の効果がある。

(ⅴ) ポイント提供

　購買額に応じてポイントを発行し、その点数に応じて値引きや景品を渡すもの。航空会社の始めたマイレージスタイル（累積購買に応じてポイントを発行）が主流。直接的な商品の値引きよりはリピート販売の効果はあるが、ライバル店舗とのポイント率の競争になってしまうことも多い。

(ⅵ) POP広告

　Point Of Purchaseの略で、店舗内での広告のこと。ポスターなどが主流であったが、近年はディスプレイ（インストアTVなどという）に動画や静止画を流すものが増えている。クーポン同様に当該商品のメーカーに負

担してもらうことも多い。さらにこのPOP広告による商品販売増加量に応じて、そのメーカーから広告料を取るスタイルも見られる。インターネット流通が行っているバナー広告というマーケティングストックの応用といえる。

❸店舗内行動分析

　先ほど述べたように、店舗は顧客の滞留時間をどう考えるかによって2つのタイプに分けられる。店舗での滞留時間を短くして店舗効率を上げるものと、長くして売上増大を図るものである。「モノが売れない時代」の現代では後者がその主流であり、ここでは顧客の店舗内での行動を分析することが大きなテーマとなっている。

（ⅰ）客数×客単価

　253ページで述べたとおり、従来の流通マーケティングの発想は売れ筋、死に筋であり、店舗を商品ガバナンスマーケットととらえていた。つまり売上を「商品単価×商品数量」ととらえるものである。

　これを買い手（来店客）ガバナンスマーケットに変え、「売上＝客数×客単価」でとらえようとするのが、店舗内行動分析の出発点である。

　そして客数を増やしていく（他店の顧客をリプレースしていく）よりも、来店客の単価を上げることをインストアマーチャンダイジングのテーマとする。210ページの囲い込みと、後で述べるロイヤルティ・マーケティングの組み合わせといえる。

（ⅱ）衝動買いを誘うには

　来店客の商品購買を、次の2つのタイプに分けて考える。

- **計画買い**……店舗に入る前に、商品（さらにはブランド）、数量を決めて買い物をするタイプ。
- **衝動買い**……「非計画買い」の方が正確な表現であるが、店舗内で商品や数量を決定するタイプ。いらないものを買ってしまうという意味ではなく、「店舗内で買うことを決めた」という意味。「ショッピングに行く」

とはこの意味が強い。

　店舗内で「客単価を上げていく」とは、「衝動買いをいかに誘うか」ということであり、ISMの最大のテーマとなっている。
　衝動買いを来店客が行うケースとして、次のようなものがある。
(a) 店舗で商品を見て（見つけて）、買おうと思った、買うのを思い出した。
(b) POP広告や店員のすすめ
(c) 思っていたより安い商品があった
(d) 店のムードなどから、なぜか急に買いたくなった（これが本当の衝動買いかもしれない）

　ISMで主に狙うのは(a)のパターンであり、この時の衝動買いの購買額は、次のように因数分解できる。

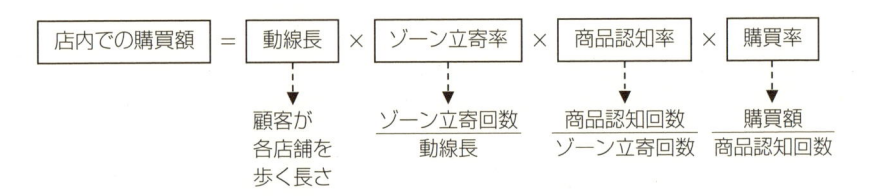

$$\text{店内での購買額} = \text{動線長} \times \text{ゾーン立寄率} \times \text{商品認知率} \times \text{購買率}$$

- 動線長：顧客が各店舗を歩く長さ
- ゾーン立寄率：ゾーン立寄回数／動線長
- 商品認知率：商品認知回数／ゾーン立寄回数
- 購買率：購買額／商品認知回数

　衝動買いを誘う店舗では、次の4つがポイントとなる。

- **動線長をいかに長くするか**

　来店客の動線（顧客の店舗内を歩くルート）を長くし、回遊性を高め、店舗内での滞留時間を長くすることで、購買チャンスを広げていくものである。この時、来店目的（何を買いに来たのか）をベースとして動線を考えることが基本である。例えば、コンビニではマグネット[*29]、百貨店などの高層店舗ではシャワー効果[*30]といったものを考えている。

[*29] ビールや弁当などの計画買いの商品を、店の奥に置いて、動線を長くする。この計画買いの商品を、客を引きつけるという意味でマグネットという。

[*30] 最上階に吸引力の強いレストラン、イベント会場、書店などを置いて、順に下のフロアへ行ってもらうこと。

- ゾーン立寄率をいかに高めるか

レイアウトを考えることを意味し、動線を長くするだけでなく、顧客の購買行動の中で、より多くの売り場、棚に立ち寄ってもらい「その棚を見てみよう」と思われるようにする。そのうえで棚をMCの発信媒体と考え、ここでマーケティング情報を顧客に受信してもらう。

シャワー、マグネットもこれに寄与するが、ショッピングバスケット分析[31]を行い、立寄率の低いゾーンには、POP広告や試食といったISPを行う。

- 商品認知率をいかに高めるか

立ち止まった棚の中から、いかに商品を認知してもらうかということである。ゴールデンゾーン、人間の認知パターン（棚を左から右へ見ていくなど）などを考慮して、フェイシングを行う。

- 買上率をいかに高めるか

認知した商品をどれくらい買い上げてもらうかである。商品ブランド力に依存する所が大きいが、これも商品の棚からの取りやすさ、価格表示のインパクト、POP広告やサンプル提供などのISPがその対象となる。

4. KMFが顧客のパターン

KMFを顧客にして、これを中心に考えていくことをカスタマー・マーケティングという。このカスタマー・マーケティングのストックは、主に消費財マーケットで見られる。つまり顧客が消費者のケースである。しかしここで述べるエリア・マーケティング、ロイヤルティ・マーケティングは、産業財マーケットにも十分活用できるマーケティングストックである。

一方、産業財マーケティングでKMFが顧客のケースのマーケティングアクションは、セールスマンなどのヒトが中心となる。ここではセールスマ

---

[31]. 何と何を一緒に買っているのかをPOSデータから分析するもの。

ンの「顧客を見る目」が大切となる。本書ではこのマーケティングストックを、カスタマー・マーケティングではなく、クライアント・マーケティングとよぶ。消費財マーケットでは、このクライアント・マーケティングを「流通や他の売り手を見る」という形のマーケティングストックとして活用できる。

4-1 カスタマー・マーケティング

　カスタマー・マーケティングには、大きく２つのストックがある。エリア・マーケティングとロイヤルティ・マーケティングである。前者は流通を通して販売しているため、顧客の顔が直接見えない（自社の商品を買っている人がどこの誰かがわからない）時に、エリアごとに顧客をとらえようというものである。後者は流通やネット販売で商品を顧客へ直接販売する場合や、売り手と流通がアライアンスする場合など、顧客をはっきりと認識できる場合に用いられる。

(1) エリア・マーケティング
❶エリア・マーケティングの概要

　マーケットにいる顧客を「エリア」（地域）に区切って、この単位にとらえていこうとするものである。多くの売り手、流通でマーケティングのインフラ、または一部として取り入れている。このエリア・マーケティングを実行するセールスマンなどの組織は、支店、営業所といったスタイルとなる。

　エリア・マーケティングでは、各エリアごとの「顧客のニーズの大きさ」をパイ[*32]と表現する。パイの単位は金額（円）ではなく、個数、台数、分量などの「量」である。

　このエリアごとのパイを図３-25のように考える。

[*32] 本書ではもうすでに使ってしまったが、パイとはお菓子のパイからきている。

図3-25　パイのイメージ

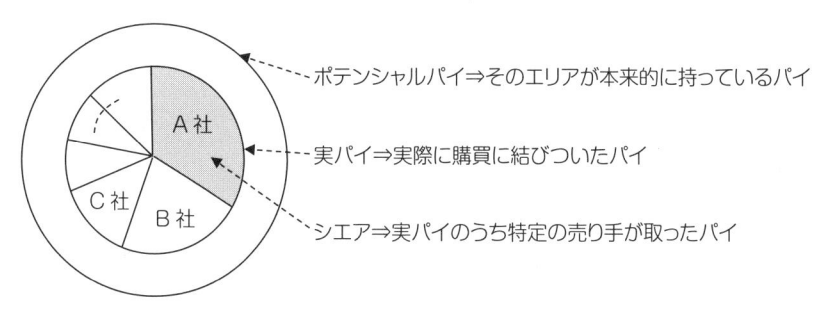

ポテンシャルパイ⇒そのエリアが本来的に持っているパイ
実パイ⇒実際に購買に結びついたパイ
シェア⇒実パイのうち特定の売り手が取ったパイ

　ミネラルウォーターという商品で考えてみよう。ポテンシャルパイ（潜在需要）とは、そのエリアで、ある期間に（1日、1ヶ月、1年など）ミネラルウォーターを飲みたいと思っている人たちが求める総量である。
　しかしミネラルウォーターを飲みたいからといって、必ずしも飲むわけではない。「家にいてミネラルウォーターがない」「近くの自動販売機で買おうとしたら、売り切れていた」「価格が高いから飲まない」…といったことである。
　実パイ（顕在需要）とはポテンシャルパイのうち、そのエリアでその期間中に実際にミネラルウォーターが購買された総量のことである。
　この実パイのうち特定の売り手が販売した量を、その売り手のシェアという。シェアとは「山分けする」という意味であり、パイという菓子を「各売り手が分け合って食べる」という意味である。決して「奪い合って食べる」という意味ではない。
　エリア・マーケティングは、以下のようなステップで進めていく。

❷ポテンシャルパイの推定

　エリアごとのポテンシャルパイをどのように推定するかである。これがエリア・マーケティングの入口であり、最大の難関である。
　ポテンシャルパイは、マーケティング目標の配分にもよく用いられる。全社の売上予算（販売目標）を各支店、営業所などに配分する時、ポテンシ

ャルパイをベースとするものである。広島営業所が山口営業所の２倍のポテンシャルパイと考えるなら、売上予算も山口営業所の２倍とするものである。

ポテンシャルパイは、ミネラルウォーターの例でいえば「飲みたい」という"気持ち"の大きさであり、「買う」という現象に結びつかない量も考えなくてはならない。

ここでの推定は大きく２つに分かれる。ポテンシャルパイに関するデータ（過去や他のエリアのポテンシャルパイ）が手に「入る」か「入らない」かである。

（ⅰ）データが手に入らない場合

すべてのエリアのポテンシャルパイが一切わからない場合は、ポテンシャルパイ以外の手に入るデータで推定するしかない（当たり前の話だが）。ポテンシャルパイという需要と比例している（していそうな）エリアに関するデータを使う。

消費財であればエリア内の人口（対象となる顧客の人口。ビールなら20歳以上の人口など）や世帯数、産業財であればエリア内の事業所数、総売上高、総労働者数といったものである。これらは住民基本台帳、国勢調査、事業所・企業統計調査などによって、エリアごとのものが公表されており、インターネットからエクセルデータとして手に入れることができる。

このデータを使って、できるだけ「簡単な式」でポテンシャルパイを推定する。「簡単な式」とは、例えば「ミネラルウォーターを10人に１人は毎日１本購入し、10人に１人は１週間に１本購入する」、生命保険という商品であれば「20歳以上の人口の４人に１人が保険加入しておかしくない」といった仮説である。

こういったマーケットに関する仮説はさまざまな所で調査していることが多いので、インターネットで見つけることも可能である。見つからなければ、「エイヤ」と決めるしかない。「ミネラルウォーターの１日分のポテンシャルパイは人口の10分の１」といったものである。そしてエリア・マ

ーケティングを進めていく中で、次に述べるようなポテンシャルパイに関するデータを手に入れていくしかない。

(ⅱ) データが手に入る場合

　ポテンシャルパイに関するデータが何らかの形で手に入る場合もある。特定のエリアで、自社が完全にマーケットを独占し、かつほしいヒトすべてに商品が手に入っている場合や、ライバルとの競争が激しい中でマーケットが飽和し、他社データについても販売結果がわかっている場合である。またキャンペーン、テストマーケティング（新商品を販売する前に特定のエリアで販売してみること）などを、ポテンシャルパイをとらえる目的で行ってみるという方法もよくとられる。この時にはその商品がほしいと思う人には、必ず手に渡るようにする。例えば「無料でばらまく」「特定の人へ送付して使うかどうかを聞く」といったものである。

　この「一部のエリアだけわかっているポテンシャルパイのデータ」を標本として、母集団である「すべてのエリアのポテンシャルパイ」を推定する。

　ここではすべてのエリアについて、ポテンシャルパイ以外の何らかのデータが必要である。先ほどの人口、世帯数、事業所数といったもので、ポテンシャルパイの大きさと関係のありそうなデータである。この時、ポテンシャルパイを被説明変数（当てるデータのこと）、人口などを説明変数（「当てる」ために使うデータ）という。

　この推定には回帰分析（198ページ参照）、相関分析といった統計手法が用いられる。

(a) 回帰分析

　先ほどのミネラルウォーターで考えてみよう。人口、およびポテンシャルパイが下表のように30のエリアで手に入ったとする。

　ここから人口とポテンシャルパイの関係を式で表わすことができれば、この式を使って他のエリアのポテンシャルパイを推定できる。つまりエクセルで散布図を書いて、回帰分析で直線を引き、図3-26のような「式」を

地域	人口（人）	ポテンシャルパイ(本)
1	20,613	125,940
2	11,556	83,180
3	9,528	93,034
⋮	⋮	⋮
30	7,214	85,028

表示させればよい。

「y＝4.169x＋63379」というのがその「式」であり、細かい数字はあまり意味がないので、ざっくりと考えてみると、次のような式となる。

「ポテンシャルパイ（y）＝4.2×人口（x）＋63,000」

この式を使って、他のすべてのエリアのポテンシャルパイを推定する。例えば人口が2万人のエリアのポテンシャルパイは、「4.2×20,000＋63,000＝147,000本」と推定する。

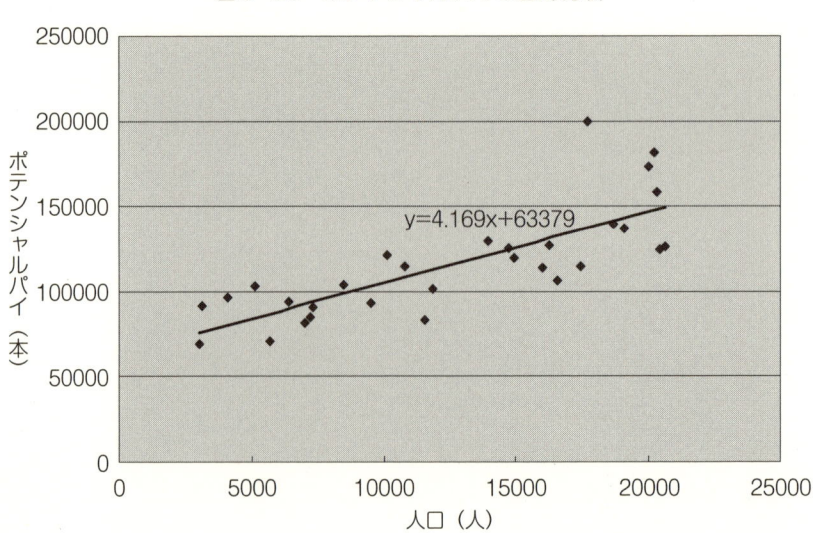

図3-26　ポテンシャルパイの回帰分析

(b) 相関分析

しかし、「たった1つの説明変数で、ポテンシャルパイを推定するのはあまり適当ではない」とも考えられる。先ほどのミネラルウォーターでいえば「人口だけで決まるのか」「世帯数ではなく、どうして人口で考えるんだ」という意見も出る。特にポテンシャルパイを売上予算の配分に使う時は、さまざまな意見が出る。

マーケティングで統計を使うときの基本は「マーケティングを考えている人（先ほどの売上予算ならマーケティング本部など予算を配分する部門）が納得し、まわりの人（売上予算を配分される側。セールス部門など）に説明できるようにデータを使う」ということにある。「数学的にどう処理することがベストか」ということではない。

人口以外のデータしか手に入らない時は、人口だけで推定するしかないが、複数のデータが手に入る時はどうするかを考えてみよう。

ここでは「ミネラルウォーターを飲みたい」というポテンシャルパイと"関係"の強いデータを使う（納得できると思う）。その"関係の強さ"を「相関」といい、相関について考えていくことを相関分析という。

相関分析にはいろいろなやり方があるが、もっともポピュラーなものは「相関係数」を使うものである。

2種類のデータを図3-27のようにプロットして、左のようにきれいに一直線に並んだ「関係」を「1」、右のように全く関係のない状態を「0」と表現する。

図3-27　相関係数

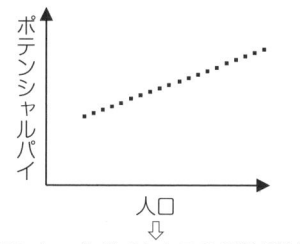

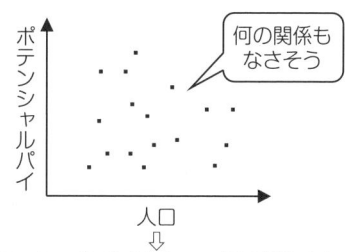

ポテンシャルパイと人口の相関係数は1　　ポテンシャルパイと人口の相関係数は0

この直線に近い度合を0〜1の数値で表わす。また一方が増えると一方が減る関係もある。これも右肩下がりで直線になるものを「マイナス1」と決める。これが相関係数である。相関係数もエクセルで簡単に計算できる。

ここでポテンシャルパイと他のデータの相関係数が、次のように計算されたとする。

人口	0.78
コンビニ店数	0.72
1年で気温が25℃を超える日数	0.60
共働き世帯数	0.44

(c) 重回帰分析

ここで人口だけでなく、「相関係数の高いコンビニ店数もあわせて説明変数として使いたい」と考えたとする。つまりポテンシャルパイを、人口とコンビニ店数という2種類のデータで推定するということである。

この時は平面で線を引くのではなく、図3-28のような「箱(空間)の中で点を打ち、各点からの距離の和が最小の直線を引く」と考える。

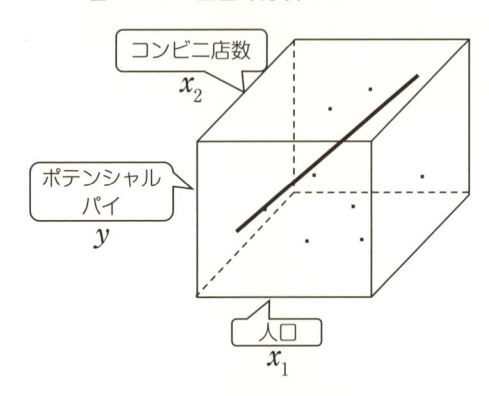

図3-28 重回帰分析のイメージ

これもエクセルで式を求めることができる。

「$y=3.55x_1+409x_2+34739$」と計算されたので、ざっと、
「ポテンシャルパイ＝3.6×人口＋410×コンビニ店数＋35,000」
と考える。

　無論、説明変数はいくつあっても構わない。ただし実際の局面では、多くても3個程度にしておく方が、かえってまわりへの説明力も高い。

　このように複数種類のデータを使って推定するものを総称して多変量解析といい、このうち回帰分析を使うものは重回帰分析という。

　エリア・マーケティングのフレームワークは、エリアごとのポテンシャルパイであり、これを推定することが最大のポイントである。そして推定のキーワードは説明力であり、「重回帰分析で推定されたポテンシャルパイ」という表現である。これに誰も反論することはできない。

❸シェア、実パイを推定

　次のステップは、エリアごとの実パイと自社シェアを推定することである。

　自社シェアは自社売上を実パイで割ったものであり、自社商品の売上がエリア全体の実パイのうち何％くらいを占めているかというものである。当然、自社売上はエリアごとにわかっているので（今どき、コンピュータでエリア別の自社売上がわからない企業はないと思う）、エリアごとに自社シェアか実パイのどちらかが推定できればOKである。

　しかし多くの場合、どちらも全国レベルでわかることはあっても、エリアごとにはわかっていない。そこでエリアごとに自社シェアを、何らかの形でつかむようにする。例えばミネラルウォーターなら、次のようなやり方が考えられる。

- コンビニやスーパーなどへ行って、目で見てインストアシェア（自社商品が店に並んでいる割合）を出す。コンビニなどはエリアごとのシェアに合わせてフェイシングしていることも多い。
- エリア内の自動販売機の台数と、そこに並んでいる商品を数える。さらにはゴミ箱の空きボトルの数を調べる。

- エリア内の流通業者にインタビューしたり、そこが持っているPOSデータを購入する。
- 自社で直営店を出し、それをベースに推定する。

　自社シェアが出れば、これで自社売上を割ってエリアの実パイを推定する。そのうえで、次のような式でパイ顕在率を出す。

　　パイ顕在率＝実パイ／ポテンシャルパイ

　例えば、そのエリアのミネラルウォーターのポテンシャルパイの推定値が50,000本、自社の売上が6,000本、自社シェアの推定が20％の時は、次のように計算できる。

　　エリアの実パイ＝6,000÷0.2＝30,000本
　　エリアのパイ顕在率＝30,000÷50,000＝60％

❹マーケティングアクション

　エリア・マーケティングではパイ顕在率をベースとして、マーケティングアクションを進める。

（ⅰ）顕在率の高いエリア

　顕在率が高いということは、商品（他社商品も含めて）がほしいと思う顧客に行き渡っている状態である。ここではそのエリアでの自社シェアを見る。これがナショナルシェア（自社の日本全国のシェア）よりも低ければ、シェアを拡大すべく、積極的にそのエリアへMCを行う。主な狙いは他社からのリプレースである。ミネラルウォーターであれば、「対象地域の小売店の陳列フェースの増加を図る」「自動販売機を設置する」といったものである。

　エリアシェアがナショナルシェアより高ければ、当該エリアのポテンシャルパイを増やすマーケティングアクションをとる。ミネラルウォーターなら、「店頭で新しい飲み方を提案する」（「朝起きたらまず一杯」）といったものである。食品メーカーなどでトップシェアを取った企業の多くは、大

都市では消費者向けだけでなく業務用（レストランなど）に新しいメニューの提案を行っている。これがまさにポテンシャルパイの拡大である。

(ⅱ) 顕在率の低いシェア

2つのケースが考えられる。1つはそのエリアから売上を獲得するのにコストがかかる場合（「人口密度が低い」など）である。この時はエリアを優先順位づけして、マーケティングコスト、獲得パイを加味してマーケティング計画を立て、順に浸透させていく。

2つ目は未開拓エリアである。商品認知がされていなかったり、何らかの事情で残っているパイがあることに気づかなかったり、規制があって取れなかったりしたものである。このエリアへは一気に商品認知活動、さらにはサチュレーション戦略でパイを取りに行く。ミネラルウォーターであれば、学校、病院など（ミネラルウォーターを売るチャンスがなかった）があるエリアである。

成熟して飽和していると思われるマーケットで実際にやってみると、この未開拓エリアが意外に多いことに気づく。そして顕在率の高い所で、マーケティングコストを使ってライバルとシェア争いをしていることに気づく。エリア・マーケティングのポイントは、このエリアの発見といってもよい。

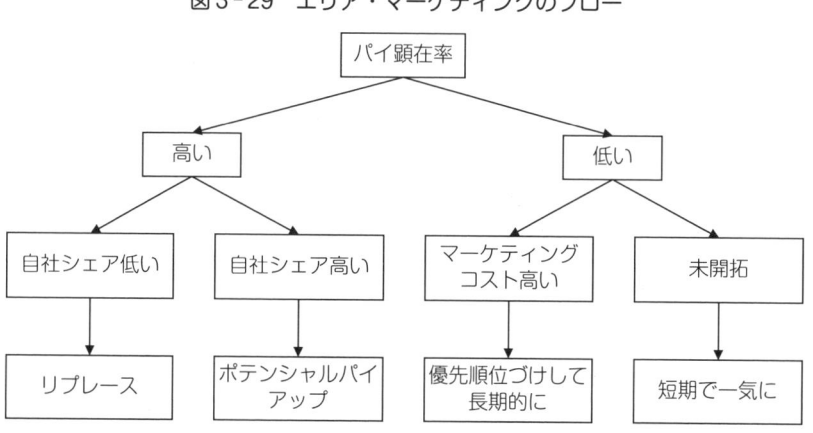

図3-29　エリア・マーケティングのフロー

```
                    パイ顕在率
                   /        \
                高い          低い
               /    \        /    \
       自社シェア低い 自社シェア高い  マーケティング  未開拓
            |         |      コスト高い      |
         リプレース ポテンシャルパイ 優先順位づけして 短期で一気に
                    アップ      長期的に
```

(2) ロイヤルティ・マーケティング
❶ロイヤルティ・マーケティングの概要

　顧客の顔が見える場合のカスタマー・マーケティングである。ここでは顧客が消費者の例で説明していくが、企業が顧客の場合でも適用可能であり、次に述べるクライアント・マーケティングと組み合わせて使うのが効果的である。

　ロイヤルティ・マーケティングとは、自社商品を買ってくれる顧客を、ロイヤルカスタマー（もっとも大事な顧客）、マジョリティ（ロイヤルカスタマーになる可能性がある）、ディスカウンター（ロイヤルカスタマーにはならない）の3つに区分して、マーケティングアクションを考えていくことをいう。

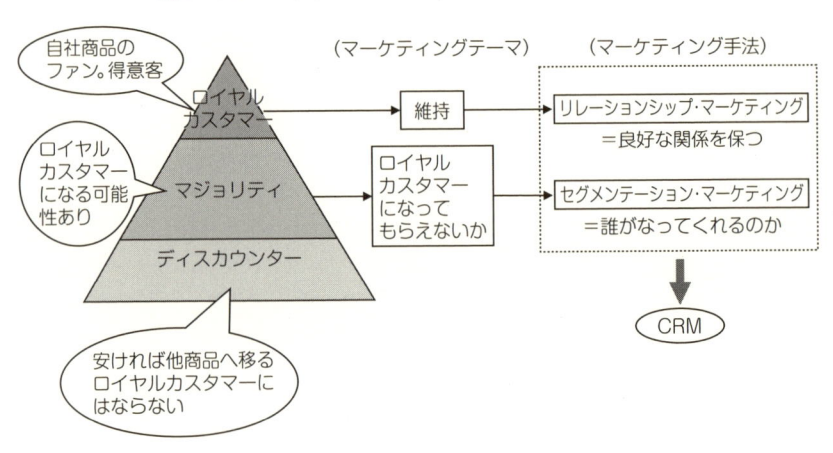

図3-30　ロイヤルティ・マーケティングのイメージ

```
                                （マーケティングテーマ）    （マーケティング手法）

  自社商品の
  ファン。得意客 ──→ ロイヤル  ──→  維持  ──→  リレーションシップ・マーケティング
                     カスタマー                    ＝良好な関係を保つ

  ロイヤル
  カスタマー        マジョリティ      ロイヤル
  になる可能                         カスタマーに ──→  セグメンテーション・マーケティング
  性あり                             なって              ＝誰がなってくれるのか
                                     もらえないか
                   ディスカウンター
                                                           ↓
  安ければ他商品へ移る                                     CRM
  ロイヤルカスタマーに
  はならない
```

　基本的な戦略ベクトルは、11ページで述べたCRM、つまり顧客との関係に着目していくことである。これは2つのベクトルを持つ。1つはロイヤルカスタマーと良好な関係を維持していくことであり、リレーションシップ・マーケティングとよばれる。もう1つがマジョリティに対してであり、この中から1人でも多くの人をロイヤルカスタマーに育てることであ

る。これをマジョリティからロイヤルカスタマーを区分（セグメンテーション）していくという意味で、セグメンテーション・マーケティングという。

ロイヤルティ・マーケティングのアクションステップは次のとおりである。

❷顧客データベースの作成

ロイヤルティ・マーケティングの原点は、顧客データベースというコンピュータによる顧客管理である。顧客データベースの項目は、大きく次の4つに分けることができる。

- **ID**……顧客を識別するためのもの。氏名、電話番号、メールアドレス…
- **顧客情報**……顧客をセグメンテーションするためのデータ。性、住所、年齢、職業、ライフスタイル、年収…
- **購買情報**……「この顧客がいつ何を買ったか」というデータ
- **マーケティング反応情報**……この顧客にどんなマーケティングをし、それに対して顧客はどんな反応をしたのか（クーポンを出したら使ったか…）というデータ。

この4つのうち、問題となるのはIDを含めた顧客情報である。ロイヤルティ・マーケティングは、この顧客情報を使うか、使わないかで2つのパターンに分かれる。

顧客が企業の場合は当然使うことになる。一方、顧客が消費者の場合は、日本では顧客情報を使うことが一般的であるが、アメリカでは個人情報をマーケティングに使うことを疑問視してきた。日本でも2005年より個人情報保護法が施行され、ロイヤルティ・マーケティングに大きな影響を与えている。

個人情報保護法の概要は以下のようなものである。この法律は個人情報を「使ってはならない」というものでなく、「適正に使うこと」を要求している。

個人情報保護法

[用語の定義]
・個人情報…生存する個人に関して、個人を識別できる情報。氏名など特定の個人が特定できれば対象。顧客番号のみで誰かを特定できなければ対象外（法人そのものの情報は対象外）。
・個人情報データベース等…個人情報が書かれている情報の集まり（コンピュータに入っているかどうかは関係ない）。
・個人情報取扱事業者…個人情報データベース等を事業に用いている者。

[個人情報取扱事業者の義務]
・利用目的をできる限り特定すること。
・あらかじめ本人の同意を得ないでの、利用目的以外の取り扱いは不可。
・不正な取得の禁止。取得の際には利用目的を公表または本人に通知する。
・個人情報を正確かつ最新の内容に保つよう努め、安全管理に関し適切な措置をとる。
・あらかじめ本人の同意を得ないで、個人情報を第三者に提供してはならない。
・事業者の名称、利用目的などを本人の知り得る状態にしておくこと。
・本人の開示要求、訂正要求、利用停止要求には応じること。

個人情報保護法を考えると、顧客情報のマーケティングへの利用については、以下のような3つの方策が考えられる。

- **個人情報として使う**……この場合は、個人情報を自社のマーケティングに活用すること、その利用目的を事前に伝え、かつ実際にどのように使っているかを随時顧客に伝えていく。そのうえでその利用目的に限って、個人情報保護法に則ってマーケティングに活用する。
- **顧客情報は使うが、個人情報でない形にして使う**……個人を特定できないようにして（誰のデータかわからないようにして）、顧客情報を使う。ただし、この場合も本人には本データをコンピュータなどに入力し、活用することを伝える。
- **顧客情報を一切使わない**……顧客情報は収集しない。または収集してもマーケティングではなく与信などにのみ使う（この場合は与信などの目的に使うことはきちんと伝える）。

こう考えるとメーカーが流通などから個人情報を受け取って、自社のマ

ーケティングに使うのはやや危険な行為といえる。個人情報をどう使うかはその企業の判断であるが、中途半端に個人情報を使うことは危険ということははっきりしている。

❸ロイヤルカスタマーの選定

顧客情報を「使う場合」（個人を特定しない場合も含む）と、「使わない場合」に分けて述べていく。

（ⅰ）顧客情報を使う場合

（a）顧客情報の収集

収集手段としてもっともポピュラーなものは、184ページで触れた「お客様カード」の発行である。顧客に対して何らかのプレミアム（値引き、ポイント、イベント優待…）をつけ、カード発行時に顧客情報（住所、氏名、電話、職業…）を記入してもらい、POSシステムなどと組み合わせて、どのような人がどのような購買をしたかを情報として得るものである。

直接消費者へ販売していないメーカーでは、先ほど述べた流通とのアライアンスの他に、182ページで述べた自社のSNSを作って、そこで顧客のデータやその人の購買情報を集めるというパターンも多い。

（b）顧客の区分

ロイヤルカスタマーとは「当社の大事な客」であり、この「大事さ」を「貢献度」という数字で表わす。貢献度は当社への「忠誠度」（loyalty：ロイヤルティ）であり、これがロイヤルティ・マーケティングという名前の意味である。貢献度は売上高、粗利などマーケティング目標（＝予算目標）の中から選び、顧客データベースの購買情報を用いて、顧客別に計算する（各顧客の売上高、粗利など）。各顧客の貢献度が計算できたら、図3-31のようなABC分析を行う。

まず各顧客を貢献度（例えば前期の売上高）の高い順に並び替える。次に、たて軸を累積売上高、横軸を各顧客として売上高NO.1の顧客をプロットし、さらにNO.1とNO.2の顧客を売上高を足して累計を出しプロット

図3-31　ABC分析

累積売上高(%)

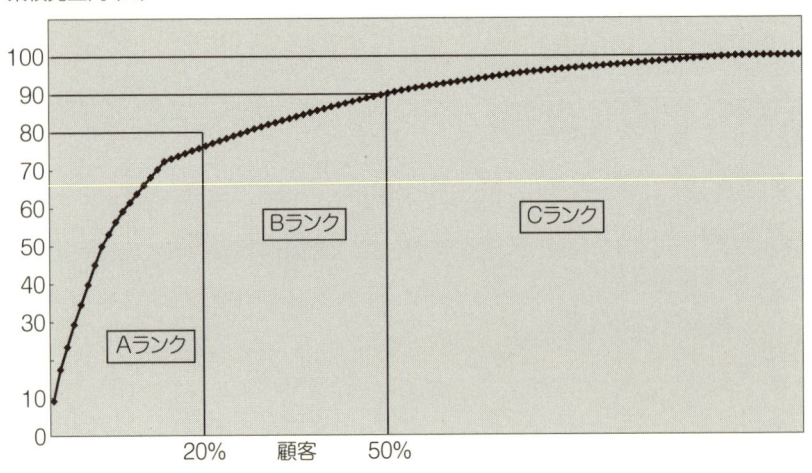

Aランク
Bランク
Cランク

20%　顧客　50%

し、次にNO.1〜NO.3までの累計を出しプロットし…という形で、売上高累積値のグラフを書く（もちろんパソコンを使って）。

　この手のグラフには、「20対80の法則」が現れてくることが多い（無論現れないこともある）。「上位20%の顧客が売上全体の80%くらいを占めることが多い」というものである。さらに顧客を全体の50%まで持っていくと売上全体の90%にまで達することも多い。

　このような作業によって、顧客をAランク、Bランク、Cランクにざっと分けるというのがABC分析である。

　顧客数が比較的少ない場合は、このA、B、Cを「ロイヤルカスタマー」「マジョリティ」「ディスカウンター」としてもよいのだが、顧客数が多い時は（一般消費者に広く販売している時など）、やや人間の持つ直感（ロイヤルカスタマー＝「忠誠心を持つ顧客。ブランドロイヤルティを持っている顧客」）とは異なることが多い。

　このような時に人間の直感と合うのは、ロイヤルカスタマーは全体の5%くらい（20人に1人くらい）、マジョリティは70%くらい（大多数）である。

そこでAランクの顧客だけで、もう一度ABC分析を行う。するとAランクの顧客にも20対80の法則が見え、そのうちの20%（AA：全体の4%くらい）でその80%（全体の64%）の売上となる。ここではこのAAランクが人間の感じるロイヤルカスタマーという感覚に合うと思う。さらにCランクだけでもう一度ABC分析を行い、ここでCランクとなった顧客（CC：全体の25%くらい）をディスカウンターとする。これでマジョリティは、ざっと70%くらいとなる（正確にいうと、なることが結構ある）。

(c) ロイヤルカスタマーの像

次に顧客データベースの顧客情報を使って、ロイヤルカスタマーの像を作っていく。ロイヤルカスタマーとそれ以外の違いを考えていくことで、その像を見つけていくことである。

ロイヤルカスタマーの像を見つける最大の理由は、「ロイヤルカスタマーになってもおかしくないのに、なっていない人（＝ロイヤルカスタマー予備軍）をマジョリティから見つけること」である。

ここには次の2つのアプローチがある。

- 顧客情報を使って、ロイヤルカスタマーの像をコンピュータで統計的に分析する。
- 人間がデータや自分の目で見たことから、ロイヤルカスタマーの像を仮説として考え、それを顧客情報などで検証する。

前者の手法としては判別分析（サンプルをグループ分けする手法。顧客情報を元にロイヤルカスタマーというグループを作っていく）、因子分析（顧客情報からロイヤルカスタマーの要素を見つけていく）といった統計的手法がある。しかし一般の人から見ると、ややプロセスが理解しづらく、結果のみに着目してしまうため、まわりへの説明力が弱い（どうしてそういう結果になったかがよくわからない）。

一般には、後者のアプローチが有効といえる。例えば「30代の大企業勤務の男性ビジネスパーソンが自社商品のロイヤルカスタマー」という仮説

を立て、顧客データベースを使って「30代の大企業勤務の男性ビジネスパーソンとそれ以外の顧客の平均売上額を比較する」「30代の大企業勤務の男性ビジネスパーソンとそれ以外の顧客でロイヤルカスタマーになっている比率を比較する」といったものである。

さらにその仮説が妥当だと思えば、30代の大企業勤務の男性ビジネスパーソンとそれ以外に分け、他の顧客情報（勤務先、業種、年収、趣味…）を同様に比較していくことで、ロイヤルカスタマーの像をより細かくとらえていく。

そしてロイヤルカスタマーのデータから「30代の大企業勤務の男性ビジネスパーソン」のデータを取り払って、その残りから第二のロイヤルカスタマー像を見つけていく。「20代の首都圏勤務の女性ビジネスパーソン」「50代のエグゼクティブ」…といったことである。

ロイヤルカスタマーの像が見えたら、マジョリティの中からロイヤルカスタマーと同じタイプの顧客（30代の大企業勤務の男性ビジネスパーソンでロイヤルカスタマーになっていない人）を見つける。そしてこの「ロイヤルカスタマー予備軍」をターゲットとして、何とかロイヤルカスタマーになってもらえるようなマーケティングアクションをとる。

(ⅱ) 顧客情報を使わない場合

個人の顧客情報を使わない場合は、購買情報、マーケティング反応情報をベースとして、ロイヤルカスタマーの分析を行っていく。この中で有名なのは、小売店の顧客に対して行われたRFM分析である。

RはRecencyで「直近の来店日」（購買日）を、FはFrequencyで「来店頻度」（購買サイクル）を、MはMonetaryで「累積の購買金額」を意味する。このRFMの3要素をランキングして、顧客をセグメンテーションする。例えば5段階で行うと、図3-32のように5×5×5＝125にセグメントされる。

これとは別にロイヤルカスタマーの貢献度を決め（小売店舗では一般に粗利額とする）、これによってロイヤルカスタマー、マジョリティ、ディス

図3-32　RFM分析

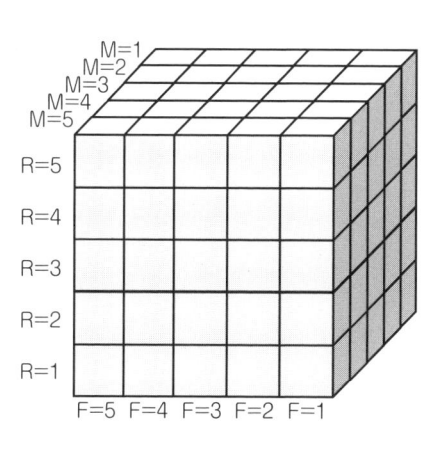

R	R=5	1週間以内に来店
	R=4	1ヶ月以内に来店
	R=3	3ヶ月以内に来店
	R=2	半年以内に来店
	R=1	この半年来ていない
F	F=5	1年間の来店100回超
	F=4	1年間の来年100〜50回
	F=3	1年間の来店49〜30回
	F=2	1年間の来店29〜10回
	F=1	1年間の来店9回以下
M	M=5	1年間の購買金額100万円超
	M=4	1年間の購買金額100〜50万円
	M=3	1年間の購買金額50〜30万円
	M=2	1年間の購買金額30〜10万円
	M=1	1年間の購買金額10万円未満

カウンターに区分し、それぞれがどのセグメントに属しているかをとらえる。例えばロイヤルカスタマーは「R=4&5、F=5、M=4&5」といったものである。

　RFM分析は、小売店舗以外でも応用可能である。R、F、Mの代わりに注文回数、問い合わせ件数、セールス訪問回数…といった顧客データベースのマーケティング反応情報を使ってもよい。

　また顧客情報を使う場合でも、その中の3つの要素によってセグメントしてもよい。先ほどの例では、年齢、勤務先、性といったものである。いずれにしてもロイヤルカスタマーの像を表すと思うものを要素として考えればよい。

　小売業、サービス業などの店舗が、このRFM分析を通して得られたロイヤルカスタマーの像は、ほとんどがFの高い顧客、つまり来店頻度の高い顧客ということであった。これに基づいて考えられたものが、FSP（Frequent Shoppers Program）である。FSPは来店頻度の高い顧客をロイヤルカスタマーと考え、彼らに最高のサービスを提供し、そのサービスによってロイヤルカスタマーを維持拡大していくものである。

図3-33　FSPのイメージ

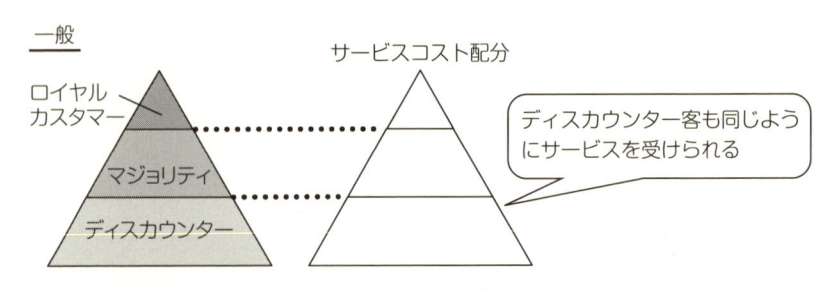

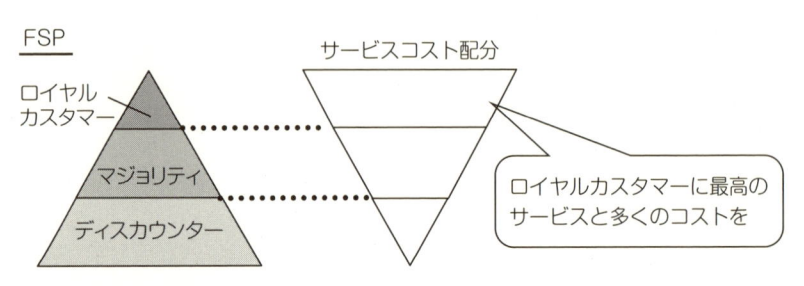

一般
- ロイヤルカスタマー
- マジョリティ
- ディスカウンター

サービスコスト配分

→ ディスカウンター客も同じようにサービスを受けられる

FSP
- ロイヤルカスタマー
- マジョリティ
- ディスカウンター

サービスコスト配分

→ ロイヤルカスタマーに最高のサービスと多くのコストを

　FSPでは、来店客すべてに対して同一のサービスを提供するのではなく、来店頻度の高いロイヤルカスタマー（＝常連客）に、より多くのサービスコストを配分していくというものである。例えば常連客だけの割引販売、プレミアムサービス、イベント…を行うといったものである。

❹CRM

　ロイヤルカスタマーとロイヤルカスタマー予備軍には、CRMという同じマーケティングアクションを実施する。ロイヤルカスタマーの維持（リレーションシップ・マーケティング）とロイヤルカスタマーへのチェンジ（セグメンテーション・マーケティング）は「ロイヤルカスタマーになれば特別なサービスが受けられる」という同一のマーケティングアクションを行う。どうしてもロイヤルカスタマーになってほしい予備軍には、そのサービスをテンポラリー（期間限定）に実施して、その反応を見る。

　ここでのCRMの指標が11ページで述べたLTV（生涯価値。自社にその

顧客がトータルとしてもたらしてくれるリターン）である。FSPはCRMの一種であり、「Frequencyの高い顧客がLTVが高い」という仮説に基づくものである。

CRMの具体的なマーケティングアクションにはさまざまなものがあるが、次のようなものが代表的である。

- **VIPマーケティング**……CRMの基本といえる。まずは当該顧客がロイヤルカスタマーまたはロイヤルカスタマー予備軍であることを社内に徹底する。セールスや店員といった顧客窓口だけでなく、オペレーター、電話対応者、受付、ドライバー、警備員…など顧客に接する可能性のある関係者にこれを徹底し、名前を覚えさせ、あらゆる局面でVIP（Very Important Person）待遇をとるように指示する。

- **インセンティブ**[33]**マーケティング**……クレジットカードのゴールドカードのように、ロイヤルカスタマーに対してあらゆる面で有利な販売条件・サービスを提供する。値引き、ポイント、試供品、ノベルティといったプレミアムサービス、支払条件や仕事の優先度といった形で、考えられるすべてのインセンティブメニューをロイヤルカスタマーに集中的に提供する。

- **ステータスマーケティング**……ロイヤルカスタマー同士が集まる場、会などを主催して、その会に入っていることに優越感を持ってもらうようにするもの。ミリオンクラブ（100万円以上購入した顧客の集まり）といったものが有名であり、182ページのSNSなどにもこの発想を取り入れる。このメンバー同士のさまざまな交流の場（パーティ、勉強会、ネットコミュニティ…）を作り、他の顧客とは差別化していく。

---

[33]. インセンティブとは「誘因」という意味であり、ゲームの理論でも使われていた。マーケティングの世界では2つの意味に使われる。1つは消費者インセンティブ、顧客インセンティブといったもので、顧客の購買意欲を刺激するもの。もう1つはセールスインセンティブなどとよばれるもので、セールスマンやチャネルの成績に応じて報奨金などを渡すもの。ここでは前者の意味で使っている。

- ハッピーコール[*34]……定期的にセールスマンが訪問したり、メールマガジンや会報を送付して、そこでアンケートをお願いしたりして、顧客の意見を常にこちらから聞いていくものである。SNSにもこの要素はある。ここでのポイントは178ページで述べた不満の積極的抽出であり、ロイヤルカスタマーから離れてしまう兆候を早期に発見したり、ロイヤルカスタマーにならない理由を見つけたりすることにある。

4-2 クライアント・マーケティング

　ここでいうクライアントとは、顧客の中でも、「売り手が作った商品を購買する」というスタイルではなく、顧客から商品要求を出す（注文と表現する）タイプを指している。248ページのクライアント・サーバーモデルのクライアント（サービスを要求する人という意味）はこの意味である。

　顧客が企業の場合、このクライアントタイプが多く、彼らに対するマーケティングアクションをクライアント・マーケティングと表現する。

　クライアント・マーケティングでは、要求を受けるセールスマン（246ページのソリューションビジネスではソリューションSE）などがマーケティングの中心であり、彼らが1社1社、一つひとつの顧客をしっかりと見る「目」が求められる。ここではクライアントを企業に絞り、「見る目」について述べる。

　その視点は、マーケティング、業績、コーポレートガバナンス、組織の4つである。

（1）マーケティング

　クライアントが企業であれば、自らも売り手であり、ライバル企業（多くの場合、この企業も自社から見るとクライアント）、買い手（クライアン

---

*34. 特に用件があるわけではないが、セールスマンなどが顧客へ訪問などのアクセスをとること。「何かありますか？」（＝ハッピーですか？）という電話（コール）をかけるという意味。和製英語であり、英語ではthank-you letter。

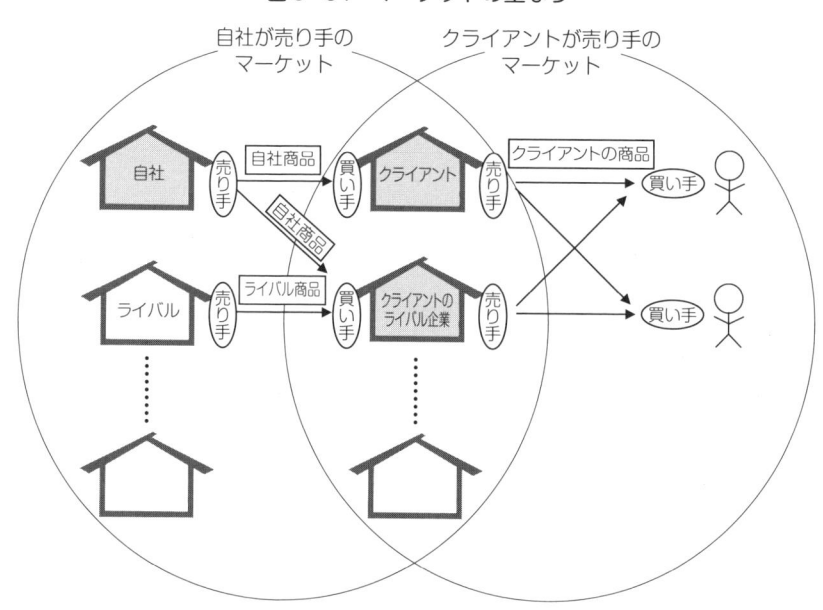

図3-34　マーケットの重なり

トの顧客）とともに、商品単位にマーケットを築いている。そしてそれが図3-34のように自社のマーケットと重なり合っている。

ここでまず見るのは、クライアントが行っているマーケティングである。その見方には本書で述べてきたことを使えばよい。

主なポイントは次のとおりである。

❶マーケットのライフサイクルを読む

クライアントのマーケットが商品ガバナンスの時代と思えば、自社商品がクライアントの商品開発に何らかの形で役立たないかをマーケティングアクションの骨子とする。

売り手ガバナンスの時代と思えば、「自社商品がクライアントのライバル企業との戦いにどう生きるのか」を考える。ただしこの場合、クライアントのライバル企業も自社のクライアントであることが多いので、戦いのインフラ（それによって勝つのではなく、それがないと戦いにならない）に

自社商品が位置づけられないかを考える。それが無理なら、セールス担当をはっきりと分け、「セールスマン同士で情報交換しないこと」を両社に約束する。

流通ガバナンスの時代と思えば、クライアントの流通へのアプローチに自社商品が使えないかを考える。

買い手ガバナンスの時代と思えば、SCMを組んで一緒にクライアントの顧客へアプローチできないかを考える。

❷マーケティング戦略をとらえる

クライアントのミッションは無論のこと、マーケットビジョンなどもWebサイトで公表されていることが多く、クライアントのマーケティング戦略は比較的とらえやすい。

クライアントをそのマーケティング戦略によって図3-35のような4つのタイプに分け、そのうえで自社のマーケティングアクションを考えていく。クライアントポートフォリオである。

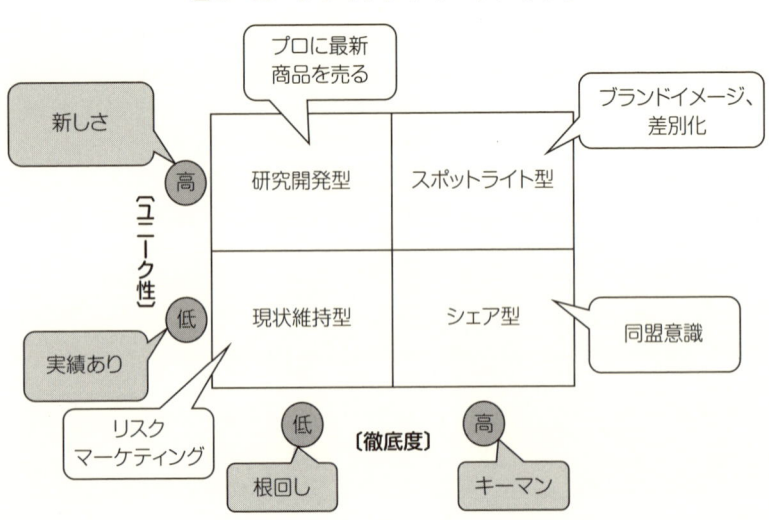

図3-35　クライアントポートフォリオ

	〔徹底度〕低	〔徹底度〕高
〔ユニーク性〕高（新しさ）	研究開発型（プロに最新商品を売る）	スポットライト型（ブランドイメージ、差別化）
〔ユニーク性〕低（実績あり）	現状維持型（リスクマーケティング・根回し）	シェア型（同盟意識・キーマン）

たて軸のユニーク性とは、ミッションやマーケットビジョンが他社や世の中のものと比べて、どの程度"独自さ"があるかを示す。ユニーク性の高さは、新分野、新事業、新商品への積極的チャレンジという形ではっきりと目に見える。このタイプのクライアントへは、「新しさ」といったテーマでマーケティングアクションをとれば受け入れられる。

　逆にユニーク性の低いクライアントに対しては、同業他社が自社商品を導入していること、つまり「実績」が最大のポイントである。

　横軸の徹底度とは、ミッションやマーケティング戦略がどの程度社内に徹底しているかということである。そのクライアントのミッションなどを見て、「やっぱりそうか」と感じれば徹底度が高く、「この会社はこんなミッションなんだ」と感じれば低い。

　徹底度の高さはコントロール、マネジメントの強さといった形で現れる。設備[*35]投資、物品購入というクライアントの購買行動もきちんとルール化され、誰が意思決定のキーマンかが比較的はっきりとわかる。

　徹底度が低いというのは、「従業員各自が各々の価値観で考えて、自由に行動している」というものである。設備投資、物品購入といった購買行動をどうやって決めているのかわかりづらく、金額が大きくなるとその意思決定がどうしても遅くなる。

　前図の４つのポートフォリオタイプごとに、自社のマーケティングアクションを考えていく。

- **スポットライト型**……多くの場合、高いブランドイメージがあり、ライバル企業との差別化を意識している。このクライアントのブランドイメージと自社商品が合っている時はロイヤルカスタマーとなる。
- **シェア型**……ユニークさよりも勝ち負けに興味があり、目標はＮＯ.１シェアである。ここではライバルと戦うために思い切った投資をする。「同じ商品でもライバルがお宅から買うなら、うちはよそから買う」といっ

[*35]. 建物、機械など、長期間にわたって企業が事業で使用する財産を、本書ではこう表現する。

た同盟意識を強く求める。
- **研究開発型**……各従業員がそれぞれ束縛されず、自由に行動している。企業というよりも、プロフェショナルの協同組合のような感じである。この企業へのマーケティングアクションは、最先端で他社が持っていないユニークな商品を、それぞれのプロフェショナルに個別に少しずつ購入してもらうという形が有効である。
- **現状維持型**……何となく決められた仕事をチームワークを意識せず、こなしていくクライアントである。本来なら企業として破綻してしまうはずだが、何らかの理由（規制など）でライバルが現れないので、現状維持を続ける。キーマンはおらず、全員が合意した時、意思決定する。必要なマーケティングアクションは「自社商品を購入すると幸せになる」ではなく、皆が購入したので購入しないと「乗り遅れる」というリスクマーケティングである。

(2) 業　績
❶情報源

　企業の業績は、いくつかの法律で決算書としてまとめることが求められている。無論、売り手のためにクライアントが作ったものではなく、このクライアントの業績に影響を受ける特定のステークホルダーへ、特定の目的のために報告するものである。税金を計算し支払うために税務署へ、配当額などを決めるために株主へ、上場企業であれば投資家の株取引のために証券市場へ…というものである。

　この中で、誰でもインターネットで手に入れられ、かつもっともわかりやすいものは、証券市場向けの決算書である有価証券報告書（有報と略す）である。有報にはさまざまな情報が入っているが、業績を見るものとして、P/L（損益計算書。「収益－費用＝利益」という計算書）、B/S（貸借対照表。持っている財産とそれをどのようなカネで買ったかが書いてある）、C/F（キャッシュフロー計算書。後述）がある。

しかし、これは基本的には上場企業が対象である。非上場企業は会社法に基づいて作った「株主向けの決算書」（財務諸表という。クライアントとある程度のつきあいがあれば、売り手が与信のために持っていることも少なくない）を使うか、それもなければWebサイト情報（そのクライアントの顧客や採用のために、売上高、利益、従業員数などが載っていることが多い）や業界情報（インターネットでその業界の一般的な粗利率、利益率などがわかる）などから推測するしかない。

❷キャッシュフロー

(ⅰ) キャッシュフローの区分

クライアントの決算書で、もっとも注目べきはC/Fに書かれているキャッシュフローである。キャッシュフローからクライアントの「購買力」（人でいえば「お金持度」）と「投資意欲」（人でいえば「お金の使いっぷり」）を考える。

キャッシュフローとはある期間内（多くは1年間）に、「入ってくるカネ」（キャッシュイン）から「出ていくカネ」（キャッシュアウト）を引いたカネ、つまり一定期間内の現金増加額（マイナスなら減少額）のことである。

有報のC/Fには、そのキャッシュフローの内訳があり、大きく次の3つに区分されている。

- **営業キャッシュフロー**……事業（経理の世界では営業という）活動で増加したキャッシュフロー。利益はカネの出入りとは関係なく一定のルールで計算するものだが、営業キャッシュフローは、事業活動における実際の現金増加額を表わす。C/Fには細かい項目が書かれているが、利益、減価償却費[36]、税金以外は、イレギュラーなものであり、無視する。

非上場企業では利益と減価償却費を足して求める。減価償却費がわからなければ、顧客の持っている設備を見て、耐用年数[37]で割ってざっと

---

[36] 実際にカネが出ていっていないが、費用として引かれて計算している。実際の現金増加額は利益よりもこの分多いことになる。

求める。

- **投資キャッシュフロー**……設備を買って（これが投資）減少した現金。C/Fの項目のうち「固定資産取得」以外はやはり無視する。基本的にはマイナスであり、このマイナスを取ったものが投資額となる。非上場企業ではB/Sの固定資産の項目や設備を目で見た感じから、ざっと判断する。

- **財務キャッシュフロー**……借金やその返済、増資（216ページのエクイティファイナンス）などによって増減した現金。非上場企業ではB/Sの借金、資本金の増減を見る。B/Sがなくても、借金は貸した相手がいるので、そちらからとらえることもできる。

この3つを合わせたものをネットキャッシュフローという。ネットキャッシュフローは次のような式となる。

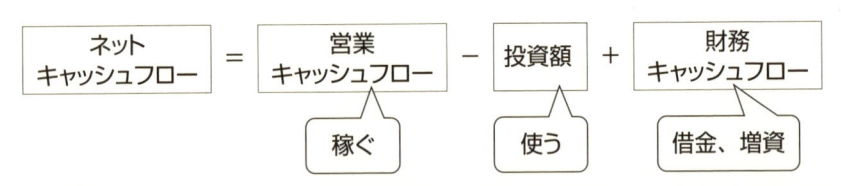

$$\boxed{\text{ネットキャッシュフロー}} = \boxed{\underset{\text{稼ぐ}}{\text{営業キャッシュフロー}}} - \boxed{\underset{\text{使う}}{\text{投資額}}} + \boxed{\underset{\text{借金、増資}}{\text{財務キャッシュフロー}}}$$

企業はカネを使ってビジネスを行う所であり、貯金していく所ではない。カネが余れば借金を返し、足りなければ借金をしたり、増資をしたりする。つまり企業は長い目で見ればネットキャッシュフローをゼロにするようにしていく。

$$\boxed{\text{営業キャッシュフロー}} - \boxed{\text{投資額}} + \boxed{\text{財務キャッシュフロー}} = 0$$

この中で、「投資額」がクライアントの購買力といえる。

$$\boxed{\text{投資額}} = \boxed{\text{営業キャッシュフロー}} + \boxed{\text{財務キャッシュフロー}}$$

＊37．設備ごとに、これが何年もつかを税法で定めている。

つまり購買力（＝投資額）は稼ぐ力（営業キャッシュフロー）とカネを集める力（財務キャッシュフロー）から成る。

(ⅱ) 営業キャッシュフロー＝稼ぐ力

設備額（クライアントが持っている設備の現在価値の総額。B/Sの固定資産からクライアントが本業に使っているものを抽出する。B/Sがなければざっと目で見る）とその期の営業キャッシュフローの比を設備効率という。

| 設備効率 | ＝ | 当期営業キャッシュフロー | ÷ | 設備額 |

この設備効率と設備額の傾向（年々上昇、スライド、下降）を見れば、図3-36のように「稼ぐ力」のトレンドがわかる。

図3-36　稼ぐ力のトレンド

設備額＼設備効率	↗	→	↘
↗	どんどん投資	コントロール状態	赤信号 ⇒与信チェック
→	投資効率アップ		
↘	回収中		体力ダウン ⇒黄信号

- **設備効率、設備額とも年々上昇**……設備投資することで稼ぐ力がついて、カネが増え、さらにそのカネで投資している状態。設備を売る方から見れば、ロイヤルカスタマーになってほしいクライアント。
- **設備効率上昇、設備額スライド**……設備の取り替えなどによって投資効率が上がっている状態。クライアントとしては、他社にリプレースされることに注意する。
- **設備効率上昇、設備額下降**……設備投資を控え、設備をうまく使い、そこから生まれるキャッシュフローで投資額を回収中。投資は設備の保守

サービスなどが中心になる。

- **設備効率がスライド**……設備が生んだ営業キャッシュフロー分を投資に回しているもので、よくコントロールされたクライアント。自らの仕事の血と汗を設備に回すという感じなので、売り手から見ると価格折衝がきついタイプ。
- **設備効率が下降**……設備額が上昇、スライドなら、設備からキャッシュフローが上がっておらず、稼ぐ力は下降中なので、クライアントとしては要注意。与信（支払いをきちんとしているか）のチェックが必要。これを建て直すには設備のリストラ（工場や店舗の閉鎖、売却）が必要。設備額も下降している時は、徐々に体力が落ちており、黄信号である。

（ⅲ）財務キャッシュフロー＝カネを集める力

ここからは投資意欲も見える。

- **財務キャッシュフローがプラス**……このクライアントは営業キャッシュフローを超えた投資行動をしていることとなり、投資意欲旺盛といえる。

　この財務キャッシュフローが借金であれば、そのカネを貸した金融機関が、クライアントの成長を期待していることが推測できる。ただこのケースでは金融機関の了承なしには投資できず、大型設備の購入には時間がかかる。一方、増資であれば経営者と株主が「いける」と合意したものであり、このカネ（企業から見ると返さなくてよいカネ）は思い切った設備投資に使われるはずである。

- **財務キャッシュフローがマイナス**……営業キャッシュフローを借金返済にあてているクライアントである。これには2つのケースがある。1つは企業が成熟し、成長の見込みがないのでカネを集める必要がなくなり、借金を返している状態である。投資意欲は低いといえる。もう1つは金融機関から返済を迫られている状態である。もっと極端な場合は「設備を売ってでも返せ」（投資キャッシュフローがプラスとなっている）と迫られている状態。売り手から見ると危険なクライアントといえる。

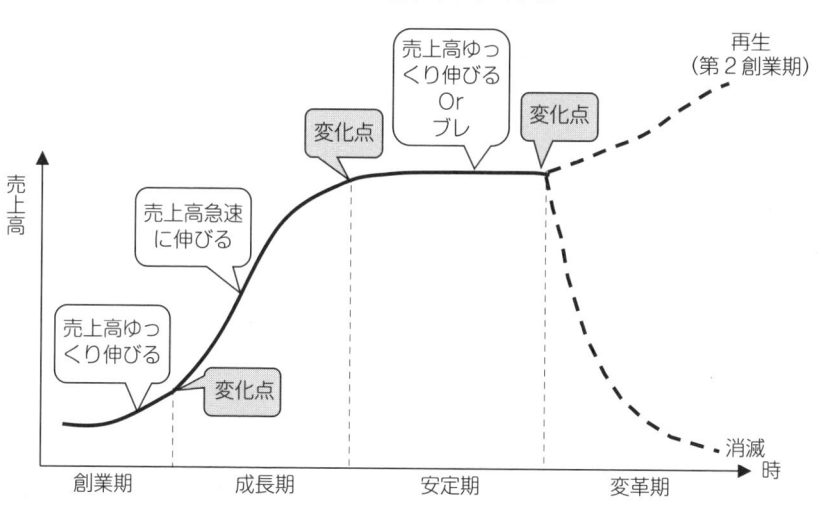

PARTⅢ：マーケティングストック

❸企業ライフサイクル
（ⅰ）ライフサイクルと投資意欲

　企業ライフサイクルとは、その企業が生まれてから死ぬまでにたどる"道"のことである。

　企業によってその長さは異なり、また途中で死んでいく企業もあるが、企業は生まれてから図3-37に示すような"期"を経ていくと考えられる。この企業ライフサイクルを使って、長い目で見たクライアントの投資意欲を見る。

図3-37　企業ライフサイクル

（図：縦軸＝売上高、横軸＝時。創業期→成長期→安定期→変革期。創業期：売上高ゆっくり伸びる。変化点。成長期：売上高急速に伸びる。変化点。安定期：売上高ゆっくり伸びるOrブレ。変化点。変革期：再生（第2創業期）または消滅）

　クライアントがどの期にいるかは、売上高の伸び率で判断できる。同図のように時（年）を横軸、売上高をたて軸としたグラフを書き、かつ対前年度の売上高伸び率を計算してみればわかる。有報からは売上高が最低5年分わかり、非上場企業でも5年程度の売上の推移がわかれば判定できる。

- **創業期**……ゆっくりと売上が伸びていく。伸び率は1ケタから最大で10%程度。この時期は企業のインフラ設備（オフィス、工場、店舗、機械…）への投資意欲が旺盛である。そのため営業キャッシュフローでは足りず、借金、賃貸、リースなどの財務キャッシュフローに頼る。

289

この時期のクライアントから信頼を得ると、経営者が交代するまでその信頼は続き、次の成長期にはロイヤルカスタマーとなっていることが多い。
- **成長期**……売上高が急激に伸びていく時期である。伸び率は2ケタ台、場合によっては倍々ゲームのような形となる。投資意欲は極めて旺盛となり、営業キャッシュフローと財務キャッシュフローを用いて「明日のために」思い切った投資を行う。
- **安定期**……これには2つのタイプがある。1つは売上高伸び率が1ケタ台でゆっくりと伸びているもの、もう1つは売上高が小さくブレながらも（増えたり減ったり）売上高線がほとんど水平になっているものである。

　日本ではこの時期に上場する企業も少なくなく、上場で得たカネを設備（といってもオフィスなどが多い）に投資したり、借金返済に回したりする。

　売上が伸びていないので投資すれば、それによって利益は減少していく。そうなると、費用を削減しようという動きが自ずと生まれてくる。備品購入、水道光熱費まで厳しい目でチェックし、不要なものはできるだけ買わず、購入するにしても価格折衝は厳しくなる。いわゆるケチになり、急速に投資意欲は落ちていく。

(ⅱ) 変化点

　売り手から見ると、クライアント企業のライフサイクルの変化点（期が変わるタイミング）が大きな意味を持つ。また企業の死もこの変化点に多いといえる。

　（a）創業期⇒成長期の変化点

　この変化点を迎える直前に、そのクライアントはインフラ設備以外の「攻めの投資額」が大きく拡大する。これは経営者が自らの行っていくビジネスの方向が見え、かつその方向で「いける」と判断し、戦略的な投資を進めていくからである。営業キャッシュフローは増加し、これが設備に投資

される。まさにカネの「回転」である。さらに借入や増資などの財務キャッシュフローでもカネを集め、さらなる投資を進める。

　一方、投資額が増えず、財務キャッシュフローがマイナスとなり、営業キャッシュフローを食い始めると（稼いだカネが借金返済に回る。逆回転）、創業期の企業は成長期に入れず、死を迎える可能性が高まる。

　（ｂ）成長期⇒安定期

　この変化点の直前に、営業キャッシュフローが大きく増加する。しかし工場、店舗などへの投資も落ち着いているので借金を返済し、それでも残ると本社オフィスの移転・新築、さらには他社株の購入といった投資が行われる。新本社設立が安定期のシグナルといっても過言ではない。

　一方、営業キャッシュフローが減っているのに、借金などの財務キャッシュフローを増やし、そのカネをどんどん設備投資し、拡大路線を取り続けると、安定期突入とともに死を迎えることとなる。

　（ｃ）安定期⇒？

　安定期の終わりには、人間同様に企業は倒産やM&A（他社、他社グループに吸収される）などにより死を迎える。しかし人間とは違う点が２つある。１つは人間のようにゆっくりと中年から老化していくのではなく、「健康」だと思っていたのに、ある日突然、死を迎えることである。

　２つ目は、死なずにもう一度生まれ変わる場合もあることである。これを第２創業という。そしてもう一度、創業期⇒成長期⇒安定期を進んでいく。

　前述のように、この変化点の前にだんだんとケチになり、投資意欲は落ちる。そして最後の変化点を迎え、死と再生の２つの道に分かれる。

　死んでいく企業は、変化点の直前で売上が急降下し、コストカットも追いつかず死を迎える。

　再生する企業は変化点の直前でいくつかの現象を示す。１つはこの時なされる大手術（事業の再編成など）によって、最終利益が極めて大きな赤字となることである。営業キャッシュフローはやや下降気味なので、大手術のカネは、今まで貯めてきたカネやプラスの投資キャッシュフロー（財

産や事業の売却)、場合によっては借金などの財務キャッシュフローに頼る。そしてこの手術によって、体力は回復し、売上がゆっくりと伸び始め（第2創業期)、まもなく売上は右肩上がり（第2成長期)となる。

(3) コーポレートガバナンス

コーポレートガバナンスとは、一般的には、株式会社において「経営者を決める仕組み」「経営者を選ぶ権利」などを指す。ここではコーポレート

ガバナンスタイプ	概要、購買行動
オーナー経営者型	・オーナーとその親族で株の過半数を持っている。 ・非上場企業ではもっともポピュラー。上場企業にも数多く残っている。 ・大きな投資に関しては、オーナー経営者が絶対的権限。 ・設備投資の意欲は高いことが多い。
従業員キャリアアップ型	・経営者は従業員がキャリアアップ（出世）したもの。 ・筆頭株主が数％程度の持株割合。 ・はるか昔に上場した老舗大企業に多い。 ・業績が良い時は投資、特に人材育成に積極的。業績が悪い時は、何としても短期的に回復しようとして購買を絞る。
親子会社型	・親子関係を持っている企業グループ。「日立グループ」など。 ・子会社が上場することもあるが、親が50％以上の株を持つことが多い。このタイプは持株会社スタイルへと変身することも多い。 ・実質的にはグループは1つの企業。グループ全体のガバナンスは多くの場合従業員キャリアアップ型。 ・物品購入は各会社で行うが、大きな設備投資は親の意向。
異業種グループ型	・複数の親子会社グループが互いに株を少しずつ持ち合うことで、銀行を中核とした弱い結びつきの異業種グループを作るもの。 ・三菱、三井、住友などが有名。 ・設備投資、物品購入について、グループ内の取引が最優先される。 ・バブル崩壊による銀行の力低下、合併で崩れていったが、ここにきてまた買収対抗としてクローズアップされている。
取引先型	・顧客や仕入先が後から資本参加して大株主となったもの。 ・オーナー経営者型、親子会社型との折衷も多い。 ・取引先の支配力は極めて強い。 ・取引先は自らに関係のない物品購入、設備投資には口を出さない。 ・取引先の業績によって取引価格が大きく変わり、購買行動に大きな影響を与える。

ガバナンスを「企業統治」という直訳語が意味する「企業は誰が支配しているか」をもう少し広げて、ステークホルダー（企業の利害関係者）との"パワーバランス"ととらえる。マーケットビューのパワーバランスと同じ意味である。

コーポレートガバナンスは外から見てもはっきりわかる。コーポレートガバナンスによって、クライアントは、前ページのような5つのタイプに分かれる。

このように、クライアントはコーポレートガバナンスによって購買行動が異なる。

(4) 組　織

クライアントの組織は、ライン（企業の本業を遂行している）とスタッフ（ラインを支援）に分けて見る。

❶ライン組織

ライン組織は、それがどういう基準（キー）でグルーピングされているかを見る。それによってクライアント内のパワーバランスがわかる。

- **地域別組織**……東京支店、大阪工場、博多店といった形で、地域名が頭にくるものである。セールス系ではエリア・マーケティングがベースであり、ポテンシャルパイに応じてセールスマンの配置がなされる。工場などの組織では、地元採用といった形で地域密着型となることが多い。チーム内の設備投資、物品購入は支店長や工場長が意思決定していることが多い。
- **商品別組織**……商品ごとにチーム編成されているもの。チーム内ではセールスマンよりも商品開発、工場などのオペレーション側の声が大きいことが多い。MCよりも商品開発やそのための設備などへの投資が中心となる。
- **顧客別組織**……顧客ごとにチームを組むもの。顧客を維持、獲得してい

くことがチームの使命であり、商品よりもライバル企業へ目がいくようになる。

　企業が大きくなっていくと、この3つの組織ともそのキーが錯綜してくる。支店の中に商品別のチームがあったり、商品別組織の中に地域別や顧客別のチームがあったり…。
　何か問題が起こると（同じ顧客にセールスマンが2人行く、戦略商品を売ろうとしない…）、その度に組織を部分的に変えるようになり、次第に組織は複雑怪奇となっていく。指揮命令権、意思決定権も錯綜し、投資、購買には極めて時間がかかるようになる。
　こういったことを排除するために、後で述べる事業部制へシフトするのだが、そこでも同じことがくり返されることが多い。

❷ スタッフ組織
　これは2つに分かれる。
　1つは経営企画室、人事部、経理部、総務部といった経営者をサポートしていくチームであり、経営スタッフ、本社部門、管理部門などとよばれる。この人数を見るとコントロールの度合いがよくわかる。他社より経営スタッフ部門の人数比が大きいクライアントは、中央集権型で経営スタッフが大きな力を持ち、現場をコントロールしている。したがって現場の設備投資や購買の予算なども、この経営スタッフが握っていることが多い。逆に人数比が小さいと、これらの権限がラインのマネジャーなどに任されており、購買、投資などすべてを現場で意思決定する。
　もう1つのスタッフは販売支援部、技術部といったもので、ラインの特定部門へサポートをするチームである。部門スタッフとよばれ、ライン部門と一体化している。スタッフはいつの間にか雑用まで任され、スタッフメンバーのモチベーションを落としていくこともある。そのためこの仕事をパート労働、派遣労働、アウトソーシング（外部企業に一括して頼む）な

どに移行することもよく見られる。ここでの購買権はライン側が持っている。

❸事業部制

　規模の拡大とともに事業部制をとるのが一般的である。これは組織の第一キーを事業として、事業部の長に思い切って権限委譲して、経営スピードを上げるものである。ここでの見方は事業部内に経営スタッフがいるかどうかである（事業部には部門スタッフはいる）。

　事業部内に人事部、経理部などの経営スタッフ機能まであると、完全な独立採算制であり、カンパニーとよばれることも多い。これを会社法に則って分社したものが子会社である。事業部内の経営スタッフは設備投資や購買をスピーディに行う（そもそも事業部はこのスピードアップが目的）。

　経営スタッフが本社に残っている場合は、ここが予算をコントロールし、事業部はその予算内で設備投資、購買を行うことになる。

エピローグ

　最後に、プロローグで述べた"日本のマーケティング"について、もう一度考えてみよう。

　マーケティングという仕事は、日本にはほとんどなかった。あったのは「売る」という行為であり、販売、営業とよばれる仕事である。
　それが日本のほとんどすべてのマーケットが成熟していく中で、「マーケットにうまく関与していくテクニック」として、マーケティングが注目される。そして日本の大手消費財メーカーなどに、マーケティングを担うセクションとしてマーケティング本部が生まれる。この部門は極めて特殊で専門的な仕事を担うようになり、彼らはマーケターとよばれる。
　経営者は、このマーケティング本部に低迷した業績の打開を求める。マーケターたちはアメリカで生まれたマーケティング学を学習し、ビジネススクールのケーススタディで考え、何とかこれに応じようとする。しかし何の答えも生まれず、マーケターは苦悩する。
　そして、2つのタイプのマーケターを生んでいく。
　第一のマーケターは、予算コントロールを自らのミッションに変えてしまうものである。売上予算を使ってセールスマンたちを叱咤激励し、プロモーション予算を握って役所のようにそれを限度額まで使い、売上という業績に一喜一憂する。やってみるとこの仕事は、ギャンブルのように勝負がはっきりしていて、ワクワク感がある。しかし業績が落ち込み、ギャンブルの負けが続くと、まわりからは「作りもしないし、売りもしないくせに、えらそうなことを言うな、現場の痛みを知れ」と言われ、やっと気づく。「マーケティングはつらい仕事だなあ。自分が努力しても業績は上がらない」。

第二のマーケターは、商品開発に着目し、ひたすらヒット商品を狙う。そして次から次へと新商品を出し、あたればバンザイ、はずれれば「まあいいか。次の商品を考えよう」となる。そしてヒットしなかったことは忘れ、ヒット商品だけをマーケターとしてのプライドにしていく。「私はこのヒット商品〇〇を開発した」。私はそれを百三つマーケティングとよんでいる。「100出して3つあたればよい」というものである。やってみると意外に楽しい仕事のようである。

　本書はこの2つのタイプのマーケターのために書かれたものではない。だからこの人たちは、本書を読んでこう思うだろう。
　前者は「こんな本、読んでも売上は伸びない」、後者は「こんな本読んでもヒット商品は生まれない」。

　しかし今、企業でマーケティングという仕事を担当していない多くの人は、この本を読み終わって、こんな感想を持っていると思う。
　「マーケティングって、こういう仕事だったんだ。だったら、オフィスにいてマーケットが見えないマーケティング本部だけでやるのはおかしい。組織のすべての人、というよりもマーケットに近い人たちが先頭に立って取り組んでいくべきものではないか。考えてみれば、マーケティングは企業の最大の戦略テーマだし、組織で働くすべての人の仕事の最大公約数のようなものだろう。みんなで自分たちの会社のマーケティングをじっくり考えてみたい」。

　ドラッカーはその表現力に長けていると思う。彼は「企業の仕事はマーケティングとイノベーションしかない」と言っている。マーケティングは「事業を遂行していくこと」であり、イノベーションは「それを変えていくもの」という意味であろう。
　私はこれを融合して、「マーケティング・イノベーション」と表現した。

エピローグ

企業の仕事は1つしかない。マーケティングをイノベーションすることである。明日のマーケティングを創造し、それを実行していくことである。それが企業の目的であり、企業はこれに向かってすべての仕事を体系化しなくてはならない。

本書は、企業がこのマーケティング・イノベーションを実行していく上での必要情報を整理したつもりである。これが日本企業のマーケティング・イノベーションの突破口となることを期待している。

本書は、過去の経営塾、マネジャー塾を受講した方々の英知の結晶である。彼らには、この本を世に出し、日本のマーケティングがイノベーションしていく姿を肌で感じてもらうことで、お礼に代えさせていただきたい。

参考文献

- 『コトラーのマーケティング入門』フィリップ・コトラー／ゲイリー・アームストロング著、月谷真紀訳、ピアソン・エデュケーション刊(1999年)
- 『ブルー・オーシャン戦略』W・チャン・キム／レネ・モボルニュ著、有賀裕子訳、武田ランダムハウスジャパン刊(2005年)
- 『競争の戦略』M・E・ポーター著、土岐坤〔ほか〕訳、ダイヤモンド社刊(1986年)
- 『マネジメント』(上・中・下)P・F・ドラッカー著、上田惇生訳、ダイヤモンド社刊(2008年)
- 『企業戦略論』H・I・アンゾフ著、広田寿亮訳、産業能率短期大学出版部刊(1969年)

索　引

[あ行]

アライアンス　222
安全在庫　203
アンゾフ　4
エリア・マーケティング　260
オブジェクト指向　246

[か行]

回帰分析　198
価格弾力性　27
カスタマー・マーケティング　260
完全競争　26
企業ライフサイクル　289
キャッシュフロー　285
ゲームの理論　31
顧客満足度　171
個人情報保護法　271
コトラー　9
コンティンジェンシープラン　176

[さ行]

サチュレーション戦略　208
参入障壁　83
囚人のジレンマ　35
商圏　53
仕様適合度　173
商品市場マトリクス　4
商品マーケティング　80

商品ライフサイクル　122
スキミングプライス　17
ゼロサムゲーム　32
ソリューションビジネス　243

[た行]

独禁法　69
ドラッカー　18

[な行]

認知的不協和　62
値頃感　173

[は行]

パワーマーケティング　215
ファイブフォース分析　44
不公正取引　71
不良品　174
ブルーオーシャン戦略　218
ペネトレーションプライス　17
ポーター　44

[ま行]

マーケット戦略マップ　144
マーケットビジョン　138
マーケットポートフォリオ　121
マーケットライフサイクル　79
マーケティング情報システム　165

マーケティングベクトル　129
マーケティングミックス　14
マーケティングリサーチ　63
マーケティング理念　118
マーチャンダイジング　250
ミッション　116

[や・ら行]

4P　14
ランチェスター戦略　42
リスクマーケティング　209
流通在庫　68
ロイヤルカスタマー　100
ロイヤルティ・マーケティング　100
ロジスティックス　41

[アルファベット]

CRM　11
CS　103
CSF　136
CSR　110
eマーケットプレイス　226
ISM　253
JIT　41
KMF　118
LTV　11
MC　81
MF　118
MFポートフォリオ　140
PPM　121
PR　115
RFM分析　276
SCM　228
SNS　182
SWOT分析　136
VMS　18

著者略歴

内山　力（うちやま・つとむ）

1955年　東京都生まれ。
1979年　東京工業大学理学部情報科学科卒業、日本ビジネスコンサルタント入社。
　　　　その後退職してビジネスコンサルタントとして独立。
現　在　株式会社MCシステム研究所代表取締役。
　　　　中小企業診断士、システム監査技術者、特種情報処理技術者。
　　　　（URL）http://www.mcs-inst.co.jp

〈著書〉

『課長になれない人の特徴』『「ビジネスの常識」が一冊でわかる本』『会社の数字を科学する』『誰でもできる！マーケティングリサーチ』『「人事マネジメント」の基本』『微分・積分を知らずに経営を語るな』（以上PHP研究所）、『「数学」を使えるビジネスマンはみな幸福である』（KKベストセラーズ）、『マネジメントは「理系的思考」でうまくいく』（日本能率協会マネジメントセンター）、『マネジャーが知っておきたい経営の常識』『IT活用の基本』『数字を使える営業マンは仕事ができる』『中小企業診断士』（以上日本経済新聞出版社）、『コーポレート・イノベーション』『「あなたの会社選び」をコンサルティングします』（以上産業能率大学出版部）、『マネジメント3.0』『ビジネスマンの数字活用力向上講座』『ビジネスマンのナレッジ』『組織を変革する手順』『経営コンサルティングの基本』『コンサルタント論』『マネジャーのためのケーススタディブック』『まわりから「仕事ができるね」と言われたい』『企業の見方』『コンサルティングセオリー』『ソリューションビジネスのセオリー』『ビジネスリーダーのセオリー』『人材育成のセオリー』『計数分析のセオリー』『セールスのセオリー』『会社のナレッジ』『経理のナレッジ』『マーケティングのナレッジ』『ITのナレッジ』『生産のナレッジ』『流通のナレッジ』『法律のナレッジ』『経済のナレッジ』（以上同友館）、他多数。

マーケティング・イノベーション
—これからのマーケティングがわかる—　　　　　　　　　　　　　　　〈検印廃止〉

著　者　　内山　力
発行者　　田中秀章
発行所　　産業能率大学出版部
　　　　　東京都世田谷区等々力6-39-15　〒158-8630
　　　　　（電話）03（6266）2400
　　　　　（FAX）03（3211）1340
　　　　　（URL）http://www.sannopub.co.jp/
　　　　　（振替口座）00100-2-112912
2012年6月26日　初版1刷発行

印刷所／渡辺印刷　製本所／協栄製本

（落丁・乱丁本はお取り替えいたします）　　　　　　　ISBN 978-4-382-05670-1
無断転載禁止